国家出版基金项目
NATIONAL PUBLICATION FOUNDATION

莫言小说创作
与中国口头文学传统

张相宽　著

作家出版社

丛书总序

张志忠

一

呈现在读者面前的这部九卷本丛书,是笔者主持的国家社科基金重大招标项目"世界性与本土性交汇:莫言文学道路与中国文学的变革研究"的最终结项成果。从 2013 年 11 月立项,其间在青岛和高密几次召开审稿会,对项目组成员提交的书稿几经筛选,优中选优,反复打磨,历时数载,终于将其付梓问世,个中艰辛,焦虑纠结,真是不足为外人道也。

"世界性与本土性交汇:莫言文学道路与中国文学的变革研究"课题内含的总体问题是:作为从乡村大地走来、喜欢讲故事的乡下孩子,到今日名满天下的文学大家莫言;作为拨乱反正、改革开放的伟大时代之情感脉动的新时期文学;作为在被西方列强的坚船利炮打开国门,被动地卷入现代性和全球化,继而变被动适应为主动求索,走上中华民族独立和复兴之路的三千年未有之大变局的描述者和参与者的百年中国新文学这三个层面上,在其发生和发展的过程中,做出哪些尝试和探索,结出哪些苦果和甜果,建构了什么样的文学中国形象?百余年的现代进程所凝结的"中国特色中国经验",如何体现在同时代的文学之中?在讲述中国故事的同时,百年中国新文学塑造了怎样的自身形象?它做出了哪些有别于地球上其他国家、其他民族文学的独特贡献而令世界瞩目?

针对上述的总体问题,建构本项目的总体框架,是莫言的个案研究与中国新时期文学、百年中国新文学的创新变革经验和成就总结相结合，多层面地总结其中所蕴涵的"中国特色中国经验"，通过个案研究与宏观研究相结合的方式展开，研究重点突出，问题意识鲜明。我们认为，莫言的文学创新之路，是与个人的不懈探索和执着的求新求变并重的，是与新时期文学和百年中国乡土文学的宏大背景和积极助推分不开的，而世界文化的激荡和本土文化的复兴，则是其变革创新的重要精神资源。反之，莫言的文学成就，也是新时期文学和百年中国乡土文学的重大成果，并且以此融入中外文化涌动不已的创新变革浪潮。

本项目的整体框架，是全面考察在世界性和本土性的文化资源激荡下，莫言和中国文学的变革创新，总结新时期文学和百年中国乡土文学所创造的"中国特色中国经验"。这一命题包括两条线索，四个子课题。

两条线索，是指百年中国新文学面临的两大变革。百年中国新文学，其精神蕴涵，是向世界讲述现代中国的历史沧桑和时代风云，倾诉积贫积弱面临灭亡危机的中华民族如何置之死地而后生，踏上悲壮而艰辛的独立和复兴之路，以及与之相伴随的民族情感、社会形态的跌宕起伏的变化的。百年中国新文学自身也是从沉重传统中蜕变出来，在急骤变化的时代精神和艺术追求中，建构具有现代性和民族性特征的审美风范。前者是"讲什么"，后者是"怎么讲"。这两个层面，对于从《诗经》《左传》《楚辞》起始传承甚久的中国文学，都是"数千年未有之大变局"，表现内容变了，表现方式也变了，都需要从古典转向现代，表述现代转型中的时代风云和心灵历程。

所谓"中国特色中国经验"，并非泛泛而言，是强调地指出莫言和新时期文学对中国形象尤其是农民形象的塑造和理解、关爱和赞美之情的。将目光扩展到百年中国新文学，自鲁迅起，就是把中国乡土和广大农民作为自己的重要表现对象的。个中积淀下来的，是以艺术的方式向世界传递来自古老而又年轻的东方国度的信息，显示了正在经历巨大的历史转型期的"中国特色和中国经验"，其中有厚重的历史底蕴，就是中国农民在现代转型中一次又一次地迸发出强悍蓬勃的生命力，在历史的危急关头展现回天之力，如抗日战争，就是农民组成的武装，战胜了装备精良的外来强敌。改革开放的新时期，农民自发地包产到户，乡镇企业的勃兴，和农民工进城，都具有历史的标志性，根本地改变社会生活的面貌，改变中国的命运，也改变了农民自身——这些改变，恐怕是近代以来中国最为重要最为普遍的改变。

文学自身的变革，也是颇具"中国特色"的。古人云，若无新变，不能代雄。今人说，创新是文学的生命。这是就常规意义而言。对新时期文学而言，它有着更为独特的蕴涵。新时期文学，是在"文革"造成的文化断裂和精神荒芜的困境中奋起突围。这样的变革创新，不是顺理成章的继往开来，而是在很大程度上另起炉灶，起点甚低，任重道远。由此，世界文化和本土文化资源的发现和汲取，就成为新时期文学能够狂飙突进、飞速发展的重要推力。百年中国新文学的起点，五四新文学运动，同样地不是有数千年厚重传统的古代文学自然而然的延伸，而是一次巨大的断裂和跳跃，它是在伴随着现代资本主义的政治经济扩张汹涌而来的世界文化、世界文学的启迪下，在对传统文学、传统文化的彻底审视和全面清算的前提下，在与传统文化的紧张对立之中产生，又从中获得本土资源，破土而出，顽强生长，创建自己的现代语言方式和现代表达方式的（有人用"全盘性反传统"描述五四新文学，只见其对传统文化鸣鼓而攻之的一面，却严重地忽略了五四那一代作家渗入血脉中的与传统文化的联系）。

我们的研究，就是以莫言的创新之路为中心，在世界性与本土性的中外文化因素的交汇激荡中，充分展现其重大的艺术成就，揭示其与新时期文学和百年中国乡土文学的内在联系和变革创新，为推进二十一世纪中国的文化创新和走向世界提出新的思考，作出积极的贡献。

为了使本项目既有深入的个案研究，又有开阔的学术视野，在个案考察和宏观研究的不同层面都作出新的开拓，本项目设计由点到面、点面结合，计有"莫言文学创新之路研究""以莫言为中心的新时期文学变革研究""莫言及新时期文学变革与中外文化影响研究""从鲁迅到莫言：百年中国乡土文学叙事经验研究"四个子课题。

二

本项目相关的阶段性成果计有报刊论文 400 余篇，学术论著 10 部，分别在多所大学开设"莫言小说专题研究"课程，并且在"中国大学慕课"开设"走进莫言的文学世界"和"莫言长篇小说研究"课程，在"五分钟课程网"开设"张志忠讲莫言"30 讲，多位老师的研究论著分获省市级优秀学术成果奖，可以说是成果丰厚。作为结项成果的是专著 10 部，论文选集 1 部，共计 280 万字。一并简介如下（丛新强教授的《莫言长篇小说研究》已经由山东大学出版社出版，论文集《百年乡土文学与中国经验》因为体例问题未收入本丛书）：

（一）子课题一"莫言文学创新之路研究"包括 3 部专著。

张志忠著《莫言文学世界研究》。要点之一是对莫言创作的若干重要命题加以重点阐释：张扬质朴无华的农民身上生命的英雄主义与生命的理想主义；一以贯之地对鲁迅精神的继承与拓展，对"药""疗救"和"看与被看"命题的自觉传承；大悲悯、拷问灵魂与对"斗士"心态的批判；劳动美学及其对现代异化劳动的悲壮对抗等。要点之二是总结莫言研究的进程，提出莫言研究的新的创新点突破点。

李晓燕著《神奇的蝶变——莫言小说人物从生活原型到艺术典型》，对莫言作品人物的现实生活原型索引钩沉，进而探索莫言塑造人物的艺术特性，怎样从生活中的人物片断到赋予其鲜活的灵魂与秉性，完成从蛹到蝶的神奇变化，既超越生活原型，又超越时代、超越故乡，成为世界文学殿堂中熠熠生辉的典型形象，点亮了神奇丰饶的高密东北乡，也成就了世界的莫言。

丛新强《莫言长篇小说研究》指出，莫言具有自觉的超越意识，超越有限的地域、国家、民族视野，寻求人类的精神高度。莫言创作中的自由精神、狂欢精神、民间精神等等无不与其超越意识有关。它是对中心意识形态话语所惯有的向心力量的对抗和制衡，是对个体生存价值和人类生命意识的全面解放。

（二）子课题二"以莫言为中心的新时期文学变革研究"的2部书稿，城市生活之兴起和长篇小说的创新，一在题材，一在文体，着眼点都在创新变革。

二十世纪七十年代末期开始的社会—历史的巨大转型，是从农业文明形态向现代文明和城市化的急剧演进，成为我们总结莫言创作和中国文学核心经验的新视角。江涛《从"平面市井"到"折叠都市"——新时期文学中的城市伦理研究》将伦理学引入文学叙事研究，考察新时期以来城市书写中的伦理现象、伦理问题、伦理呼求，揭示文本背后作者的伦理立场，具有青年学人的新锐与才情。

新世纪以来，长篇小说占据文坛中心，风云激荡的百年历史，大时代中形形色色的人物命运与心灵悸动，构成当下长篇小说创作的主要表现对象。王春林《新世纪长篇小说叙事经验研究》就是因应这一现象，总结长篇小说艺术创新成就的。作者视野开阔，笔力厚重，对动辄年产量逾数千部的长篇作品做出全景扫描，重点筛选和论述的长篇作品近百部，不乏名家，也发掘新作，涵盖力广博，尤以先锋叙事、亡灵叙事、精神分析叙事、边地叙事等专题研究见长。

（三）子课题三"莫言及新时期文学变革与中外文化影响研究"的成果最为丰富，有4部书稿。

樊星教授主编《莫言和新时期文学的中外视野》立足于全面、深入地梳理莫言在兼容并包世界文学与中国本土文学方面表现出的个性特色与成功经验，莫言创作与后期印象派画家凡·高、高更色彩、意象和画面感之关联，莫言与影视改编、市场营销、网络等大众文化，莫言的文学批评，莫言的身体叙事等新话题，对作家和文本的阐释具有了新的高度。

张相宽《莫言小说创作与中国口头文学传统》指出，从口头文学传统入手，才能更好地理解莫言小说。大量的民间故事融入莫言文本，俚谚俗语、民间歌谣和民间戏曲选段的引用及"拟剧本"的新创，对说书体和"类书场"的采用、建构与异变，说书人的滔滔不绝汪洋恣肆，对莫言与赵树理对乡村口头文学的借重进行比较分析，深化了本著作的命题。

莫言与福克纳的师承关系，研究者已经做了许多探讨。陈晓燕《文学故乡的多维空间建构——福克纳与莫言的故乡书写比较研究》独辟蹊径，全力聚焦于福克纳的约克纳帕塔法文学领地和莫言的高密东北乡文学王国的建构与扩展，采用空间叙事学、空间政治学等空间理论方法，从空间建构的角度切入，刷新了莫言与福克纳之比较研究的课题。

李楠《海外翻译家怎样塑造莫言——〈丰乳肥臀〉英、俄译本对比研究》，将莫言《丰乳肥臀》的英俄文两种译本与原作逐行逐页地梳理细读，研究不同语种的文字转换及其中蕴涵的跨文化传播问题，中文、英文、俄文三种文本的对读，文学比较、语言比较和文化比较，界面更为开阔，论据更为丰富，所做出的结论也更有公信力说服力。

（四）子课题四"从鲁迅到莫言：百年中国乡土文学叙事经验研究"是本项目中界面最为开阔的，也是难度最大的。百年中国的现代进程，就是乡土中国向现代中国、农业化向城市化嬗变的进程。百年乡土文学，具有最为深厚的底蕴，也具有最为深刻的中国特色中国经验。从研究难度来说，它的时间跨度长，涉及的作家作品众多，要梳理其内在脉络谈何容易。现在完成并且提交结项的是1部专著，1部论文集，略显薄弱。

张细珍《大地的招魂：莫言与中国百年乡土文学叙事新变》从乡土小说发展史的动态视域出发，发掘莫言乡土叙事的新质与贡献，探索新世纪乡土叙事的新命题与新空间，凸显其为世界乡土文学所提供的独特丰富的中国经验与审美新质，建构本土性与世界性同构的乡土中国形象。

张志忠编选的项目组成员论文集《百年乡土文学与中国经验》，基于 2018 年秋项目组主办"从鲁迅到莫言：百年乡土文学与中国经验"国际学术研讨会的会议成果，也增补了部分此前已经发表的多篇论文。它的要点有三：其一，勾勒百年乡土文学的轮廓，对部分具有代表性的重要作家和作家群落予以深度考察。其二，对百年乡土文学中若干重要命题，作出积极的探索。其三，在方法论上有所探索和创新。这部论文集选取了沈从文、萧红、汪曾祺、赵树理、浩然、陈忠实、贾平凹、路遥、张炜、莫言、刘震云、刘醒龙、李锐、迟子建、格非、葛水平等乡土文学重要作家，以及相关的山西、陕西、河南、湖南、四川、东北等乡土文学作家群落，从不同角度对他们提供的文学经验予以深度剖析，并且朝着我们预设的建立乡土文学研究理论与叙事模型的方向做积极的推进。

三

在提出若干学术创新的新命题新论点的同时，我们也在研究方法上有所探索和创新。务实求真，文本细读，大处着眼，文化研究、精神分析学、城市空间与地域空间理论、城市伦理学、比较文学研究、民间文学研究理论、文化领导权理论、生态批评、叙事学、文学发生学、文学场域等理论与方法，都引入我们的研究过程，产生良好的效果，助推学术创新。

本项目成果几经淘洗，炼得真金，在莫言创作和中国现当代文学的创新经验研究上，都有可喜的原创性成果。它们对于增强文化自信、以文学的方式向世界讲述中国故事和促进中国文学走出去，都有极好的推动作用。对于当下文坛，也有相当的启迪，鼓励作家在世界性与本土性交汇中创造文学的高原和高峰。

我要感谢本项目团队的各位老师，在七八年的共同探索和学术交流中，我们进行了愉快的合作，沉浸在思想探索与学术合作的快乐之中。我要感谢吴义勤先生和作家出版社对出版本丛书的鼎力支持，感谢李继凯教授和陕西师范大学人文社科高等研究院对丛书出版的经费资助，感谢本项目从立项、开题以来关注和支持过我们的多位文学、出版、传媒界人士。深秋时节，银杏耀金，黄栌红枫竞彩，但愿我们这套丛书能够为中国文学的繁荣增添些许枝叶，就像那并不醒目的金银木的果实，殷红点点，是我们数年凝结的心血。

2020 年 11 月 5 日

莫言与当代中国文学创新经验研究

目　录

绪　论

第一节　理解莫言：回到小说的起点

　　2001 年，新世纪的第一年，莫言在他的长篇小说《檀香刑》的《后记》中提到他要"大踏步撤退"。他说："民间说唱艺术，曾经是小说的基础。在小说这种原本是民间的俗艺渐渐地成为庙堂里的雅言的今天，在对西方文学的借鉴压倒了对民间文学的继承的今天，《檀香刑》大概是一本不合时尚的书。《檀香刑》是我的创作过程中的一次有意识的大踏步撤退，可惜我撤退得还不够到位。"①根据莫言的解释，所谓"撤退"，"是对西方小说故事、情感模式的对抗"②，因为"我们有自己的语言和讲故事的方式"，要"向民间回归，向我们的民族文化，向我们的民间口头文学来学习"③，"向中国传统小说学习"④。2012 年 12 月 8 日，莫言在瑞典文学院作《讲故事的人》的演讲，他对自己的创作作了总结，他说："我该干的事情其实很简单，那就是用自己的方式，讲自己的故事。我的方式，就是我所熟知的集市说书人的方式，就是我的爷爷奶奶、村里的老人们讲故事的方式。"⑤对于莫言的夫子自道，我们不能全信，

---

①　莫言：《大踏步撤退——〈檀香刑〉后记》，《北京秋天下午的我：散文随笔集》，海天出版社 2007 年版，第 388 页。

②　莫言：《故乡·梦幻·传说·现实》，《莫言对话新录》，文化艺术出版社 2010 年版，第 417 页。

③　莫言：《向中国古典文学致敬——与〈南方周末〉记者张英谈话》，《作为老百姓写作：访谈对话集》，海天出版社 2007 年版，第 173、186 页。

④　莫言：《中国小说传统——从我的三部长篇小说谈起》，《用耳朵阅读》，作家出版社 2012 年版，第 153 页。

⑤　莫言：《讲故事的人——在诺贝尔文学颁奖典礼上的讲演》，《当代作家评论》，2013 年第 1 期。

但也不能置若罔闻，我们只是希望从作家对自己创作理念的阐释中寻找到理解作家及其创作的线索。

毋庸置疑，莫言的创作的确是在"撤退"，但是莫言的"撤退"究竟起于何时，我们很难认为是在他所宣称的 2001 年；莫言的"撤退"究竟"撤退"到什么程度，我们也不能完全认为像他所说的那样一直到了 2001 年发表《檀香刑》时他的创作才真正可以和西方魔幻现实主义分庭抗礼。凭借对莫言小说的阅读经验和顺着莫言所说的"撤退"线索，我们认为莫言几乎在一开始写作的时候就已经身在"传统"之中了，而且他的"撤退"①也相当彻底，一直"撤退"到小说的起点。莫言正是"撤退"到了中国口头文学传统的原点，他带领着我们重返原始民间讲述故事的情境，带领着我们又回到了那个围绕在大人身边听故事的时期，他用他原始而又现代的创作阐释着中国当代小说的发生学。

一、劳动与口头文学和小说发生学

文学是怎样产生的？

远在人类初始时期，文字尚未出现之前，文学就已经产生了，这种形态的文学被视为口头文学。关于文学的起源虽然存在多种说法，但劳动起源说一直都是比较核心的观点。对此，鲁迅有过一段经典的阐述，他说："我们的祖先的原始人，原是连话也不会说的，为了共同劳作，必须发表意见，才渐渐地练出复杂的声音来，假如那时大家抬木头，都觉得吃力了，却想不到发表，其中有一个叫道'杭育杭育'，那么，这就是创作；大家也要佩服，应用的，这就等于出版；倘若用什么记号留存了下来，这就是文学；他当然就

---

① 这种"撤退"也只能是相对于其他作家的"现代"观念和"先锋"色彩的"撤退"，也只能是相对于莫言自己所认为的他的创作有一个"撤退"的过程的"撤退"。其实，即使莫言的早期作品也一直都沉浸在口头文学传统之中，谈不上"撤退"。

是作家，也是文学家，是'杭育杭育'派。"①芬兰美学家希尔恩在论及诗歌和舞蹈的起源时也曾经指出："劳动的歌和舞蹈最典型的例子可以在大洋洲的部族那里遇到。岛国的生活甚至在其他方面也是对艺术的发展有利的。那里个人与个人之间需要一种最亲密的合作，例如，由于划船动作需要按照同一的和固定的节奏来加以调节，因此那里的划独木舟舞和造船歌得到了发展。同样的需要当然就产生出同样的结果，差不多在所有原始公社那里，生活方式造成了集体活动的必需。而在以牧畜为生的部族中，艺术的表现形式就不会造成这样大的作用，因为在畜牧部族中，个人之间即使没有互助，也能工作得很好。"②希尔恩认为需要多人配合互助的集体劳动才容易产生诗歌艺术，而实际上，不仅仅是集体劳动，即使是单个人的劳动，为了不至于太无聊，这个人也可能一边劳动一边歌唱，关键是要看劳动的性质和强度。也不仅仅是大洋洲的部族，拜尔顿在谈到非洲黑人对于节奏的敏感时也提到他们在劳动时的歌唱，他说"划桨人配合着桨的运动歌唱，挑夫一面走一面唱，主妇一面舂米一面唱"，卡沙里也研究过巴苏陀部落的卡斐尔人，发现"这个部落的妇女手上戴着一动就响的金属环子。她们往往聚集在一起用手磨自己的麦子，随着手臂有规律的运动唱起歌来，这些歌声是同她们的环子的有节奏的响声十分谐和的"。③划桨人、挑夫、舂米的主妇、磨麦子的妇女，他们可能是多个人，劳动时为了统一步调而需要音乐独特的节奏，也可能仅仅是一个人，为了减少劳动的无聊而产生歌唱的需要。但无论如何，劳动对于诗歌的起源都起到了非常重要的作用。这也正如梭柯洛夫所说的："在人类的黎明时期，口头文学创作跟人的直接劳动具有最密切的联系。劳动歌就

---

① 鲁迅：《门外文谈》，《鲁迅全集》（第6卷），人民文学出版社2005年版，第96页。

② 转引自朱狄：《艺术的起源》，中国社会科学出版社1982年版，第109页。

③ （俄）普列汉诺夫：《论艺术》，曹葆华译，生活·读书·新知三联书店1973年版，第34页。

曾经是最初的口头创作形式之一。它给劳动带来了精确的节奏，减轻了劳动。每个人根据自己个人的经验都知道，齐唱的歌曲是多么有效地减轻了集体劳动，并且如何使调整（协调）劳动进程成为可能。"①

诗歌的产生与劳动密不可分，那么，小说作为另一种极为重要的文学体裁，它与劳动又是有着什么样的关系呢？对于小说的产生，鲁迅也有自己的观点，他认为："诗歌起于劳动和宗教。……至于小说，我以为倒是起于休息的。人在劳动时，既用歌吟以自娱，借它忘却劳苦了，则到休息时，亦必要寻一种事情以消遣闲暇。这种事情，就是彼此谈论故事，而这谈论故事，正就是小说的起源。——所以诗歌是韵文，从劳动时发生的；小说是散文，从休息时发生的。"②鲁迅说诗歌起源于劳动，是为了"忘却劳苦"，小说则起于休息之时，是为了"消遣闲暇"。其实，鲁迅只是看到了劳动休息时讲述故事的情形，这也许是因为鲁迅出生在小官僚家庭，他本人并没有参加过农村劳动，对劳动的多样性和具体情境不熟悉，而实际上，在民间即使是在劳动的时候也极有可能存在讲述故事的情形。而且，民间的讲述故事也不只是为了"消遣闲暇"，它与诗歌的产生一样，也能够起到"忘却劳苦"的作用，不仅如此，这种故事讲述活动还能起到鼓足干劲、提高劳动效率的作用。耿村故事家王仁礼对于民间讲听故事的情形有过精彩的描述，他说："大集体那时候，队长敲钟集合的时候也讲，到地头等人也讲。尤其是锄地、拔苗，队长让我占中间，两边雁翅排开，还让我少顾一垄，干得快，别人为听我的笑话，紧锄慢锄不肯落下。地头放歇也是讲。有的队长反对讲，可人们愿意听，不讲不讲也就讲开了。"③

① （苏）梭柯洛夫：《什么是口头文学》，连树声、崔立滨译，作家出版社1959年版，第9页。
② 鲁迅：《中国小说史略 汉文学史纲要》，《鲁迅全集》（第9卷），人民文学出版社2005年版，第312—313页。
③ 袁学骏执笔：《耿村民间故事村调查》，《民间文学论坛》，1989年第1期。

莫言与当代中国文学创新经验研究

满族女故事家李成明、李马氏、佟凤乙是在这样的时间和场所讲述故事的："冬季是农闲季节，寒夜又那样漫长，于是，躺在温暖的炕头上，或围坐在火盆边，嘴里吧嗒着旱烟袋，也许手里纳着鞋底等活计，手不闲，嘴也不闲地讲述着。夏季挂锄季节，夜晚坐在大树底下，或在庭院里，以此来消磨暑天的酷热。秋后扒苞米或扒蚕茧，需要人手多，讲故事会吸引来劳动帮手，还会忘记了疲劳。"[①]由此可见，民间讲述故事，一方面是在休息之时，另一方面就是在"手不闲，嘴也不闲"的劳作之时。劳动的时候能不能讲述故事，关键要看劳动的性质和强度。有的劳动强度大，而且需要多人配合，则要求劳动者在劳动时精力集中，此时不大可能一边劳动一边讲述故事，比如划船、抬沉重物品等劳动；有的劳动强度小，但是耗时比较长，劳动久了就容易疲劳无聊，这时就可以一边劳动，一边讲述故事，比如纺棉、摘棉花、剥麻、剥苞米、锄地、拔苗等。这种讲述故事的口头文学创作，无论是在劳动之时还是在休息之时，都说明了和诗歌的产生一样，小说的产生和劳动也同样有着密切的联系。

为了减轻劳动劳苦的需要，民间才产生了讲述故事的活动，而劳动也为民间讲述故事提供了独特的场所，可能是白天的田间地头、打麦场上，也可能是在晚上月亮底下、庭院之中。劳动不仅为讲述故事提供了动因和场所，而且还为小说的产生提供了契机和丰富的内容。无论是集体劳动还是个人劳动，或者壮观，或者优美的劳动场景和人物往往能够激发小说家的创作激情和灵感，一个作家可能正因为看到这些场景而拿起笔来讲述一个生动的故事。劳动是人的本质力量对象化最为重要的途径，劳动本身体现了人类的尊严、力量和智慧，所以，劳动完全有理由成为小说家创作的重要主题。

莫言作为一个从小在农村长大，小学尚未毕业就参加了劳动

① 张其卓、董明整理：《满族三老人故事集》，春风文艺出版社 1984 年版，第 589 页。

莫言小说创作与中国口头文学传统

的作家，对于农村劳动和民间讲述故事的情景极为熟悉。他正是通过"耳朵的阅读"以耳濡目染的方式向中国口头文学传统汲取营养的。他经常在这种场合听劳动人民讲述故事，自然会受到民间讲述故事的方式以及内容的重大影响。当莫言走上创作道路之后，他的创作就具有鲜明的口头文学传统的特色。随着莫言写作的进展和成熟，当他建立了向中国口头文学传统回归的创作理念之后，他的作品越来越体现出民间口头讲述故事的显著特征，他也将这种民间劳动之时和劳动闲暇之时讲听故事的情景搬到自己的小说之中来，以自己独特的创作有力地阐释着当代小说的发生学。

二、劳动与莫言小说故事的生成

莫言小学五年级还没有毕业，就由于各种原因而不得不辍学，从而过早地参加了劳动。开始时因为年龄小，只能从事放牛放羊之类的适合小孩子干的活儿，由于此时无法融入成人的集体劳动，又失去了和其他孩子在学校一起学习玩耍的机会，莫言可谓饱尝"孤独"之苦。莫言这样回忆当时的情境：

　　到了荒地里，我把牛放开，让它们自己吃草。蓝天如海，草地一望无际，周围看不着一个人影。没有人的声音，只有鸟在天上叫的声音。我感到很孤独，很寂寞，心里空空荡荡的。有时候我躺在草地上，望着天上懒洋洋地飘动着的白云，脑海里便浮现出许多莫名其妙的幻象。我们那地方流传着很多狐狸变成美女的故事，我幻想着能有一个狐狸变成的美女与我来做伴放牛，但她始终没有出现。有时候我会蹲在牛的身旁，看到湛蓝的牛眼和映在牛眼里我的倒影。有时候牛会把我拱到一边，因为我妨碍了它吃草。有时候我会模仿着鸟儿的叫声试图与天上的鸟儿对话，有时候我试图与还在吃草的牛谈心，但鸟儿不理我，牛也不理我。我只好继续幻想。[1]

正是由于过早参加劳动而带来的"孤独"，莫言在劳动之时和劳动之余深入"观察"、无限"亲近"了大自然，而且因为"孤独"的包围锻炼了自己的想象力。"我的长处就是对大自然和动植物的敏感，对生命的丰富的感受，比如我能嗅到别人嗅不到的气味，听到别人听不到的声音，发现比人家更加丰富的色彩，这些因素一旦移植到我的小说中，我的小说就会跟别人不一样。"[2]莫言之所以能听到别人听不见的声音，看见别人看不见的事物，就是得益于这段过早介入的劳动生活。这段劳动经历使莫言有充分的时间观察农村和田野里的各种各样的动植物，使他充分感受到了大自然的神秘，万物皆神的思想也应该从此时就深深地揳进他的心里。同时也是这段劳动时光带来的"孤独"，使他能够沉思冥想、回味体验平时通过"耳朵的阅读"所听到过的鬼怪故事、传奇故事，他也通过想象将这些故事与原野中的各种神秘现象融合在一处，强化了这些故事中本来就蕴含的神秘意涵。可以说，这段劳动经历对于他以后魔幻现实主义创作风格的形成也具有非常重要的意义。

莫言在成年之前，就参与成年人的劳动。在他十二岁的时候，曾经给打铁老人拉过风箱，就是根据这一次劳动体验，莫言后来写出了令他声名鹊起的《透明的红萝卜》。

人总是要长大的，年少时的莫言异常渴望早日长大，早一点加入成年人的劳动，这是因为成年人的每一次集体劳动都好像是民间的狂欢，人数众多，热闹非凡，如果能参加他们的劳动，自然能够摆脱一个人放牛放羊带来的"孤独"。不仅如此，更重要的是还可以听到他们讲述的各种各样的故事。莫言是一个对故事极为着迷的孩子，他辍学后将手头的书和所有能借来的书读遍之后，就只能靠

---

① 莫言：《我的文学历程》，《用耳朵阅读》，作家出版社 2012 年版，第 194 页。

② 莫言：《作为老百姓写作——与大江健三郎、张艺谋对话》，《作为老百姓写作：访谈对话集》，海天出版社 2007 年版，第 295 页。

听大人们讲故事来打发时光。莫言曾经说过自己参加成年人劳动的体会："虽然干不好还有点累，但是还是感觉到和大人在一起，比一个人放羊、放牛要好得多。在劳动的过程中，和这些成人的接触也增长了很多知识。当时生产队的劳动也不认真，大家干一会儿、歇一会儿，干个把小时抽袋烟，然后再干个把小时再抽袋烟，然后就收工回家了。我们在地头休息的时候，老人就讲各种各样的传奇、鬼怪呀，妖狐啦，这些东西后来搞了文学觉得非常有用。"[1]由于渴望和成年人一起劳动，青少年时期的莫言又比别的孩子的身体长得高大，靠着当生产队长的四叔，莫言在十四岁的时候就申请参加队里割麦子的劳动。但是他第一次割麦子时速度慢、麦茬高，遭到生产队会计的嘲讽。每当村里有外派民工去挖河、修水库等大型集体劳动的时候，莫言总是积极地报名参加。给莫言留下深刻印象的一次劳动是 1973 年十八岁的时候被派往昌邑县拓挖胶莱河。挖胶莱河那次则是大场面，上百万人在一起集体劳动，真可谓辉煌壮观。莫言对此有清晰的记忆："这真是一场狂欢的悲剧，里面出现了无数的狂欢，无数匪夷所思的集体化、大兵团作战形式，确实创造了人类历史上壮观的奇迹、劳动奇观。谁见过成千上万农民在一块劳动的场面？我见过我参加过，我们是四个县的农民上百万民工在一条河上，在这条河上像蚂蚁一样，红旗招展，高音喇叭震耳欲聋，拖拉机、牛、小推车，最先进的和最原始的，一起劳动。"[2]生产队里劳动是大呼隆，干一半休息一半，所以劳动间隙肯定会有见多识广、有口才的人讲故事消遣。而大作战般的大型集体劳动也应该会有很多能说会道、会讲故事的人，即使不是为了减轻劳动的疲劳、无聊等实用目的，就是这种劳动本身也会产生很多故事。而就是在那次挖胶莱河的劳动中，被蛊惑了许久的想当作家的梦想被激发，莫言在劳动的间隙写出了自己的处女作《胶莱河畔》的开篇第

① 莫言：《与王尧长谈》，《碎语文学》，作家出版社 2012 年版，第 98—99 页。
② 张英：《莫言：我是被饿怕了的人》，高密莫言研究会编：《莫言研究》第 3 期，2007 年版，第 124 页。

一章。这篇只是因袭当时文坛创作套路的习作，开了个头就被搁置了，没有继续写下去。

同样是在1973年，莫言进入高密棉油加工厂当临时工，一直到1976年莫言参军，莫言在此工作了三年。棉厂人多热闹，莫言听取了很多逸闻趣事，这段劳动经历对于莫言小说创作的影响不容小觑。这三年的集体劳动生活也是莫言后来创作的源泉之一，中篇小说《白棉花》就是以这段劳动生涯的回忆为基础而完成的。

莫言用他的创作生动地说明了口头文学的产生与劳动之间的密切关系。莫言的劳动生涯对他的创作几乎有着决定性的影响，正是由于这段长达近十年的农村劳动，才使得莫言对于劳动人民的思想感情、精神状态、思维逻辑、生活方式和生命形态，他们的世界观和价值观有着根本和透彻的理解，他的作品也具备了一般的乡土作家作品难以企及的生命体验和精神高度。同时，农村民间那种近乎原始的口头创作方式也深刻地影响了莫言小说的结构形式，使他在自己的小说创作中自觉不自觉地借鉴民间讲述故事的经验技巧。

如上文所说，小说产生于劳动之中或者劳动间隙的休息之时，而从莫言小说中很多故事产生的情境来看，正能够说明莫言的小说创作可以说是回到了口头文学的起点。

我们看到莫言小说中故事的产生可能是在劳动过程中产生的，也就是边劳动边讲故事，属于"手不闲，嘴也不闲"的情形，这正是民间口头讲述故事的典型场景。《草鞋窨子》中几个编草鞋的，几个来闲聊拉呱的，编草鞋的袁家五叔就一边编草鞋一边讲述故事，有时候也听卖虾酱的于大身和锔锅锔盆的小炉匠讲述故事。《凌乱战争印象》中"我"在院子里听三老爷讲述过去打麻湾的战争故事，三老爷是边剥麻边讲述故事。这种边劳动边讲述故事的口传形式是农村讲听故事极为常见的场景，因为这种劳动往往要持续好几个小时，比较枯燥无味，再加上劳动强度较小，讲故事和听故事都不会影响劳动的进行，在这种场合就可以通过讲听故事来消除长时间的劳动带来的无聊。《姑妈的宝刀》《木匠和狗》等作品里的民间故事也出现在这种劳动的场景中。

如果劳动强度大，需要劳动者集中力量和精神进行劳动，自然腾不出嘴来讲述故事，这时就需要在劳动休息时从事这种讲听活动，比如割麦子、浇地、挖河等往往是如此，这是农村口传故事的另外一种典型场景。正应了鲁迅所说的"诗歌起于劳动""小说……起于休息"，我们可以看到莫言小说中很多故事是在劳动休息之时产生的。《天堂蒜薹之歌》中"张家湾的蛤蟆不会叫"的故事的讲述就发生在这样的情境。小说写了高马和三爷晚上在月光下浇水，浇水在农村是比较麻烦的一项劳动，劳动起来时基本上是没有闲心和闲力讲听故事的。在这部小说中，井里的水浇一会儿水位就会下降，需要等水位重新升上来才能继续进行，就在这个间隙，高马就请求三爷给他讲述故事来消磨时间。在干活的过程中，几个故事分休息几次讲完，既符合劳动时的真实情景，又能在关键处打住，形成悬念，可以说是妙手天成，体现出莫言小说的叙述技巧。《麻风的儿子》讲述的是生产大队队员集合在一起割麦子，在休息的时候老猴子讲了个麻风女放毒的故事，这正是在田间地头讲述故事的场合，真正体现了民间口头文学传承的典型特征，也体现了故事是如何在民间生成的。

春耕秋收时候，农人们在田间地头，农闲时节，农人们则在热炕头、火炉边、餐桌旁或者大街上、大树下、庭院里、饭馆里讲述故事。民间的这种口头文学创作的时间、地点、场景和讲听故事的方式等都影响到莫言的小说创作。我们看到莫言的许多小说都是将故事的发生设置在一个农村讲述故事的情境之中。除了上面提到的小说之外，其他的比如《生死疲劳》《四十一炮》《玫瑰玫瑰香气扑鼻》《猫事荟萃》等作品也是如此。莫言习惯于在小说中设置出一个讲述故事的环境，营造一种农村讲述故事的氛围，摆开讲述故事的架势，运用民间讲述故事的口吻和语调，由小说中的一个人物向另外一个人物或一群人物讲述故事，又或者是一些人轮流讲述故事。无论如何，从莫言小说中故事的产生都能够看到口头文学传统的内在影响，这都可以让我们将他的故事的讲述方式追溯到小说的发生时期。

这些阅读体验使得笔者认为从口头文学传统的角度研究莫言的

创作将是一个比较好的入口，也是想要真正理解莫言所必不可少的切入点。

但是，研究莫言的学术成果如此之多，这种研究视角还有新鲜感吗？究竟还有没有推进研究的必要性和可能性？

三、怎样现代、如何传统：口头文学传统视域之于莫言研究的必要性与可能性

莫言从二十世纪八十年代初登上文坛至今近四十年，以其创作力之旺盛，创新意识之强烈，创作成果之丰厚，吸引着创作界和评论界的关注，在国内外都有着广泛的影响。可以说，莫言曾经是也几乎一直是学界研究的热点，而 2012 年乘着莫言荣获诺奖的东风，莫言研究更成为热点中的热点，莫言研究一时成为显学。截至 2018 年 12 月份，在中国知网键入"莫言"按"题名"检索，论文有 2993 篇；按"关键词"搜索，论文有 3745 篇。这些研究主要集中在叙事艺术、民间及乡土、比较研究、生命感觉、民族性与世界性、语言特色、历史书写、人物形象分析、翻译传播等方面。2012 年后，莫言与诺奖、莫言作品的翻译和传播成为研究者的关注焦点。根据笔者搜阅的资料，现已出版的莫言研究专著有 30 余部，专论莫言的硕士论文 628 篇，博士论文 29 篇，各类研究资料也多达 28 部。面对蔚然大观的现有研究成果，后来者如何寻找新角度，如何把莫言研究继续向前推进就成了关键之所在。

张志忠的《莫言论》是第一部关于莫言的有体系的、全面的、深入研究的专著。该著出版于 1990 年，当时莫言的创作还仅仅处于写作生涯的第一个十年，但已经体现出非常鲜明的特色，已经引起很多学者的关注和评论。当时作为解放军艺术学院文学系的老师，张志忠对莫言极为熟悉，对莫言创作的赞赏和追踪研究使他率先写出了至今也难以被超越的学术专著。该著认为"生命感觉和农民文化，正是理解莫言的两个基点，也是莫言创作的最突出最鲜明

的特征"，^①这部著作也比较早地提出了"高密东北乡"这一文学地理名词，并对之进行了深入论述。提及莫言小说文体的杂糅性，作者将之归结为莫言"感觉的开放性"，这一问题的提出是敏锐的，但同时笔者也认为由于这一问题本身的丰富性还需要运用不同的理论视野去观照和阐释，比如从口头文学传统的影响来切入也许是另一条可靠的研究路径。该著提出的很多论题都很有学术眼光，有的论题在后来的评论中也一直被热议，而且莫言后来的创作也将这些论题进行了深化和发展。

《怪才莫言》出版于 1992 年 6 月，是由贺立华、杨守森等人写就的第二部系统、全面的关于莫言其人其作的学术专著。该著作一方面是"以材料见长"，另一方面在东西文化文学的框架下论述莫言在当代文学中的定位和意义。说该著"以材料见长"，是因为该著的著者为山东高校老师，与莫言本人比较熟悉，又占了地利之便，在写作的过程中四下高密，对莫言的家人、朋友、乡亲等进行了多次采访，占有了许多有价值的第一手研究资料。所以该著对莫言的家庭出身、成长经历，高密的地理环境、历史文化、民风民俗、民间艺术、民间信仰、精神特征以及莫言小说中的人和事的原型等作出了比较详尽和独到的阐释。另外，从该著的代序言《东西方文化与怪才莫言》中就可以见出该著的学术视野、关注焦点和内容框架。该著以莫言的创作之"怪"为中心，在东西方文化碰撞交流的大背景下，论述了莫言创作的现代主义与现实主义、感性与理性、语用个性、叙述方式、审美与审丑等内容，论述了莫言对中外文学艺术传统的融合与超越。在对中国传统的继承方面，该著提出了莫言对中国自然文化也即民间文化的继承，同时，该著进一步指出："他对整个民族的深切忧患使他以一个具有自觉文化意识的当代人角色转向了对古典传统的探求，在祖先的审美文化观念中，他发现了那些与自己息息相通的地方，他以其对古典审美意趣的天才感悟而获得了一个崭新的立足点，在其艺术创作中，他没有停留

① 张志忠：《莫言论》，北京联合出版公司 2012 年版，第 223 页。

于对古典传统的外部特征的模仿，而是深入到它的内部，从其审美机制构成的各个方面汲取营养，并最终取得一种本质的统一与契合。"①我们看到，当著者论及莫言对祖先遗产的继承，也即古典文学传统的继承时，重在民间文化也即自然文化的分析，这主要是从内容和精神上说明莫言小说与传统的继承和发展关系，但是从叙事传统、叙事艺术上没有涉及或涉及甚少，这就为我们继续探讨这一问题留下了充足的空间，在研究莫言小说与中国小说传统上我们依然大有可为。

《大哥说莫言》的著者是莫言的大哥管谟贤，这本由莫言最亲近的人所写的专著为读者和有志于研究莫言的学者提供了"鲜为人知的史料、深厚的地域文化内涵，别具一格的文学与现实、文学与历史互证映衬的质朴解读，给我们打开了一扇了解真实莫言的窗户"②。作者站在兄长和一般评论者的立场上对莫言以及莫言的创作提出了新颖的见解，同时，《莫言小说中的人和事》《莫言小说创作背后的故事》《爷爷讲的故事》以及《莫言年谱》和《莫言家族史考略》等都为普通读者和专业研究者在认识莫言其人其作时提供了可能的视角和依据。

其他如钟怡雯的《莫言小说："历史"的重构》、张灵的《叙述的源泉——莫言小说与民间文化中的生命主体精神》、付艳霞的《莫言的小说世界》等专著对于我们认识莫言小说叙事与口头文学传统的关系具有一定的启发性。

就期刊论文来看，莫言小说叙事艺术的现代性、先锋性、民间性、民族性等是莫言小说研究的热点，主要集中在小说意象、叙事视角、叙事结构、文体杂糅、感觉、复调、荒诞、魔幻现实主义和审美风格等方面。当论者在论述莫言小说的民族性时，多从精神、苦难、生活方式入手，当然有的论者也提到其与史传传统、诗骚传

---

① 贺立华、杨守森等：《怪才莫言》，花山文艺出版社 1992 年版，第 70 页。

② 贺立华：《莫言文学创作背后的人——莫言的长兄学者管谟贤先生（代序言）》，管谟贤：《大哥说莫言》，山东人民出版社 2013 年版，第 9 页。

统和志怪传统等中国古典小说传统之间的联系。李陀早在1986年就在《现代小说中的意象——序莫言小说集〈透明的红萝卜〉》中指出莫言的小说"使作家试图在现代小说中恢复——当然是在新的水平上的恢复——中国古典小说的某些宝贵传统的努力，不再是个别的尝试"①。季红真在1987年的《忧郁的土地，不屈的精魂》②和1988年的《现代人的民族民间神话》③两篇关于莫言的散论中阐述了莫言小说的乡土性和民族民间神话性质。张清华在1991年的《选择与回归——论莫言小说的传统艺术精神》④中，从生命体验、自然文化意向与乡土文化特质、传统浪漫主义精神三个方面论述莫言小说与中国传统艺术精神的联系。也许是认为论述得不够充分，张清华在1993年又撰文探讨莫言小说中的传统美学因素，他在《莫言文体多重结构中传统美学因素的再审视》⑤中指出，莫言为我们展示出一种特有的现代的和民族的魅力，究其原因，在于莫言凭着他天才的感悟能力和深厚的民间与传统文化的修养与自觉，从传统小说艺术中汲取了最具活力的因素；认为莫言不是像过去的许多作家那样对民族艺术传统作单向的、常常是停留于外部现象和形式的继承，而是以现代哲学与文化意识作为参照，从艺术哲学和文本构成的多重层面上汲取古典艺术精神中的丰富营养，从整体上再现了传统艺术精神的典型特征和迷人魅力。王光东的《复苏民间想象的传统和力量——由莫言的〈生死疲劳〉说起》⑥认为，《生死疲劳》的

---

① 李陀:《拾遗录（一）现代小说中的意象——序莫言小说集〈透明的红萝卜〉》,《文学自由谈》, 1986年第1期。

② 季红真:《忧郁的土地，不屈的精魂——莫言散论之一》,《文学评论》, 1987年第6期。

③ 季红真:《现代人的民族民间神话——莫言散论之二》,《当代作家评论》, 1988年第1期。

④ 张清华:《选择与回归——论莫言小说的传统艺术精神》,《山东师范大学学报》（人文社会科学版）, 1991年第2期。

⑤ 张清华:《莫言文体多重结构中传统美学因素的再审视》,《当代作家评论》, 1993年第6期。

⑥ 王光东:《复苏民间想象的传统和力量——由莫言的〈生死疲劳〉说起》,《当代作家评论》, 2006年第6期。

重要性就在于其体现出高度扩张的想象能力以及对半个多世纪以来中国历史的独特叙述方式，它复苏了民间传说、故事的想象方式。这些关于莫言小说的乡土性、民族性的研究无疑对理解莫言小说中口头文学传统的民间背景和民间精神以及对于民间故事的意蕴旨等有很大的帮助。

关于莫言作品的世界性元素，或者称为莫言作品的现代性元素，也是论者论述的热点，从这一点切入研究的论文无论是对莫言作品形式上的实验性还是思想内容、哲学理念的深刻性等方面都作出了很多探讨。论者既看到了莫言受到外国作家的影响，同时也看到了莫言作品追求人类性的努力以及他的独创性。莫言的创作无疑受到了外国作家作品的影响，他也曾经借鉴甚至模仿过西方的写作技巧，可以说，莫言正是在福克纳和马尔克斯的影响下，才唤醒了自己的民间记忆，也才产生了建立"高密东北乡"这一文学王国的巨大野心。张学军在《莫言小说与西方现代主义文学》中写道："在莫言的小说中，我们可以看到民间文学的浸染，更容易发现西方现代主义文学的影响。这种影响是多方面的，有意识流小说的内心独白、心理分析、感觉印象、幻觉梦境等，有魔幻现实主义的隐喻、象征、预言、神秘、魔幻，也有荒诞派戏剧的夸张、变形、荒诞，还有结构主义、感觉主义、象征主义、存在主义等等。"[1] 陈晓明在《"在地性"与越界——莫言小说创作的特质和意义》中则认为正是因为莫言脚踏高密东北乡的厚土，有着深厚的民族文学底蕴，也就是所谓的具有鲜明的"在地性"，才使得莫言"大胆地融合世界的各种文学手法，能如此按着汉语的本性去写作，这就可以越过那么多的陈规旧序，甚至远远超出了人们理解和想象的边界"[2]。雷达在《莫言：中国传统与世界新潮的浑融》中认为："没有上世纪八十年代的思想解放，观念爆炸，就没有莫言；没有作为农民之子，有过近二十年乡土生活亲历和'穿着军装的农民'的当兵经历，也就没有莫言；但同样，没有莫言作为一个天才作家的超人异秉，更不会有莫言及其作品。"①现在的论者大多能在西方影响和民族传统两方面对莫言的独创性作出合理的解释，而在2012年莫言获诺奖之后则更为自觉地去发掘莫言小说中的民族因素。

　　具体到莫言的创作和口头文学传统，特别是和口头文学传统中说书传统的关系，虽然已有论者注意到这一点，但是详尽论述的并不多，而且尚未出现专门论述的论文或者专著。李敬泽在《莫言与中国精神》和《"大我"与"大声"——〈生死疲劳〉笔记之一》中对莫言小说中的说书立场和说书特点有所论述，指出"莫言不再是小说家——一个在'艺术家神话'中自我娇宠的'天才'，他成为说书人，他和唐宋以来就在勾栏瓦舍中向民众讲述故事的人们成为了同行"②，"说书预设了听众的在场，说书不是书写，而是声音，是包含和模仿所有声音的'大声'，古代的小说是'说'出来的，而且是'大说'，绝大部分现代小说是'写'出来的，顶多是'小说'，这是非常重要和复杂的区别。《生死疲劳》是一次罕见的大说特说，它具有说书人的声音，而这声音本身就是一种世界观，一种不同于西方传统的总体性路径"。③李敬泽的立场不可谓不鲜明，明确指出了莫言就是当代的说书人，但是在他颇具文学化的论述中，对所谓的"大声"并没有作出实质性的解释，更没有将观点和莫言的作品联系起来，从而使他的观点悬空，缺乏较强的说服力。其他的一些学者在论及莫言小说中的说书特点时，更是仅仅将莫言小说中的说书特征作为莫言和古典小说传统承续的一个佐证，有的只是一笔带过，有的由于没有深入研究导致其说法显得大而无当，玄虚飘渺。但是，这些研究却为我们继续深入地探讨莫言小说与口头文学传统之间的关系提供了启示，也埋下了伏笔。

①　雷达：《莫言：中国传统与世界新潮的浑融》，《小说评论》，2013年第1期。

②　李敬泽：《莫言与中国精神》，《小说评论》，2003年第1期。

③　李敬泽：《"大我"与"大声"——〈生死疲劳〉笔记之一》，《当代文坛》，2006年第2期。

莫言与当代中国文学创新经验研究

从研究现状的分析可知，莫言小说的"现代性"和"传统性"一直都是学界研究的焦点，这也契合了莫言获诺奖后对其创作"本土性"和"世界性"之间关系的研究的热潮。但是，当学界在研究莫言小说的"传统性"时，由于中国小说"传统"的丰富性，加上学者研究的角度不同，会发现对莫言小说的"传统"有着多种不同的阐释。同样研究莫言小说的传统，关注的传统类型可能不同，有的关注史传传统，有的关注诗骚传统，有的关注志怪传统。即使是关注同一种传统，如果采取的角度不同，自然也各有其价值。

有的论者更加重视史传传统与诗骚传统，比如张志忠的《莫言对司马迁的承续与对话》①、郭冰茹的《寻找一种叙述方式——论莫言长篇小说对传统叙述方式的创造性吸纳》②等。更多的论者则看到莫言小说与魏晋志人志怪传统和《聊斋志异》传统的关联，而这些都是古典文言小说的传统。不能说莫言与中国古典文言小说的传统无关，特别是与《聊斋志异》的关联还比较紧密，但笔者认为当莫言谈及自己与古典传统的关系时，主要说的还是与中国口头文学传统的关系，甚至是在此基础上产生的与章回小说的关系。③这才比较符合莫言向古典致敬的本意。其实，《聊斋志异》也是在口头文学传统的基础上完成的，蒲松龄正是在听取口头故事的基础上对之进行艺术加工后才最终完成这部皇皇巨著的。《聊斋志异》成书后，书中的故事又被人广为传讲，有的还成为说书人经典的说书书目。莫言曾说："我不知道是蒲松龄听了我的祖先们讲述的故事写成了他的书，还是我的祖先们看了他的书后才开始讲故事。"④其实这是一个口头文学和书面文学双向影响的过程。莫言一方面受到《聊斋志异》文言小说的影响，另一方面又受到《聊斋志异》口头

① 张志忠:《莫言对司马迁的承续与对话》,《首都师范大学学报》(社会科学版),2014年第4期。

② 郭冰茹:《寻找一种叙述方式——论莫言长篇小说对传统叙述方式的创造性吸纳》,《当代作家评论》,2006年第6期。

③ 见莫言《中国小说传统》《向中国古典文学致敬》《檀香刑·后记》《李敬泽与莫言对话〈生死疲劳〉》《与王尧长谈》等相关论述。

④ 莫言:《用耳朵阅读》,《用耳朵阅读》,作家出版社2012年版,第57页。

化以后的民间故事、说书人说书的影响，他的创作还是与口头文学传统有着密切关系的。

张清华的几篇文章都提到古典传统，但是大多也是从文化上或一般性上论述，对于具体的小说的外观形式触及得还是比较少，作者主要从追述、形神结合、神秘氛围的营造、非写实等方面论述了莫言与中国叙事传统的联系。也许是由于张清华的论文所写时间比较早，莫言小说口头文学传统的某些特点还没有充分表现出来，所以他很少从口头文学传统上论述莫言小说创作的特点。王春林在他的《莫言小说创作与中国文学传统》[①]中论述了莫言的小说创作与中国古典文学传统以及中国新文学传统的联系，在论及莫言的小说与中国古典文学传统的联系时，谈到了莫言小说中穿插的高密茂腔、《生死疲劳》的章回体形式以及与《聊斋志异》等古典小说的联系，但由于论文涉及面较广，许多内容都没有来得及深入讨论。

由于"民间"和"叙事"是莫言研究的焦点所在，而"民间"与口头文学有着千丝万缕的联系，关注"叙事"艺术的学术成果也有可能谈到莫言小说中的"民间故事"，所以前人的关于莫言"民间"和"叙事"的论述有时会提到与口头文学传统的关联。但从目前研究现状来看，这方面的成果还不太多，有的只是笼统地以"传统"称之，往往是灵光乍现般地一笔带过，语焉不详，所以我们有必要更为系统和深入地研究莫言与口头文学传统之关系这一课题。有的学术成果主要探讨他对于民间文学传统汲取的立场、意义，或批判，或辩护，但对于具体的文学技巧分析还不够多。而且，口头文学传统中的说书传统更是鲜有人提及和详细论述，即使有的论者已经论及，但还是泛泛而谈者多，真正从作品着手，进行作品细读的分析还比较少。但是，莫言小说与中国口头文学传统之关系的研究，涉及莫言小说的结构、语言、叙述等本体性特征，这是我们深入认识莫言创作特点的一个重要通道，是我们深入认识莫言小说创

① 王春林:《莫言小说创作与中国文学传统》,《山西大学学报》(哲学社会科学版), 2013 年第 1 期。

作的特点所不可或缺的视域。此外，对于莫言的语言风格还没有找到令人信服的原因，而只停留在对其所谓粗鄙、不节制的批评之中，对于莫言语言的这一特点，我们应该找到更为有力的解释。

笔者认为，只有从口头文学传统出发，才能更好地理解莫言小说与民间资源、民间文化的关系，才能更深入地认识莫言小说中所体现出来的万物有灵的泛神论、宇宙观，才能更准确地理解莫言小说的魔幻、人称、结构等叙事特征，才能理解他笔下富有传奇色彩、自由自在、快意恩仇的民间儿女；也才能看到他笔下丰富多彩的乡间土语和野性活泼、深厚悲凉的俗曲民谣；也才能真正理解他泥沙俱下、滔滔不绝、粗鄙夸张的语言风格，而不会只是从莫言的小说中拣取几个民间故事、俚语俗曲作简单的、无系统的解释。从莫言研究现状来看，从整体上，从莫言所有小说的基础上研究莫言小说中的民间故事、谚语、民谣、地方小戏的论述还比较少。比如，大部分涉及莫言小说与民间小戏的关系时，往往只是从《檀香刑》着手分析，实际上莫言的很多小说都与民间小戏有关，他小说中的民间小戏也不只是茂腔一种形式。只有对莫言小说中大量的民间故事、俚语、歌谣、民间小戏的实例作对比研究、综合分析，才能看到他作品的具体特征，而不是一语带过的概括性叙述。不仅要说出总体特征，更要深入具体地分析，才能真正看出莫言小说的意蕴和特征来。这些，从口头文学传统的角度自然可以作进一步的研究。

总之，从早期的李陀、张清华、季红真到现在的陈思和、李敬泽、张志忠、郭冰茹、王春林等人对莫言小说中的"传统"都提出了一系列的精彩的观点，但对于莫言与"口头文学传统"之间关系的论述还较少，关注得还不够，既没有这样的专著，也没有以此为专题的论文。特别是对莫言小说与说书传统的关联，有很多论述尚停留在表面的概括和总结上，而不是进入文学作品进行文本分析。有的论文也提到了章回体，注意到与古典白话章回小说的文体联系，但还是不能对莫言小说中的传统叙事肌理进行深入分析。所以，笔者认为，从中国口头文学传统来研究莫言的创作，研究莫言如何以中国方式讲述中国故事还大有文章可做。

第二节　口头文学传统的概念与研究方法

概念精确是论述的逻辑起点，为了避免对口头文学传统这一概念的误解，减少不必要的争议，首先就有必要对之进行梳理和廓清。而且，口头文学传统概念的内涵与外延也基本限定了我们所要论述的内容和结构，所以，对这一概念的厘清就更显必要。

一、口头文学传统的概念

口头文学传统是相对于书面文学传统而言的，主要是指中国民间集体创作的、以口头语言为媒介、以口耳相传为传播途径的口头文学的形成、样态、传播和接受。口头文学这一概念虽然广为采用，但正因为使用过于随便和常见，其内涵和外延也往往没有得到认真厘清，使得一些学者在使用这一概念时使用了不同的标准，从而对之作出了不同的阐释。为了更为科学、全面地对这一概念进行限定，先来考察已有的对于口头文学这一概念的理解。

在国内，较早地对口头文学、民间文学和通俗文学作出比较分析和概念限定的是民间文学和民俗学学者钟敬文先生，他曾经对这些概念有过多次阐释：

> 民间文学作为一个学术名词，是"五四"新文化运动之后才出现和流行的。它指的是：广大劳动人民的语言艺术——人民的口头创作。这种文学，包括散文的神话、传说、民间故事，韵文的歌谣、长篇叙事诗以及小戏、说唱文学、谚语、谜语等体裁的民间作品。[①]

---

① 钟敬文：《民间文学述要》，《钟敬文文集·民间文艺学卷》，安徽教育出版社 2002 年版，第 15 页。

人民口头创作，是苏联现在学界流行的一个术语。它的意义，是人民（主要是劳动人民）所创作和传播的口头文学，即神话、传说、民间故事、民歌、俚谚、谚语和民间戏剧等。①

采用各种民间的文学艺术形式，像地方戏、弹词、歌曲、短谣、寓言、笑话、说书等，去揭露清廷的黑暗，控诉外人的侵略，宣传资产阶级的民主、理想，鼓吹资产阶级的革命行动。②

在民间文学作品的创作和流传过程中，值得注意的是民间口头艺术家的演唱或讲述。③

如果去除特定年代中阶级观念的束缚和偏见，钟敬文先生是将口头文学视为民间文学的，而且阐明了口头文学与苏联文艺学的关系，他对口头文学概念的内涵、外延、传播特点等都作了详尽的限定和阐释。后来大多数学者在论及口头文学和民间文学的概念和特点时，基本上是延续了钟敬文先生的说法。兹举几个例子如下：

口头文学是民间文学的别称。指人民群众口头创作的、主要依靠口耳相传的手段流布的文学作品。它常常作为作家创作的书面文学的对应语存在。④

---

① 钟敬文：《高等学校应该设置"人民口头创作"课》，《钟敬文文集·民间文艺学卷》，安徽教育出版社 2002 年版，第 163 页。

② 钟敬文：《晚清革命派作家对民间文学的运用》，《钟敬文文集·民间文艺学卷》，安徽教育出版社 2002 年版，第 261 页。

③ 钟敬文主编：《民间文学概论》，上海文艺出版社 1980 年版，第 30 页。

④ 段宝林、祁连休主编：《民间文学词典》，河北教育出版社 1988 年版，第 233 页。

口头文学：指口头创作并流传的民间文学作品，如神话、传说、民歌、童谣等。通常在口耳相传中得到传播、增益和保存。口头性是这种作品的主要特征。①

从宏观上看，民间口承叙事的范围应囊括社会民众创造和承传的所有的口头文学样式，诸如神话、史诗、传说、故事、歌谣、叙事诗、谚语、谜语、俗语、说唱、小戏等等。②

口传文学是口头创作的，但是，它同时也是口头表演的，表演的同时又实现了传递。因此，口传文学的创作、表演、流布，它们其实是处于同一个过程之中，是同一个过程的不同的侧面。对活态口头传统诗歌的共时性的分析表明，创作和表演是同一过程中处于不同程度变化的两个方面。③

口头传统是一个民族世代传承的神话、传说、史诗、歌谣、民间故事、说唱文学等口头文类以及与之相关的表述和口头艺术。④

可见，口头文学主要是相对于书面文学而言的。口头文学的媒介是口语，书面文学的媒介是文字；口头文学的创作者是集体的人（以前谓之劳动人民群众），书面文学的作者是单独的个体。由于出发点不同，侧重点不同，提出概念时的时代背景、意识形态取向、

---

① 夏征农、陈至立主编：《辞海》（第六版彩图本），上海辞书出版社2009年版，第1261页。
② 江帆：《民间口承叙事论》，黑龙江人民出版社2003年版，第3页。
③ 尹虎彬：《二十世纪口传文学研究的十个误区》，《民族艺术》，2005年第4期。
④ 邢海燕：《土族口头传统与民俗文化》，甘肃人民出版社2008年版，第38页。

研究目的不同，口头文学有时也被称为口承文学、口传文学、民间文学或者民间口头文学，但实质上它们指向的是同一个文学概念。

根据以上各种见解，我们认为口头文学传统是指人民群众（公民群体）用口头语言创作的神话、传说、民间故事、史诗、民谣、小戏、说书、俚谚俗语等文学类型，通过口耳相传、世代承继的文学文本及其文学创作的实践行为。在这里我们强调"创作的实践行为"是为了强调口头文学创作是一个流动的过程，它在说唱者和听者之间传递和互动，是"活态"的文学，它不仅仅指静态的文本形式，也包含它的创作主体、听众、传播媒介、语境等因素。这就要求我们在分析口头文学传统的时候，既要关注口头文学的成品即文本，更要注意口头文学的流布过程，它的语境以及主客体之间的交流。因为正是这些因素的综合才影响了莫言小说的创作理念、故事、故事的讲述方式、结构、语言，也使得他的小说中经常嵌入其他口头文学类型（小戏、民谣、诗歌、俚谚）。同时，口头文学传统也更深入地影响了莫言的世界观、自然观、人生观等，这自然也是影响莫言创作的重要因素。可以说，口头文学传统的角度正是深入理解莫言小说创作的秘密的最重要和最可靠的一把钥匙，笔者正是从口头文学的文本特征和传播方式方面来研究莫言小说的叙事特点的。而这个概念的内涵和外延也决定了本著的思路和结构，正是基于这一概念，笔者主要论述莫言小说的创作理念、故事、说书、俗言俚语、民间歌谣、民间小戏以及他向口头文学传统回归中的变与不变。

口头文学传统的特点除了口头性、集体性和变异性之外，还具有地域性的特点。不同地域、不同种族总是会创作出不同的口头文学的形式。从实际情况来看，不同地域的口头文学类型的多样性是明显的。比如种类繁多的地方小戏、方言俗语、民间歌谣等，它们的内容、风格、形式等都各有其特点。没有山的地方怎么会唱山歌？没有水的地方也很少唱船歌的。所以，口头文学传统具有地域性，把眼界放大，和世界各国家、各民族的口头文学传统联系起来，那就能够看出不同国家和民族的口头文学传统鲜明的本土性和民族性。所以，西方有西方的口头文学传统，中国有中国的口头文学传统。自然，中国的口头文学传统体现了中国口头文学传统的特点、风格。比如西方盛行史诗，而中国则较少；西方的歌剧、话剧、舞剧盛行，中国的小戏、戏曲也是洋洋大观；此外，中国的说书伎艺与西方的说唱形式相比也是自有其特色。口头文学传统是中国的也是世界的，只是具体到口头文学传统的语言、结构等艺术手法的时候，不同的民族会有不同的特点。所以，不同国家的口头文学传统也具有各自国家的口头文学传统的特征，充分体现出该民族文学的本土特点，是反映一个民族文学民族化的重要标志。莫言从小就浸淫在中国口头文学传统的海洋里，中国口头文学传统的艺术特点深深地影响了他后来的创作，而他创作中所具有的这种民族性，也是他作为"讲故事的人"走上世界文学最高领奖台的最为重要的依托。

本著作采用口头文学传统而不用民间文学传统的概念，首先是为了突出这一文学传统的口头性，强调这一文学传统的表演性、场景性和活态性，从而更好、更直观地理解莫言与这一传统的联系。其次，"民间"这一概念在之前是有意识形态的东西在里面的，是在阶级意识的前提下认识这一概念的，因为有些人不是"人民"，不是"群众"，即使他们用口头的形式进行创作，他们的作品也不被视为口头文学。钟敬文曾经将文学传统分为古典文学的传统、通俗文学的传统和民间文学的传统，这种分类就受到浓厚的阶级观念的束缚。在他眼里，"口头"不纯是"人民"的文学，因为市民和上层剥削阶级也用口头的形式进行文学创作。再次，自从陈思和将"民间"这一概念重新提出并进行阐释之后，这一概念长久以来就是文学概念中的热词，引起过持久的讨论，而这一"民间"概念与"乡土""下层"等概念往往具有剪不断理还乱的关系。为了与受意识形态影响的"民间"和时下流行的"民间"的概念相区别，笔者更加倾向使用"口头文学传统"这一概念。又次，笔者研究的着眼点在于口头文学传统的表演性、语境，讲述者与受述者之间的关系等内容，重在口头文学的创作方式和传播方式，而且口头文学传统更能直接体现出民间文学的形式特点，所以用口头文学传统更为恰切。最后，也可以和许多莫言小说研究的"民间"有所区分，很多莫言小说的"民间研究"重在文化分析，而笔者的关注点则在莫言小说叙事方式的探讨。

二、研究方法

研究方法是由研究视野和研究内容决定的。

本著主要关注的是中国口头文学传统如何影响莫言的创作，而莫言在汲取中国口头文学传统创作经验的同时，又是在世界文学的影响下并借鉴其创作理念与技法的情形下进行小说创作的，这就需要我们在研究莫言小说与中国口头文学传统的关系时，必须是在世界文学的视野内进行观照和考察。中国口头文学传统中的一个重要的文学类型就是传统说书，而说书起源于民间的讲故事又是在宋时大盛和成熟，在说书伎艺的影响之下，出现了中国古典白话小说——话本小说、拟话本小说和长篇白话章回小说。所以，要想对莫言的小说进行全面的认识，就要求我们在古与今、中与西的视野下进行观照和论述。

小说作为讲故事的艺术，也即叙事的艺术。要真正理解莫言小说讲述故事的技巧，既要求我们对中国古老的讲故事的艺术深入其肌理，探索其特性和规律，又要求我们借助于西方叙事学的理论对之进行深入分析。西方叙事学在叙述者和故事之间的关系、叙事视角等方面的理论都会对分析莫言小说的叙事结构有很大帮助。所以这就要求我们既要具有中国古典白话小说理论的素养，也要具有西方叙事学理论的视野。

在今天高等学校的学科设置中，口头文学传统中的神话、传说、民间故事、俚谚俗语、民谣和民间小戏等又往往被纳入民俗学和人类学的范畴，而在资料搜集和理论摄取时，就不得不从民俗学和人类学学科寻求文本资料和理论支持。自然，要深入理解莫言和莫言的小说创作，也要求我们掌握口头诗学、社会学和心理学等学科的理论和方法。由于本著的研究论题涉及中国当代文学作家作品和古典文学传统的联系，也涉及中国当代文学的民族性和世界性的问题，所以比较分析、归纳综合的研究方法是不可或缺的。只有将古今文学打通并在世界性视域下探索，才能客观和准确地理解莫言小说创作的独特性。

总之，由于莫言小说的复杂性，要求研究者必须具有跨学科的理论视野。笔者知道这对于知识储备和理论水平还有很大差距的自己而言是有很大困难的，但笔者一定竭尽全力，接受挑战，力求最大可能地接近理想的目标。

虽然在研究的过程中要用到跨学科的理论视野，但是文学研究毕竟是文学研究，它不能变成社会学或者人类学、民俗学的研究，这促使笔者在研究的过程中时刻紧扣文本对作家作品进行分析。笔者将努力使研究所得的结论都建立在扎实的文本细读的基础之上，以避免空泛浮夸、貌似高深而无实质性内容的评论。

第一章 中国口头文学传统的天然滋养与写作理念的自觉追求

中国的乡间是产生民间故事的汪洋大海。根据 1984—1990 年由中国民间文学集成全国编辑委员会发起的中国民间文学大普查，共搜集整理民间故事 184 万多篇，确定能够讲述 50 则以上民间故事的故事讲述家 9900 多人。[①]中国民间口头文学这一非物质文化遗产的丰富性让人叹为观止，而民间的讲故事能手也如恒河沙数。有的村庄以讲故事闻名全国甚至在世界上也颇具知名度，比如河北省藁城县北楼乡的耿村，这个村庄共有 1130 人，但能够讲述 100 则以上的大型故事家就有 10 人，50 则以上 100 则以下的中型故事家 13 人，50 则以下的小型故事家 52 人。"表明耿村大约每 15 个人中就有 1 个爱讲故事的人（按比例占全村 1130 人的 6.6%）。这些人分布在 57 户中，表明每 5 户中就有 1 户（按比例占全村 281 户的 20%）。"[②]湖北省丹江口市六里坪镇的伍家沟村，"这个拥有 200 多户约 900 口人的小山村，可以称作故事家的人约占 1/10"[③]。

也不仅仅是民间的故事高手是中国口头文学传统的重要传播者和承继者，在民间故事讲述基础上发展而来的说书伎艺更是将民间口头文学艺术发展到职业化、专业化的水平；也不仅仅是民间故事这一种民间口头文学形式，更有俚谚俗语、民间歌谣、民间小戏等其他口头文学形式使得中国口头文学传统丰富广博、异彩纷呈。

---

① 中国民间文学集成全国编辑委员会:《中国民间故事集成·总序》，转引自许钰:《口承故事论》，北京师范大学出版社 1999 年版，第 257 页。
② 袁学骏执笔:《耿村民间故事村调查》，《民间文学论坛》，1989 年第 1 期。
③ 刘守华:《故事村与民间故事保护》，《民间文化论坛》，2006 年第 5 期。

莫言在农村出生、劳动和长大,他浸淫在中国口头文学传统之中,中国口头文学传统成为他生命的基因,潜移默化地影响着他的创作。莫言之所以能够以"讲故事的人"的身份荣膺诺贝尔文学奖,从而将中国当代文学推向一个新的高度,与他自童年起就受到的口头文学传统的影响有关,与他后来走上文学的道路时自发的和自觉的民族化的追求有关。正是由于口头文学传统的天然浸染,为他后来创作的本土性奠定了基础,为他走民族化的创作道路提供了条件和可能性。而随着创作的发展,他越来越认识到口头文学传统承传的重要性,并越来越自觉地向传统回归,鲜明的民族性也自然成为他创作的重要特征。

第一节　口头文学传统的浸染:耳朵的阅读

1999 年,莫言在与台湾作家座谈时提到了"用耳朵阅读"的概念,后来在悉尼作演讲时又进一步作了发挥。他说:"我把周围几个村子里那几本书读完之后,就与书本脱离了关系。我的知识基本上是用耳朵听来的。就像诸多作家都有一个会讲故事的老祖母一样,就像诸多作家都从老祖母讲述的故事里汲取了最初的文学灵感一样,我也有一个很会讲故事的祖母,我也从我的祖母的故事里汲取了文学的营养。但我更骄傲的是,我除了有一个会讲故事的老祖母之外,还有一个会讲故事的爷爷,还有一个比我的爷爷更会讲故事的大爷爷——我爷爷的哥哥。除了我的爷爷、奶奶、大爷爷之外,村子里凡是上了点儿岁数的人,都是满肚子的故事,我在与他们相处的几十年里,从他们嘴里听说过的故事实在是难以计数。"[①]他认为,这些从民间听来的故事"对一个作家来讲,可能比纸面的阅读带来的东西更为重要。因为书面的东西是别人写出来的,你读

---

① 莫言:《用耳朵阅读》,《用耳朵阅读》,作家出版社 2012 年版,第 55—56 页。

了以后不可能直接地变成小说艺术，而我们用耳朵阅读了这些东西，对一个作家来讲是非常宝贵的创作资源"①。

莫言的这番话说明了他在高密东北乡所听到的口头文学特别是口耳相传的故事对他写作的重要意义。那么他是怎样听到了那么多精彩的故事？又是怎样用耳朵进行阅读的呢？

一、民间讲故事的人与他们的故事

莫言 1955 年出生于山东高密大栏乡平安庄，在文化水平相对落后的农村，当时老百姓识字者并不多，莫言的父亲上过四年私塾，就这样也成为村里的知识分子，其他村民的文化水平可想而知。正是由于文化水平的低下，识字人少，书籍也不多见，这就为口头文学的发展提供了土壤，民间故事的口耳相传就成为民间口头文学传统的主要承传路径。高密东北乡有很多口才好、善于讲故事的人，他们的故事内容丰富多彩，丝毫不比书面文学作品苍白贫乏。

首先，莫言有一个会讲故事的爷爷，正是这位农村的劳动能手成为莫言走上文学道路的第一位老师。莫言的爷爷满肚子故事，有时间就在河堤上、炕头上给莫言他们讲故事。谈到莫言的爷爷，莫言的大哥曾经说："从三皇五帝至明清民国的历史变迁，改朝换代的名人轶事他可以一桩桩一件件讲个头头是道；不少诗词戏文他能够背诵。更令人奇怪的是，他虽不识字，却可以对照药方从大爷爷（爷爷的哥哥）的药橱里为病人抓药。至于那满肚子的神仙鬼怪故事、名人名胜的传说，更是子孙辈春日河堤上、冬季炕头上百听不厌的精神食粮。我有时候想，爷爷要是有文化，没准也会当作家，准确地说，爷爷才是莫言的第一个老师。莫言作品中绝大多数故事传说都是从爷爷那儿听来的。"②当然，上文莫言也说过他的老祖母

① 莫言:《细节与真实》,《用耳朵阅读》, 作家出版社 2012 年版, 第117 页。
② 管谟贤:《莫言小说中的人和事》,《大哥说莫言》, 山东人民出版社2013 年版, 第 14 页。

和他的大爷爷也是讲故事的高手，都给予莫言很大的影响。重要的是，作为民间故事的口头传承，自然不能单单依靠自己的直系亲属，身处口头传统的大环境中，乡村里的许多人都有讲故事的本领和可能。"也不仅仅是上了岁数的人才讲故事，有时候年轻人甚至小孩子也讲故事。"①平安庄正像耿村和伍家沟村一样，是个蕴藏着民间口头故事的宝库，即使将平安庄称为故事村也算不上过分。莫言正是听着平安庄的故事长大的，他从小就浸润在民间故事的海洋里，由于民间故事的耳濡目染，天然地成为口头文学传统的受益者和继承人。

在农村成长，真可谓无时无地不受着口头文学的影响。他们在家里的炕头上、庭院里，在河堤上、大树底下，在田间地头，又或者在外出的路上，只要有闲暇，都是讲述故事的时候。如莫言曾经说过的："漫漫长夜，老人们便给孩子们讲述妖精和鬼怪的故事。……现在回忆起来，那些听老人讲述鬼怪故事的黑暗夜晚，正是我最初的文学课堂。"②过去的农村，由于没有现在的光电设备，所以夜就显得特别黑，也特别长，加上没有现在这么多的娱乐活动，所以讲故事和听故事就成了农村重要的消遣方式。而现在，无论都市还是乡村，夜里霓虹闪烁，宛如白昼，消遣场所和方式又是多种多样，生活节奏如此之快，哪里有时间和心情讲故事和听故事呢？过去的乡村是口传文学的天然场所，这种情形已经不复存在了。辽宁故事家谭振山哀叹："现在孩子忙学业，年轻人忙捞钱，四五十岁往上的人都打麻将去了，讲故事的好光景再也回不来了。60年代以前，主要是乡亲们听我讲故事，80年代以后，主要是外人让我讲故事，……对着录音机、录像机讲了。"③曾经风光一时的故事村湖北伍家沟村讲听故事的活动也已经走向没落，"这里

---

① 莫言：《用耳朵阅读》，《用耳朵阅读》，作家出版社2012年版，第58页。
② 莫言：《恐惧与希望》，《用耳朵阅读》，作家出版社2012年版，第139页。
③ 杜洁芳：《谭振山与他的一千零一夜》，《中国文化报》，2010年4月13日。

和周围许多村庄一样，宁静而安详，村民们各自忙碌着，几乎没什么人讲故事了"①。也无怪乎本雅明感叹："'讲故事的人'这个名字对我们还算熟悉，但实际上，讲故事的人今天已经不起什么作用了。讲故事的人对我们来说已经变得非常遥远，而且越来越远。"②

当然，现在的孩子也是要听故事的，他们可以通过父母或者其他长辈给他们讲述故事，但是现在的孩子更多的是通过新媒体，通过"故事机"听故事。而新媒体中传导出来的故事无论如何都不能和直接的口耳相传相比，传统的口耳相传包括了讲故事的人、听故事的人、讲听故事的具体环境、讲故事的人和听故事的人之间的互动等，而通过新媒体听故事，只是被动地灌输，和传统的口头承传不可同日而语。

二、职业说书人讲述的故事

农村中那些讲故事的人，虽然见识多，口才好，但他们之中的大多数还不是职业性的讲述者，只是为了娱乐消遣、打发时间，绝不是为了谋利而从事讲述活动。当然，有的讲故事的人可能会要求听故事的人凑钱买盒烟吸等一些玩笑性质的报酬，或者是将听故事的人吸引到自己的劳动场所帮助自己干活，但他们的讲述离职业的讲故事也就是说书伎艺还差得远。当这些讲故事的人的讲述越来越专业之后，他们有时候也为了谋利而讲故事，一开始是半职业性的，当讲故事的技巧越来越高超、内容越来越丰富，如果再吸取一些演唱的技巧，增加一些乐器的伴奏，他们就慢慢地走上了完全专业化和职业化的道路，逐渐变成了职业的说书人。

传统说书作为民间的说唱伎艺，是广大农村极为重要的文化娱

① 周春:《故事村：一个复杂的社会现象——以伍家沟故事村为个案》，《郧阳师范高等专科学校学报》，2007年第4期。
② （德）本雅明:《写作与救赎——本雅明文选》，李茂增、苏仲乐译，东方出版社2009年版，第79页。

乐形式，全国各地都有各具特色的地方说书，这种说书是民间口头文学极为重要的传承方式，而中国的白话小说就是在说书的基础上产生和发展的。中国古典白话小说几乎无不留下传统说书的烙印，直到清末才因为西方文学的影响而逐渐摆脱了说书的声口和结构。莫言在小时候作为一个爱听故事的孩子，除了听爷爷奶奶们讲故事之外，只要一有机会就会到说书场所去听说书。当时说书最重要的场所是集市，莫言对此有过描述："我在少年时期，去集市上，从成年人的腿缝里钻进场子，听那些说书艺人说书。"①而他在瑞典学院的演讲《讲故事的人》中则说得更为详细：

> 有一段时间，集市上来了一个说书人。我偷偷地跑去听书，忘记了她分配给我的活儿。为此，母亲批评了我，晚上，当她就着一盏小油灯为家人赶制棉衣时，我忍不住把白天从说书人那里听来的故事复述给她听。起初她有些不耐烦，因为在她心目中，说书人都是油嘴滑舌、不务正业的人，从他们嘴里冒不出什么好话来。但我复述的故事渐渐地吸引了她。以后每逢集日，她便不再给我派活儿，默许我去集上听书。为了报答母亲的恩情，也为了向她炫耀我的记忆力，我会把白天听到的故事，绘声绘色地讲给她听。
>
> 很快地，我就不满足复述说书人讲的故事了，我在复述的过程中，不断地添油加醋，我会投我母亲所好，编造一些情节，有时候甚至改变故事的结局。我的听众，也不仅仅是我的母亲，连我的姐姐、我的婶婶、我的奶奶都成为我的听众。我母亲在听完我的故事后，有时会忧心忡忡地，像是对我说，又像是自言自语："儿啊，你长大后会成为一个什么人呢？难道要靠耍贫嘴吃饭吗？"②

---

① 莫言：《中国小说传统——从我的三部长篇小说谈起》，《用耳朵阅读》，作家出版社 2012 年版，第 150 页。

② 莫言：《讲故事的人——在诺贝尔文学颁奖典礼上的讲演》，《当代作家评论》，2013 年第 1 期。

从莫言的话可以看到，莫言小时候极爱听说书人讲故事，而且还表现出出色的说书天赋。可以说莫言小时候对着自己的母亲等人添油加醋地讲故事和编故事的训练，这种讲故事的爱好，为莫言长大后走上文学道路打下了基础，也奠定了他讲述故事的方式和基调。

"集市上的说书人说的山东快书《武老二》，大鼓书里的杨家将、岳飞故事以及茂腔戏里的帝王将相、才子佳人故事，都令莫言着迷上瘾。"[1]就山东说书而言，山东的著名说书曲种是山东快书，而快书的一个重要的书目是《武老二》，有时甚至以书目代曲种，称说快书的为唱《武老二》的。山东的其他说书曲艺还有山东大鼓、山东落子、山东琴书、山东评书等。山东评书"经常上演的袍带书，主要有《杨家将》、《呼家将》、《说岳》、《隋唐》、《东汉》、《西汉》、《明英烈》等；公案书主要有《大红袍》、《包公案》、《刘公案》等；短打武侠书主要有《七侠五义》、《小五义》、《大八义》、《小八义》、《三侠剑》、《雍正剑侠图》、《七剑十三侠》、《五老剑侠传》等"。[2]善说《聊斋》的说书艺人主要有济宁的张善仰、利津的尚五等人。而莫言对于传统说书曲目都耳熟能详，比如他对"武老二"、杨家将、岳家将、隋唐英雄、瓦岗英雄等英雄人物都非常熟悉，也极为喜爱。可以说传统说书里的故事和人物对于莫言后来的小说创作有着极大的影响。莫言小说人物的草莽特征、故事的绿林性质与莫言小时候受到传统说书中人物和故事的影响有着密切联系。

莫言有些小说中甚至出现了一些特点鲜明的说书艺人。《天堂蒜薹之歌》里出现了说书艺人张扣。这个张扣在莫言的家乡是有原型的，他的家乡正有一个名叫张扣的说书艺人。《生死疲劳》中的村委书记洪泰岳以前也以打着牛胯骨说快书来隐藏自己的共产党员

①　管谟贤、管襄明：《勤学苦读，厚积薄发——莫言读书的故事》，《莫言与红高粱家族》，江苏凤凰文艺出版社 2015 年版，第 37 页。
②　张军、郭学东：《山东曲艺史》，山东文艺出版社 1997 年版，第 258 页。

身份，他还采用这种说书形式到市政府广场控诉西门金龙的腐败堕落。在《十三步》中，莫言甚至引用了一段《武老二》的荤口唱段："当哩个当，当哩个当，当哩个当哩个当哩个当！闲言碎语不要讲，表一表山东好汉武二郎。说武松碰上了孙二娘，装醉倒在十字坡……说武松高，二娘矬，背不起来拖罗着。武松的裤子开了口，二娘的裤子自来破……拖拖罗罗往前走，忽觉得腔巴骨上撅了两三撅。说二娘边走边思量：自古道蜂死蜇子它不死，没听说人死屌还活！早知道武松好这个，跟您二娘俺说说……"①

站立在莫言面前最重要的一个说书人也许应该是面向群众滔滔不绝地讲话的村支书或者农村中其他口才非常好的人。"当年我在农村的时候，跟那些没有文化、不识字但出口成章、胡言乱语、编顺口溜的人接触比较多，耍贫嘴耍得比较厉害，当我获得了我自己的语言时，感到非常自由。"②农村里的确是有很多不识字或者识字甚少但口才十分了得的人，他们讲起话来真的是滔滔不绝，辩才无碍。莫言对他的当生产队长的叔叔的口才就极为羡慕，他纳闷儿："他的口才为什么那样好？他肚子里怎么会有那么多要说的话？他怎么能把话说得滔滔不绝，好像话是从他的嘴里流出来的而不是用脑子想出来的？"他甚至幽默地说"做事要做这样的事，做人要做这样的人"。③实际上，这种语言特点不仅仅反映了民间话语的语言方式，语言正是生命的直接呈现，这些语言方式也反映了民间粗犷的性格特征和粗野的生命形式。只有真正来自民间的作家，才有可能有这样的口才和使用这种所谓粗鄙的说话方式。

关于莫言小说与说书传统的承继和创造性转化主要在第三章详细论述，此处不再赘述。

---

① 莫言:《十三步》，作家出版社 2012 年版，第 66—67 页。
② 莫言:《心灵的游历与归途——与林舟对谈〈丰乳肥臀〉》，《作为老百姓写作：访谈对话集》，海天出版社 2007 年版，第 256 页。
③ 莫言:《国外演讲与名牌内裤》，《会唱歌的墙》，作家出版社 2012 年版，第 302—303 页。

三、少年时代的小学教育和读书生活

1961年，莫言六岁的时候，开始了他的小学生活。当他上到小学五年级的时候，席卷全国的"文化大革命"开始，小小的村庄也深受影响，成立了各种各样的"红卫兵"组织。莫言所在的平安庄小学也闻风而动，家庭成分较好的老师们率先成立了"革委会"。莫言则组织小学生在学校里成立了"蒺藜造反小队"，办"蒺藜造反小报"，写《造反造反造他妈的反》的"造反"诗，烧掉学校的课程表。莫言的"造反"行为引起学校老师的不满，加上他家里的中农成分，莫言就被迫辍学了。[1] 莫言从此结束了他的小学生涯，一直到1984年凭借自己的努力和文学才能得以进入解放军艺术学院深造。他其实是一个只有小学学历的学生直接进入了大学，尽管他的简历上曾经写着初中毕业。

由于莫言过早辍学在家，没有经历初中和高中的教育阶段，这种"不幸"反而使他在民间口头文学传统的海洋里吸足了营养。莫言说"饥饿和孤独"是他写作的财富。饥饿是由当时的大环境造成的，孤独则是莫言过早辍学所造成的。当莫言自己赶着牛羊路过学校的时候，看到别的孩子在学校里打闹时他是充满羡慕的，这也加剧了他的孤独感。但也正是由于这孤独，由于和学校"虚伪的教育"的绝缘，莫言和其他孩子相比却拥有了更多的接受民间口头传统影响的机会。试想一想，如果莫言没有辍学，小学顺利毕业，然后经过初中和高中的模式化教育，莫言的写作会呈现什么样态呢？当然，历史不能假设，但无论如何，从莫言后来的写作特点看，远离

---

① 　见莫言:《与王尧长谈》,《碎语文学》,作家出版社2012年版,第95页。莫言小学未毕业即辍学的原因还有另外一种说法,就是他和他的小学同学发现了"红卫兵"组织的男老师和女老师的不道德行为并进行了揭发检举,由于得罪了老师而被打击报复,以他们家是中农的原因剥夺了他上中学的权利。见莫言:《我的中学时代》,《会唱歌的墙》,作家出版社2012年版,第225—227页。

中规中矩的传统教育，无疑给莫言写作提供了更多的写作资源及高超的想象能力。

由于缺少了初中、高中这些一般的孩子都要经历的学习阶段，虽然莫言在1984年进入了解放军艺术学院，1988年又进入北京师范大学和鲁迅文学院联合举办的作家硕士研究生班，具有硕士学位，2005年又被香港公开大学授予荣誉文学博士学位，但莫言一直认为自己的写作是"野路子"，称自己为"野狐禅"。但正是由于写作路子的"野"，才使他从口头传统汲取了更为活泼和丰富、深厚的民间大地的营养，培养了自己的想象力，培养了与大自然的亲密关系，也形成了自己的自由天性。

莫言能够找到自己独特的创作道路，正是摆脱"写作教程"上所讲授理论束缚之后的结果。莫言在刚刚走上文学道路的时候，还比较迷信当时流行的创作方法，认为文学要为政治服务，要写重大题材，要配合政治任务和生产任务，甚至因为自己能写出一部"整党"的小说而沾沾自喜①，但这些作品也是他认为应该"烧掉"的作品②。从《白狗秋千架》开始③，莫言举起"高密东北乡"的旗帜，此时，童年所听到的民间故事、高密东北乡的人和事都涌到

① 莫言：《我在部队工作二十二年》，高密莫言研究会编：《莫言研究》，第9期，2013年版，第14页。

② 莫言：《在京都大学的演讲》，《用耳朵阅读》，作家出版社2012年版，第7页。

③ 莫言在瑞典学院所作《讲故事的人》的演讲中提到他的小说中第一次提出"高密东北乡"的概念是他的小说《秋水》，但是他的《白狗秋千架》和《秋水》发表在同一年几乎同一个时间只是不同的期刊上，《白狗秋千架》发表在《中国作家》（双月刊）1985年第4期，《秋水》发表在《奔流》（单月刊）1985年第8期。这两篇作品的刊发时间很难判断先后，而莫言也没有说明这两篇作品写作的时间先后，他在早期的《超越故乡》《猫腔大戏》《发明着故乡的莫言》《感谢那条秋田狗》中多次提到是在《白狗秋千架》中第一次提到"高密东北乡"。但不无论是《秋水》还是《白狗秋千架》第一次提到这个文学地理概念，莫言的小说之所以能够出现本质性的变换，还是有赖于这一文学地理的发现，正是这一文学地理的发现，照亮了莫言的童年，使得高密东北乡的口头文学传统资源成为他写作素材的宝库。

他的眼前，以前找不到素材的窘况消失了，莫言的写作进入爆发期。由此可见，正是由于没有接受所谓正统正规的教育，反而使莫言更容易摆脱传统"文学理论"的束缚，进入一个自由的、宽阔的创作世界。

莫言少年时期所读的书也使他容易接近中国口头文学传统。莫言一方面通过耳朵的阅读，接受了口头文学的影响；另一方面他又是个"迷书"的孩子，凭着人小脸皮厚，他四处搜寻，尽一切所能寻找书籍来读。但是，由于农村的特殊环境，莫言将自己村庄甚至周围村庄的书搜罗殆尽，也就是十几部古典章回小说和红色经典小说，其他的就是他的大哥管谟贤读中学时留在家里的语文课本上的作品。莫言所看到的第一本"闲书"是《封神演义》，他对这次读书经历念念不忘："绘有许多精美插图的神魔小说《封神演义》，那是班里一个同学的传家宝，轻易不借给别人。我为他家拉了一上午磨才换来看这本书一下午的权利，而且必须在他家磨道里看并由他监督着，仿佛我把书拿出门就会去盗版一样。这本用汗水换来短暂阅读权的书留给我的印象十分深刻，那骑在老虎背上的申公豹、鼻孔里能射出白光的郑伦、能在地下行走的土行孙、眼里长手手里又长眼的杨任，等等等等，一辈子也忘不掉啊。"[1]由于书是借来的，阅读时往往一目十行，匆匆读过，但是莫言的记性好，在学校里是背书冠军，读这些小说的时候，"用飞一样的速度阅读一遍，书中的人名就能记全，主要情节便能复述，描写爱情的警句甚至能成段地背诵"[2]，"一个下午一部长篇基本上能够看完，看过的情节基本也都能够记得"[3]。除了《封神演义》，莫言当时所能看到的十几本书主要有《说唐》《三国演义》《水浒传》《西游记》《林海雪原》《烈火金钢》《敌后武工队》《吕梁英雄传》《苦菜花》《野火春风斗古城》

---

① 莫言：《童年读书》，《北京秋天下午的我：散文随笔集》，海天出版社 2007 年版，第 72 页。

② 莫言：《童年读书》，《北京秋天下午的我：散文随笔集》，海天出版社 2007 年版，第 73 页。

③ 莫言：《与王尧长谈》，《碎语文学》，作家出版社 2012 年版，第 98 页。

莫言小说创作与中国口头文学传统

《破晓记》等，外国小说只看了一本《钢铁是怎样炼成的》。①从这些书目可以看出莫言当时能够看到的主要就是一些古典小说和红色经典小说，而这些小说也大多与传统章回体小说的文体联系比较紧密。由于当时的阅读纯属兴趣的满足，完全是无功利的阅读，而这种阅读是更容易抵达文学本体的阅读，是一种全身心的投入，能够充分体验文学的魅力，感受文学所传达的感情。这和后来为了学习写作技巧或者为了学术研究而所作的阅读有很大差异，这种阅读经验更能够留下深刻的印记。可以说，莫言少年时期对说书体小说的阅读经历和体验无疑为他后来向传统回归、向古典致敬打好了基础，埋下了伏笔。

无论是耳朵的阅读也好，眼睛的阅读也好，中国口头文学传统的营养已经融入莫言的血液里。可以说，莫言的创作之所以具有浓郁和鲜明的中国民族特色是事出有因并有深厚基础的，他之所以有这样的追求并且写出了具有中国民族特色的作品，不是那些主要接受书面传统特别是主要受到西方影响的作家所能够企及的。无论是莫言后来的自觉追求还是他刚开始创作时自发的写作，他的创作都有着鲜明的中国口头文学传统的元素。

第二节　口头文学传统的自觉继承：讲故事的人

"我之所以能成为一个这样的作家，用这样的方式进行写作，写出这样的作品，是与我的二十多年用耳朵的阅读密切相关的；我之所以能持续不断地写作，并且始终充满自信，也是依赖着用耳朵阅读得来的丰富资源。"②"耳朵的阅读"为莫言小说创作向口头文学传统汲取创作经验奠定了基础，提供了条件和可能性，可以说，

---

① 参见莫言：《童年读书》《漫谈当代文学》《杂感十二篇》《我与译文》等文章。

② 莫言：《用耳朵阅读》，《用耳朵阅读》，作家出版社 2012 年版，第 58—59 页。

口头文学传统潜移默化地影响着莫言的创作，但要将这些民间资源充分利用起来，还需要创作观念上自觉的探寻和追求。也有很多作家可能在儿时也处于口头文学传统的环境里，会有口头文学传统的基因，但是由于创作观念的原因，加上受西方文学的影响极为深入，并且如果他们自认为自己的文学源头在西方的话，那么，这样的作家可能在创作中就会轻视或者故意回避口头文学传统的影响，从而使得自己的创作一味追求"现代性"和"西化"。而莫言则不仅潜意识中受到了口头文学传统的影响，而且他还很快就建立了向中国口头文学传统回归的写作理念，当他的文学创作的独立意识觉醒之后，他向传统回归的写作理念就变得越来越明确。这表现在他以一个"讲故事的人"而自豪，这种"讲故事的人"的态度和姿态无疑影响了他的小说的故事形态、人物形象、语言风格、结构特征等要素。

一、讲故事理念的确立

究竟什么才是好的小说？这是一个作家和评论家不得不思考的问题，因为这是他们从事写作和评论的理论出发点。对于莫言来讲，这一问题也曾经令他困惑不已，经过多年的探索，他的写作理念才变得日益清晰和坚定。他曾经给小说下过很多个定义，但这些定义中都包含一个核心的概念，那就是"故事"。

他认为小说应该"好看"，而"好看"的小说"实际上有两点：一个就是要有好的语言，然后还要有好的故事"，"只要语言和故事好，小说就会好"。[1]他说："剥掉成千上万小说家和小说批评家们给小说披上的神秘的外衣，……就变成了几个很简单的要素：语言、故事、结构。"[2]他又说："好的小说要有深刻的思想，要有精

---

① 莫言：《故乡·梦幻·传说·现实》，《莫言对话新录》，文化艺术出版社 2010 年版，第 411—412 页。
② 莫言：《超越故乡》，《恐惧与希望：演讲创作集》，海天出版社 2007 年版，第 296 页。

彩的故事，要有令人难以忘记的人物形象，还应该有富有个性的语言和巧妙的结构。"①在莫言看来，"好的小说"或者"好看的小说"最为重要的元素还是"故事"，因为"所谓思想、人物性格的塑造、时代精神的开掘，所有的微言大义，都是通过故事表现出来的"②，"如果没有一个好故事，语言也无处附丽"③。他甚至说："写小说其实就是讲故事。"④由此可以看出，"故事"在莫言的小说理念中居于多么重要的位置。

　　莫言之所以如此重视"故事"在小说创作中的作用，是与他在农村二十余年的"耳朵的阅读"密不可分的。正是在农村经历的"耳朵的阅读"，为他后来的创作打下了基础，为他后来的创作提供了故事和写作素材。他说："我在农村生活了二十多年，……民间口头文学对我的影响很大。"⑤"饥饿"和"孤独"曾经是莫言儿时和青少年时期最为深刻的记忆，也是他后来小说创作极为重要的主题，这两个主题是那个特殊的年代给予他小说创作的宝贵"财富"，但除了"饥饿"和"孤独"之外，"其实我还有一笔更为宝贵的财富，这就是我在漫长的农村生活中听到的故事和传说"⑥。正是在民间听到的这些民间故事和传说，缓解了他年少时的"孤独"，更为重要的是在他后来成为作家后，这些民间故事都成为他用之不竭的写作资源。由于受到口头文学传统的深入影响，莫言在自己的创作中自觉或者不自觉地就成为了一个讲故事的人。讲故事的意识深藏在他的潜意识中，不过，这种意识上升到理性的高度自然要经历一个

①　莫言:《韩国〈每日经济报〉书面采访》,《碎语文学》,作家出版社2012年版, 第328页。

②　莫言:《与〈文艺报〉记者刘颋对谈》,《碎语文学》,作家出版社2012年版, 第238页。

③　莫言:《故乡·梦幻·传说·现实》,《莫言对话新录》,文化艺术出版社2010年版, 第411页。

④　莫言:《用耳朵阅读》,《用耳朵阅读》,作家出版社2012年版, 第57页。

⑤　莫言:《与〈文艺报〉记者刘颋对谈》,《碎语文学》,作家出版社2012年版, 第247页。

⑥　莫言:《我在美国出版的三本书》,《用耳朵阅读》,作家出版社2012年版, 第43页。

过程甚至要走一段弯路。

　　莫言在 1981 年初登文坛时并没有意识到民间故事对他创作的意义，他只是按照当时比较流行的写作理念进行创作，还比较迷信文学为政治服务的小说理论。后来在时代创作浪潮的裹挟下，他也曾经对川端康成、福克纳、马尔克斯等外国作家的创作极度推崇并且积极借鉴了他们的创作经验，写出了一些先锋性十足的作品。不过很快在二十世纪八十年代中后期开始了反思，他在 1986 年写了《两座灼热的高炉——加西亚·马尔克斯和福克纳》，表达了寻求创作个性，希望"逃离"西方文学影响的主张。2001 年他在苏州大学作了题为《试论文学创作的民间资源》的演讲，提出了"作为老百姓写作"的口号，表达了坚持民间写作的立场。也是在 2001 年，莫言在《檀香刑·后记》中声称"大踏步撤退"，要"撤退"到民间口头文学的传统中去。但是《檀香刑》的"撤退"还不到位，他"越来越觉得小说还是要讲故事"[1]，于是在之后的创作中继续"撤退"，终于在 2006 年创作出"向中国古典文学传统致敬"的新章回体小说《生死疲劳》。2012 年 12 月 8 日，莫言在瑞典学院演讲《讲故事的人》，这是他对自己的创作与民间口头文学传统之间关系的一次重申和总结。当然，由于在农村的二十余年的成长经历以及口头文学传统潜移默化的影响，莫言创作的民间特征是一贯的，莫言创作的观念也是渐变的。我们不能对一些标志性的时间节点太过较真，但从这些时间线索中，还是能够看出莫言的民间写作立场和向口头文学传统回归的文学观念经历了一个由自发到自觉、由徘徊踯躅到成熟自信的过程。

二、讲述故事的能力

　　作家的文学观念对于作家的创作是重要的，它能够影响和决

---

① 莫言:《旧"创作谈"批判》,《恐惧与希望：演讲创作集》,海天出版社 2007 年版，第 284 页。

定一个作家的创作方向和创作特点，但仅仅是具有一种文学观念还不够，一个作家还应该具有实践自己创作理念的能力。莫言一方面意识到向传统回归的重要性并作了自觉的追求，但更为重要的是他拥有向传统回归的能力，就是讲故事的能力。莫言是一个有故事的人，也是一个会讲故事的人，具有一般人所不具备的讲述故事的技巧，这得益于他二十余年"耳朵的阅读"的经历，正如他所说："我是一个没有多少理论修养但是有一些奇思妙想的作家，我继承的是民间的传统。我不懂小说理论，但我知道怎样把一个故事讲得引人入胜。这种才能是我童年时从我的祖父、祖母和我的那些善于讲故事的乡亲们那里学到的。"①

张紫晨认为："杰出的故事讲述家一般具有如下的共同特点：一、大多身世比较低下，生活比较穷苦。有的还经过许多坎坷。二、从童年起，便是故事迷，对听故事有强烈的要求和爱好。三、具有极强的记忆力，过耳不忘，复述故事原原本本；讲故事引以为乐。四、具有较好的表达能力和创造才能，善于用自身的生活经验和认识丰富故事，善于运用活的语言及当地民间口承文艺传统，进行再创作。"②江帆在她的《民间口承叙事论》中也提出相似的观点，认为作为民间故事传承人应该具有的能力包括："1. 从童年起就喜欢听故事。2. 有过耳不忘的惊人记忆力。3. 有较强的语言表达能力；叙事中夹杂大量的'地方性话语'（local discourse），人谓'有一张巧嘴'。4. 有家族内或熟人群体内的故事传承人。5. 有对故事进行再创作的能力。6. 掌握的故事数量多，讲述活动在当地有较大影响。"③可见作为一个讲故事能手应该具备一些共同能力，而莫言就是具有这些能力的一个作家。莫言虽然出身中农，但当时的农村普遍贫穷，莫

① 莫言：《语言的优美和故事的象征意义——英文版小说集〈师傅越来越幽默〉序》，《北京秋天下午的我：散文随笔集》，海天出版社 2007 年版，第 402 页。
② 张紫晨：《关于民间故事讲述家的传承活动》，《民间文学》，1986 年第 2 期。
③ 江帆：《民间口承叙事论》，黑龙江人民出版社 2003 年版，第 134 页。

言也是饱受饥饿和孤独之苦。莫言小时候也是个故事迷，喜欢听老人们讲述故事，也经常到集市上听说书人说书。莫言的记忆力好，在小学里他是他们班里的背书冠军，他快速阅读借来的小说但对于一些精彩的片段依然能够背诵。莫言的表达能力极强，这通过他小说中滔滔不绝的叙事语言可以体现出来。莫言传承民间口头故事的路径多样，既有家族内的大爷爷等人，更有村子里众多的民间讲故事的人。莫言能够对他的母亲等人复述从集市上听来的说书故事，有时还添油加醋地加以扩展，这已经是创作了。"我国学术界一般认为，能讲 50 则以上作品的讲述人，基本可称其为传承人。"①而据笔者统计，在莫言的小说中所插入的民间传奇故事就有 79 则之多。可以说，在某种意义上莫言是一个当之无愧的民间故事传承人，他绝对称得上是一个优秀的"民间故事家"。

当然，如果我们将莫言等同于一般的故事能手，这无疑是对莫言小说创作的贬低，毕竟莫言的小说创作和农村的故事能手对故事的讲述是两个完全不同的概念，但从这一点还是能够看出莫言的创作具有民间口头传统的基本素质和讲述能力。

莫言讲故事的能力也被很多论者所叹服，阿城对此自叹弗如："莫言也是山东人，说和写鬼怪，当代中国一绝，在他的家乡高密，鬼怪就是当地世俗构成，像我这类四九年后城里长大的，只知道'阶级敌人'，哪里就写过他了？我听莫言讲鬼怪，格调情怀是唐以前的，语言却是现在的，心里喜欢，明白他是大才。"②温儒敏也认为："莫言很会讲故事，讲法奇诡新异，外国人也能懂。和那种偏重语言魅力的作品相比，以故事情节想象力见长的小说更适合译成外文，莫言自然也就占了这个优势。比如贾平凹小说的语言功力不在莫言之下，但翻译成外文，那种特别的语感便不复存在。莫言主要靠讲故事征服读者，他的大部分小说都已经翻译成各种外

①　江帆：《民间口承叙事论》，黑龙江人民出版社 2003 年版，第 18 页。
②　阿城：《魂与魄与鬼及孔子》，《收获》，1997 年第 4 期。

莫言小说创作与中国口头文学传统

文，包括瑞典文。"①莫言是一个有故事的人，也是一个能够将故事讲得极为精彩的人。

正如诺奖委员会在宣称莫言获奖所说的，莫言之所以获奖，是因为"莫言用幻觉现实主义将民间故事、历史与当代融合在一起"②，"莫言所创作的世界使人们联想起福克纳和马尔克斯的作品的融合，同时他的小说也使人们在中国文学传统和口头传统寻找到一个出发点"③。莫言正是在继承中国口头文学传统的基础上，充分借鉴中国民间讲述故事的技巧，同时融合了现代小说的叙事艺术，以一个"讲故事的人"的身份登上了世界文学之巅。凭借高超的讲述故事的技巧，莫言获得了世界文坛的承认。

---

① 温儒敏：《莫言历史叙事的"野史化"与"重口味"——兼说莫言获诺奖的七大原因》，《中国现代文学研究丛刊》，2013 年第 4 期。
② https://www.nobelprize.org/prizes/literature/2012/summary/.
③ https://www.nobelprize.org/prizes/literature/2012/bio-bibliography/.

第二章　故事的没落与崛起

　　由于口头文学传统的丰富滋养以及向口头文学传统回归的写作理念的自觉追求，在莫言的创作中，故事一直占据重要的位置。但是，要充分和正确地评价莫言对于故事的重视及其叙事特点的意义，就要在整个中国现当代文学史的视野内考察故事在小说创作中的地位及其流变，由此才能够看出莫言的小说创作及其观念的独特价值。

第一节　故事在小说观念中地位的流变

　　对于中国古典白话小说来讲，好像不存在小说要不要讲故事的问题，因为在宋元说话伎艺基础上产生和发展的话本小说和长篇章回体小说，本身就是以故事为中心的。只有到了近代之后，由于受到西方文学的影响，特别是五四以来的新小说才将小说的诗化和散文化提上日程，有许多作家和理论家都提出了不同于传统小说的观点。到了二十世纪八十年代的新时期，小说要不要讲故事的话题好像也比较流行，而且更是出现了对故事的蔑视。这不仅是在当代的中国，就是在为中国提供理论资源和写作经验的西方，也更是对故事表达了不同于传统的看法，讲故事已经被视为落伍的小说的写作方法。所以，从历史的角度，从世界的视域来看故事在小说中的流变，再来看莫言小说对故事的坚守，就更能体现出莫言小说的传统性、独特性，也更能体现出莫言坚持自己的勇气，体现出莫言小说创作的宽广的胸怀、广阔的视野和超脱的智慧。

一、诗化散文化小说的流脉与故事的淡化

五四以来，中国的现代小说就一直存有两个传统：一是叙事传统，一是抒情传统。叙事传统是继承了中国古典小说特别是白话小说的创作经验，以讲述故事和塑造人物为中心。抒情传统则继承了中国诗歌和散文的创作经验，以抒发感情、营造意境，重情调、重韵味见长，其小说也被称为诗化或者散文化的小说，但最为重要的一点就是淡化故事、弱化情节，人物也不是小说的中心。诗化散文化小说貌似在主流之外，但却俨然形成了自己的传统，成为现当代小说中一条重要的线索，郁达夫、废名、沈从文、萧红、冯至、汪曾祺、孙犁、张承志、何立伟等都被纳入这一流脉，成为中国文学史中一道亮丽的风景。

早在五四运动初起之时，周作人就提出了"抒情诗的小说"的主张，他说："在现代文学里，有这一种形式的短篇小说。小说不仅是叙事写景，还可以抒情；因为文学的特质，是在感情的传染，便是那纯自然派所描写，如 Zola 说，也仍然是'通过了著者的性情的自然'，所以这抒情诗的小说，虽然形式有点特别，但如果具备了文学的特质，也就是真实的小说。内容上必要有悲欢离合，结构上必要有葛藤，极点与收场，才得谓之小说：这种意见，正如十七世纪的戏曲的三一律，已经是过去的东西了。"[1]周作人甚至认为"若论性质则美文也是小说，小说也就是诗"[2]。在周作人看来，散文和诗和小说本质上并无二致，所以在小说的创作中运用诗歌和散文的手法营造诗歌的意境创造出散文诗一样的小说也就顺理成章了。而当时的创造社诸人已经创作出具有散文化的小说来，郁达夫和郭沫若等人无论在创作上还是理论上都表达了小说散文化的倾向。郭沫若提出："小说和戏剧是诗的分化"，"诗是情绪的直写，小说和

 莫言与当代中国文学创新经验研究

---

① 周作人：《〈晚间的来客〉译后附记》，转引自严家炎编：《二十世纪中国小说理论资料》（第二卷），北京大学出版社 1997 年版，第 90 页。

② 周作人：《谈虎集》，河北教育出版社 2002 年版，第 29 页。

戏剧是构成情绪的素材的再现"，"小说和戏剧中如果没有诗，等于是啤酒和荷兰水走掉了气，等于是没有灵魂的木乃伊"。[1]郭沫若本身就是诗人，他的小说体现出诗的气质是自然不过的事。作为创造社小说创作的重才，也是自我抒情小说代表作家的郁达夫，则将"情调"在小说中的地位提高到超越其他所有要素的位置，"历来我持以批评作品好坏的标准，是'情调'两字"[2]。从郁达夫的小说来看，他的小说往往在笼罩着的忧郁伤感的氛围中将涌上心头的一些往事串联起来，并不十分重视故事结构的严谨完整。所以陈西滢曾经如此评价郁达夫的小说："郁先生的作品，严格的说起来，简直是生活的片断，并没有多少短篇小说的格式。"[3]

　　废名才是真正对周作人的理论主张作出回应并创作出特色鲜明的散文诗一样的小说的人，而周作人对废名也是钟爱有加，几乎"包揽"了废名作品集的序言的写作。废名说自己"写小说同唐人写绝句一样"[4]，这绝不仅仅是说废名小说的语言像唐绝句一样简洁凝练，意蕴深厚，更重要的是废名还有东晋陶渊明一样的田园牧歌般的平和冲淡的心。废名的小说真正地将故事淡化，小说中占据中心的是意境，他将乡村田园的自然风景、民情风俗缓缓道出。在废名的小说中我们看不到激烈的矛盾冲突，故事在最大程度上淡化。所以，有的论者认为废名的《桥》"虽称这本书是小说，但读者仅看这一卷，并不觉其为小说，因为读者在这里仅见几个不具首尾的小故事，而不见一个整个的，完全的大故事。读者从本书所得的印象，有时像读一首诗，有时像看一幅画，很少的时候觉得是在'听故事'，所以有人说这本书里诗的成分多于小说的成分，是不错的"[5]。朱光潜也认为《桥》"虽沿习惯叫作'小说'，实在并不

① 郭沫若:《文艺论集·文学的本质》,《郭沫若全集·文学编》(第15卷),
　　人民文学出版社1990年版，第352页。
② 郁达夫:《我承认我是失败了》,《晨报》,1924年12月24日。
③ 陈西滢:《闲话》,《现代评论》,第3卷71期,1926年4月17日。
④ 废名:《冯文炳选集》,人民文学出版社1985年版，第394页。
⑤ 灌婴:《桥》,《新月》,第4卷5期,1932年2月1日。

是一部故事书"，"《桥》里充满的是诗境，是画境，是禅趣。每境自成一趣，可以离开前后所写境界而独立"。①严家炎则说："只爱读故事的人，读不了废名的小说，因为废名的小说里少有扑朔迷离的故事。读惯了一般新文学作品的人，可能也读不惯废名的小说，因为废名小说有时连人物也是隐隐约约的。"②废名的小说不是靠故事征服读者，也不是靠悬念吸引读者，而是凭借悠远的意境、淳朴的乡风乡情感动读者。由于废名作品的诗化风格，散文式的结构，他的小说有时候很难说是小说还是散文，以至于周作人将《桥》中的一些章节选入《中国新文学大系·散文一集》，周作人的理由是"废名所作本来是小说，但是我看这可以当小品散文读，不，不但是可以，或者这样更觉得有意味亦未可知"③。

"我们新文学中的乡土抒情诗化的小说是发端于废名，大成于沈从文的。"④而沈从文被认为是"废名最忠实的传人"⑤，其实这也是沈从文本人的看法，沈从文认为自己小说的风格和废名小说的风格相比，"如一般所承认，最相称的一位"⑥。废名认为自己"写小说同唐人写绝句一样"，沈从文也认为"短篇小说的写作，……应当把诗放在第一位"⑦，而且在书写湘西世界的小说中希望"能产生点散文诗的效果"⑧。沈从文也谈道："用屠格涅夫写《猎人笔记》的方法，糅游记散文和小说故事而为一……这样写无疑将成为现代

① 孟实（朱光潜）:《桥》,《文学杂志》, 第1卷3期, 1937年7月1日。
② 严家炎:《序〈废名小说选集〉》,《中国文化》, 1996年第1期。
③ 周作人:《〈中国新文学大系·第六集·散文一集〉导言》,《〈中国新文学大系·散文一集〉》, 上海文艺出版社2003年版, 第13页。
④ 杨义:《杨义文存》（第四卷）, 人民出版社1998年版, 第189页。
⑤ 卢军:《汪曾祺小说创作论》, 社会科学文献出版社2007年版, 第124页。
⑥ 沈从文:《论冯文炳》,《沈从文全集》（第16卷）, 北岳文艺出版社2009年版, 第149页。
⑦ 沈从文:《短篇小说》,《沈从文全集》（第16卷）, 北岳文艺出版社2009年版, 第505页。
⑧ 沈从文:《沈从文散文选·题记》,《沈从文全集》（第16卷）, 北岳文艺出版社2009年版, 第385页。

小说一格。"[1]沈从文在创作理念上提出突出小说的诗意，在结构上也呈现散文化的一面。沈从文的《边城》《长河》《三三》等作品，虽然也有一定的故事线索，但沈从文的主要目的不是要讲这些故事，而是如何在这些故事中将详细的民情风俗、人文历史、人性的美好以及"美丽的让人忧伤"的感情表达出来。沈从文小说的结构之散遭到了苏雪林的批评，认为他的写作"过于随笔化"，"好像是专门拿 Essay 的笔法来写小说的"，而且认为沈从文笔下的人物"仅有一幅模糊的轮廓，好像雾中之花似的，血气精魂，声音笑貌，全谈不上"。[2]苏雪林的评价也许还有可以商榷的余地，不过也说明了沈从文在创作中追求诗意化的重要特征。

作为沈从文的高足，汪曾祺的小说理念和创作与废名、沈从文一脉相承。汪曾祺的小说创作始于二十世纪四十年代，其写作生命一直延续到当下，是一个跨时代的作家。汪曾祺在早年就主张小说的诗化散文化，在二十世纪八十年代还写有《小说的散文化》和《作为抒情诗的散文化小说》，使得"散文化小说"最终得以命名，尽管以前已经有诸多关于小说的诗化散文化的讨论。汪曾祺认为："一般小说太像个小说了，因而不十分是一个小说。……我们宁可一个短篇小说像诗，像散文，像戏，甚至什么都不像也行，可是不愿意它太像个小说，那只有注定它的死灭。我们那种旧小说，那种标准的短篇小说，必然将是个历史上的东西。"[3]汪曾祺这里所说的"旧小说""太像个小说"的小说是指以故事情节为中心的古典小说，因为这个主张，汪曾祺以他的创作实践了这一理念。他说："我的一些小说不大像小说，或者根本就不是小说。有些只是人物素描。我不善于讲故事。我也不太喜欢太像小说的小说，即故事性很强的

① 沈从文:《新废邮存底续编·一首诗的讨论》,《沈从文全集》(第 17 卷), 北岳文艺出版社 2009 年版, 第 461—462 页。
② 苏雪林:《沈从文论》,《文学》3 卷 3 号, 1934 年 9 月 1 日。
③ 汪曾祺:《短篇小说的本质》,《汪曾祺全集》(第 3 卷), 北京师范大学出版社 1998 年版, 第 19 页。

小说。故事性太强了，我觉得就不大真实。"①汪曾祺不太喜欢"故事性很强的小说"，他也以这个标准评价其他小说家的小说，他对当代作家何立伟的小说给予高度评价，说："立伟的小说不重故事，有些篇简直无故事可言，他追求的是一种诗的境界，一种淡雅的，有些朦胧的可以意会的气氛。"②汪曾祺指出何立伟的小说有晚唐绝句的特点，对于何立伟小说中的意境营造表示赞赏，这又何尝不是汪曾祺本人创作理念的阐释呢？我们来看汪曾祺的小说，也正如他所说的那样，不注重故事的结构，而重情绪的点染、意境的营建。

除了上述几位诗化散文化色彩鲜明的作家外，在中华人民共和国成立之前，现代作家中具有这一特征的还有冯至、萧红、孙犁等，这些作家共同壮大了诗化散文化小说的队伍，使得小说的抒情传统得以发扬光大。为什么现代时期的小说特别是五四时期的小说疏离了故事，走上诗化散文化的方向？诗化散文化小说产生的具体原因是什么？对此陈平原认为："并不是五四作家缺乏构思情节的能力，而是他们把淡化情节作为改造中国读者欣赏趣味并提高中国小说艺术水准的关键一环，自觉摆脱故事的诱惑，在小说中寻求新的结构重心。"③从读者审美情趣的培养来说明原因自然有一定的道理，但更重要的可能还有其他一些原因。在五四时期，现代白话小说是个"新事物"，在文体上还有很多人认识不清，对于散文和小说的界限尚比较模糊，这就为诗化散文化小说的出现提供了契机。五四小说刚刚兴起时，多为短篇小说，而短篇小说和长篇小说相比，更容易采用诗歌和散文的创作手法，一个小小的事件，一缕淡淡的情绪，都能促使小说家作出一篇小说来。而最为重要的是中国有着强大深厚、源远流长的抒情传统，诗歌和散文是中国传统文学

① 汪曾祺:《汪曾祺短篇小说选·自序》,《汪曾祺全集》(第3卷),北京师范大学出版社1998年版,第165页。
② 汪曾祺:《从哀愁到沉郁》,《汪曾祺全集》(第3卷),北京师范大学出版社1998年版,第459页。
③ 陈平原:《中国小说叙事模式的转变》,北京大学出版社2010年版,第111页。

的强势文体，中国作家身上都有着强大的抒情基因，所以在写作一种新兴起的小说文体时走上诗化散文化的道路就自然而然。此外，五四时期也是一个抒情的时代、浪漫的时代，在新旧更替、反叛和创新的时代，人们无疑产生了迷惘的情绪。这些因素综合在一起，小说诗化和散文化的出现也就在情理之中了。

二、新时期先锋小说故事的"讲法"和抽象化趋势

五四时期的郁达夫、废名等为诗化散文化的小说开启了新的小说范式，沈从文、冯至、孙犁、汪曾祺等人将这一传统继承之，广大之。进入当代时期后，特别是二十世纪八十年代，小说的诗化散文化在张承志、贾平凹等人的手里又有了新的发展，鉴于这些作家的创作和前期作家的创作基本上具有风格的相似性，樊星先生也对此作了比较研究，此处不再赘述。让人感兴趣的是，中国当代小说进入八十年代之后，"故事"在一些先锋作家的手中变成了另一种模样，和传统小说中的故事有了极大区别，我们希望对此能有较为深入的探讨。

二十世纪八十年代后，一个伟大的时代开始了，中国文学的另一个黄金时代拉开了帷幕。"文革"结束，思想解放，中国文学应该往何处去也成为中国作家和理论家必须面对的问题。对于小说来讲，小说家锐意改革，挖空心思寻找新的创作方法，正如黄子平所说，"文学被创新这条狗追得满街跑，连撒尿的时间都没有"[1]，理论家也不遗余力地从西方输入各种各样的理论，现代主义、后现代主义、魔幻现实主义等小说思潮潮水般冲击着中国文坛。究竟怎样才是现代的小说？高行健较早地推出了自己的小说论著《现代小说技巧初探》，他在该著中提出：

① 转引自陈晓明：《我们为什么恐惧形式——传统、创新与现代小说经验》，《中国文学批评》，2015 年第 1 期。

小说不一定要讲个故事，……却自有动人之处。

小说不一定要有情节。

小说不一定非去塑造人物的性格不可。

小说中还可以免除惯常对人物和环境的描写，而代之以别的手法。

小说依然是小说。[①]

高行健的这部论著出版于 1981 年，要比汪曾祺的一些观点提出得还要早，这是在原来诗化散文化小说理论的基础上，在外来思潮的冲击下对现代小说创作观念的阐释，反映了进入新的时代之后中国小说的新的发展趋向。应该说，类似于小说可以不讲故事甚至不要讲故事的观点还有很多，这对于中国当代小说的发展起着极大的影响作用，所以也才会有当代诗化小说散文化小说的进一步发展。高行健的小说其实就不太关注外在故事的经营，而重在小说人物心理的揭示。而对于马原、洪峰等小说作家来说，倒不是小说不要故事，而是关注小说的讲法，也就是常说的从关注"小说讲什么故事"转移到了"小说怎样讲故事"的阶段。对此，张志忠评价："关于小说要不要讲故事，早在 20 世纪 80 年代，就是中国文坛的一个争论热点。当马原、格非、余华、孙甘露等新潮小说家先后崛起，给文坛带来巨大的冲击，一时间，论者认为这就是真正的现代小说，是中国文学走向现代的标志性之一。小说可以不必全力以赴地讲故事，而去关注故事的叙述方式乃至讲故事的那个人。"[②]这种小说的特点是将故事打碎，然后将故事的碎片无逻辑无因果地拼贴起来，再由一个以小说作者名字出现的叙述者站出来交代故事的虚构过程等，也就是运用了所谓的元小说写作技巧。这种小说重在"叙事迷宫"的营构，给读者提供了新的阅读感受，但也导致了阅读的困难。这样的写作同时为理论家操练自己从西方盗来的小说理

---

① 高行健：《现代小说技巧初探》，花城出版社 1981 年版，第 6 页。

② 张志忠：《远行人必会讲故事——"文学与现实"的关系一解》，《广播电视大学学报》（哲学社会科学版），2010 年第 4 期。

论提供了用武之地，从而受到评论家的青睐和推崇。虽然这种写作为作家提供了更多的方法选择，有的也能够激发作家创作的灵感，但毕竟只在"方法"上绞尽脑汁，最终还不能说是小说发展的正途，所以，经过了几年的喧哗之后，很快就走向没落，一些作家要么停笔，要么另辟蹊径。

残雪的小说和余华前期的小说则体现了小说创作抽象化、寓言化的超现实主义的特点，同时也体现了他们对故事的态度。

关于残雪，她被认为是在小说的现代化的道路上走得最深、走得最远也是走得最为孤独、最为执着的一个作家。残雪的家教背景使她比较早也比较深入地了解了西方的文学创作和理论，而她也一直认为自己的文学创作的来源是西方。她说"文学的源头就在西方"，"我的传统就是在西方，因为我从小就喜欢西方文化的东西"。[1]由于对西方创作理论的"迷信"和推崇，她对于当代中国一些作家采用"讲故事"的方法写小说不屑一顾、大失所望和极为不满，认为莫言的创作、余华后来的创作向故事回归是一种"集体的倒退"[2]。残雪称自己的小说为"自动化写作"，就是写作没有计划，写作前脑子里空空的，写前不知道要写什么，写时不知道在说什么，写后你要是问她写了什么，她说她也不知道。她是一个总是让自己处于"不知道"状态的作家。但就是这样的写作，残雪才认为是抵达人类灵魂深处、揭示人类精神真谛的写作。从残雪的作品来看，因为是"自动化写作"，就不能用因果逻辑来推导她的故事，更何况她本来就不太注意营构故事，情节的跳跃性还在其次，重要的是她的小说的情节和意象都是象征性的、抽象性的，读者不能从小说的表面意思来理解。所以，这才导致读者读不懂，作者也不知道如何的情形。这导致残雪写作的神秘化和虚无化。类似于残雪所写的作品，其实都有一个共同的现象，就是远离了社会现实，在残雪们的小说中很难看到社会活生生的现实，有的尽是抽象化了的现

①　残雪：《残雪文学观》，广西师范大学出版社 2007 年版，第 123、43 页。
②　残雪：《残雪文学观》，广西师范大学出版社 2007 年版，第 81 页。

莫言小说创作与中国口头文学传统

象，尽管这些小说是揭示人类精神的，但有时不免流于虚空。李陀曾经有过这样的评论："在这么剧烈的社会变迁中，当中国改革出现新的非常复杂和尖锐的社会问题的时候；当社会各个阶层在复杂的社会现实面前，都在进行激烈的、充满激情的思考的时候，90年代的大多数作家并没有把自己的写作介入到这些思考和激动当中，反而是陷入'纯文学'这样一个固定的观念里，越来越拒绝了解社会，越来越拒绝和社会以文学的方式进行互动，更不必说以文学的方式参与当前的社会变革。"①残雪们的小说由于远离社会现实，要么不讲故事，要么将故事虚化，抽象化，从而导致小说的"百思不得其解"，这也很难说是小说的正途。

余华的前期小说和残雪的小说应该是走的同一条路子。谈到自己与西方文学的关系，余华和残雪有一个相同之处，残雪认为自己文学的来源是西方文学，余华也认为"我知道我是在西方文学哺育下成长起来的中国作家"，"只有在外国文学里，我才真正了解写作的技巧"。②与残雪不同的地方在于，余华在二十世纪九十年代后出现了向现实和故事的转向，也就是残雪所感到失望的"倒退"。当然，这也需要一个过程。余华初登文坛时是受到了川端康成的影响，认为川端康成使他学会了"注重叙述的细部"，而三年后他就感到了写作的困难，这个时候，就是在1986年他偶然地读到了卡夫卡，是卡夫卡将他从困惑中挽救了出来，他从卡夫卡那里知道了"自由的叙述"。③也由于卡夫卡的影响，他写出了《十八岁出门远行》《世事如烟》等一系列先锋性十足的作品。在写作这些作品的时候，余华形成了自己的真实观，"当时我认为文学的真实是不能用现实生活的尺度去衡量的，它的真实里还包括了想象、梦境和

① 李陀、李静：《漫说"纯文学"——李陀访谈录》，《上海文学》，2001年第3期。
② 余华：《我为何写作》，《没有一条道路是重复的》，作家出版社2014年版，第110—111页。
③ 余华：《我的写作经历》，《没有一条道路是重复的》，作家出版社2014年版，第105、106页。

欲望"①。在《虚伪的作品》中，余华说道："当我们就事论事地描述某一事件时，我们往往只能获得事件的外貌，而其内在的广阔含义则昏睡不醒。这种就事论事的写作态度窒息了作家应有的才华，使我们的世界充满了房屋、街道这类实在的事物，我们无法明白有关世界的语言和结构。我们的想象力会在一只茶杯面前忍气吞声"，"当我发现以往那种就事论事的写作态度只能导致表面的真实以后，我就必须去寻找新的表达方式。寻找的结果使我不再忠诚描绘事物的形态，我开始使用一种虚伪的形式。这种形式背离了现状世界提供给我的秩序和逻辑，然而却使我自由地接近了真实"。②此时余华认为"现实生活"中的"就事论事"的真实只是表面的真实、肤浅的真实，只有"心目中的真实""精神的真实"才是内里的真实、本质的真实，而要反映这些真实只能采用"虚伪的形式"，写出"虚伪的作品"。这种真实观使余华在写作时不屑于表现直接经验这些外在的现实，使得余华采用"虚伪的形式"，也就是采用神秘的、象征的、寓言的、心理的这些超现实主义的叙述方式和并置式的碎片化的无逻辑的结构。其实，余华的所谓"虚伪的形式"在很大程度上是抽象的形式，赋予所描绘的事物和形象以多解性，不能根据作品中的"实物"来理解它们，因为这种理解只是"表面的真实"。这些都与残雪的写作庶几相像，如果说与残雪的作品相比有不同之处的话，在于余华的大多数作品还是能够索解的。但是余华二十世纪九十年的创作出现了变化，他开始变得"平易近人"，开始"更喜欢活生生的事实和活生生的情感"③。余华不再排斥生活中的真实，随着真实观的转变，写作方式上也向故事和传统靠拢，尽管这种写作还不能称之为完全现实主义的。而余华的这种转

---

① 余华:《我的写作经历》,《没有一条道路是重复的》,作家出版社 2014 年版，第 106 页。

② 余华:《虚伪的作品》,《没有一条道路是重复的》,作家出版社 2014 年版，第 164—165 页。

③ 余华:《我的写作经历》,《没有一条道路是重复的》,作家出版社 2014 年版，第 107 页。

变也使他获得了更多的读者、学术界更高的评价，他的创作迈上了新的台阶，攀上了高峰。如果余华没有《活着》，没有《许三观卖血记》，只有《世事如烟》之类的所谓先锋之作，他的创作该是多么苍白。

从余华对待人物的态度也能够看出余华先锋时期的故事的抽象性质。余华曾经"粗暴地认为人物都是作者意图的符号"[①]，"对那种竭力塑造人物性格的做法也感到不可思议和难以理解。我实在看不出那些所谓性格鲜明的人物身上有多少艺术价值"，"我并不认为人物在作品中享有的地位，比河流、阳光、树叶、街道和房屋来得重要。我认为人物和河流、阳光等一样，在作品中都只是道具而已"。[②]在余华看来，小说中的人物仅仅是传达作品象征意义的工具，只是一堆符号，所谓的有血有肉、个性鲜明等评价标准都是无意义的。在余华的早期作品中，人物是抽象的符号，整个故事更是抽象的象征的表达。这种创作方式一方面体现出作家的创新意识，丰富了小说的创作形式；另一方面却在与传统的疏远中陷入不可知的深渊。"小说传达给我们的，不只是栩栩如生或者激动人心之类的价值。它应该是象征的存在。而象征并不是从某个人物或某条河流那里显示。一部真正的小说应该无处不洋溢着象征，即我们寓居世界方式的象征，我们理解世界并且与世界打交道的方式的象征。"[③]只有在向传统回归之后，余华才"听到了人物的声音"，找到了人物，也肯定了小说要"贴着人写"的价值。

孙甘露的创作则典型地体现了新潮小说由于语言高度诗化带来的抽象化。孙甘露的作品一方面擅长编织叙事迷宫，叙事线索极为模糊；另一方面又将故事淡化到极致，其代表作《信使之函》几乎

① 余华:《我的写作经历》,《没有一条道路是重复的》,作家出版社 2014 年版, 第 107 页。

② 余华:《虚伪的作品》,《没有一条道路是重复的》,作家出版社 2014 年版, 第 175—176 页。

③ 余华:《虚伪的作品》,《没有一条道路是重复的》,作家出版社 2014 年版, 第 176 页。

就是无故事的小说。孙甘露的小说可以说是靠语言取胜，语言充满诗情画意，优雅迷人，雍容华丽，每一句都好像寓有深意，语言片段和小说整体更给人意思晦暗不明之感。也难怪有的论者慨叹："传统小说读故事，新潮小说读句式。"①这类小说成了能指的海洋，而所指则难以追踪。由于能指和所指之间的无关联性导致索解的困难，这也与故事的淡化、现实性不足，小说不接地气有关。

进入二十世纪九十年代之后，出于对先锋小说的不满，中国当代文坛又出现了新写实小说的潮流。新写实小说立足于生活的真实，摹写出生活的原生态，但又因沉溺于生活的世俗化而为人所诟病。

综观这一时期的小说，要么不讲故事，要么专注于叙事圈套的编织，要么讲究语言的优美玄奥，要么成了生活中的流水账。不讲故事的路向基本保持了小说诗化散文化的方向，精心编织叙事圈套的小说开拓了小说的路向但又走火入魔，进入歧途；优美玄奥的写作保持了语言的优雅，但却让人不知所云；不避生活琐碎的新写实小说反映出存在的另一种真实，但却一定程度上疏离了理想和崇高。相对来讲，莫言的在现代视野下向传统回归的写作才不失为一种"正常"的路，但又面临着被指"落伍"的质疑。

三、未来的小说与讲述"故事"的可能性

"小说"作为重要的文学体裁之一，由于时代流转和它自身的发展变化，我们也能够看到各种各样的定义，要给它下一个放之四海而皆准的概念是不大可能的，我们只能分析它最核心的特征。"小说"作为一个词语在中国最早出现在《庄子·外物》，认为"饰小说以干县令，其于大达亦远矣"②，但此处"小说"还不具备文体上的意义。班固《汉书·艺文志》提出"小说家者流，盖出于稗官。

莫言小说创作与中国口头文学传统

---

① 转引自张志忠：《远行人必会讲故事——"文学与现实"的关系一解》，《广播电视大学学报》(哲学社会科学版)，2010年第4期。
② 王先谦：《庄子集解》，中华书局1987年版，第239页。

街谈巷语，道听途说者之所造也"①，才使"小说"成为一种文体概念。经过魏晋时期志怪、志人小说的"搜奇记逸"阶段，唐代传奇小说"演进之迹甚明，而尤显者乃在是时则始有意为小说"②。但建立在宋代说话伎艺基础之上的宋元话本小说，与之前小说相比，"不但体裁不同，文章上也起了改革，用的是白话，所以实在是小说史上的一大变迁"③，而在汲取说书传统创作经验的明清章回小说才使得我国的古典小说登上高峰。

宋时话本小说出现的基础是当时广为流行的"说话"伎艺。"说话"作为一种伎艺，"话"不是"话语"，作"故事"解，"说话"就是以说唱的形式讲述"故事"④。所以"故事"也就成了中国古典白话小说的重要构成要素，话本小说作为"说话"的底本，或者也未必就是为了"说话"而创作的拟话本小说和后来的在说话基础上产生的章回小说，都刻上了"说话"艺术的痕迹，都有着"说话"讲故事的口吻和结构、语言等特征。对于西方的小说而言，其在早期也是比较推重故事讲述的，"novel""story""fiction"等都有"故事"元素包含在内。作为经典现实主义小说的传统，特别强调故事情节的编织和人物形象的刻画。只是，随着工业社会的兴起和传播技术的发达，讲述故事的行为才随之式微。

"讲故事作为手工艺人的艺术"，"讲故事的人诞生于手工氛围"⑤，在本雅明看来，正是农业文明和手工业社会的解体导致故事讲述的衰退。由于手工业社会的解体，人类经验的贫乏和贬值，用经验经历讲述故事的传播方式也势必衰减。德国有谚语说"远行人必有故事"，那时讲述故事的主要是两类人，一是经常出门在

---

① 班固：《汉书》，中华书局 2007 年版，第 338 页。
② 鲁迅：《中国小说史略》，《鲁迅全集》（第 9 卷），人民文学出版社 2005 年版，第 73 页。
③ 鲁迅：《中国小说的历史的变迁》，《鲁迅全集》（第 9 卷），人民文学出版社 2005 年版，第 329 页。
④ 孙楷第：《俗讲、说话与白话小说》，作家出版社 1956 年版，第 27 页。
⑤ （德）本雅明：《写作与救赎——本雅明文选》，李茂增、苏仲乐译，东方出版社 2009 年版，第 88 页。

外、见多识广的人，比如"水手"、做生意的人；二是待在家里又不从事繁重劳动的一些人，比如盲人、老人。应该说在农业和手工业时代，"远行人"才具有获取独特经验的可能，从而使他们成为讲述故事的人，但是自社会转型至工业社会和资本社会，由于传播技术的发达，地球"变小"了，无论多远的距离，几乎人人都能在短时间内获取海量信息，"远行人"的独特优势降低了。而且特别是新闻媒体的发达及其传播理念，一切信息好像都很难引起人们的震撼，无论这个信息多么悲惨和应该令人感到沉痛。读者自然也希望能够读到故事，但就是现代的传媒环境使得故事的产生变得困难。"正是经验告诉我们，讲故事的技艺正在消亡。能够精彩地讲述一个故事的人正变得越来越少。相反的情况倒是越来越多：有人想听故事，四座之人只能面面相觑。"①与此同时，现代社会由于物质发达而精神匮乏所产生的迷惘，使得人们越来越关注内心，这也是现代小说日益"向内转"的根本原因。所以，现代的小说作者就不得不从情绪上下功夫，靠思想获得力量。伍尔夫认为："把这种变化多端、不可名状、难以界说的内在精神——不论它可能显得多么反常和复杂——用文字表达出来，并且尽可能少羼入一些外部的杂质，这难道不是小说家的任务吗？"②而由于小说日益关注内心，关注潜意识，注重情绪的抒发、哲理的阐释，使得故事在小说中的地位越来越不重要。

所以，看起来故事在小说中的地位岌岌可危，而且已经出现了淡化的情形，那么将来小说中的故事的地位将会如何？将来的小说将会更是四不像的小说，对此伍尔夫早就预言"小说或者未来小说的变种，会具有诗歌的某些属性。它将表现人与自然、人与命运之间的关系，表现他的想象和他的梦幻。但它也将表现出生活中那种嘲弄、矛盾、疑问、封闭和复杂等特性。它将采用那个不协调因素

---

① （德）本雅明：《写作与救赎——本雅明文选》，李茂增、苏仲乐译，东方出版社 2009 年版，第 79 页。

② （英）弗吉尼亚·伍尔夫：《论小说与小说家》，瞿世镜译，上海译文出版社 1986 年版，第 8 页。

的奇异的混合体——现代心灵——的模式。因此，它将把那作为民主的艺术形式的散文之珍贵特性——它的自由、无畏、灵活——紧紧地搂在胸前。因为，散文是如此谦逊，它可以到处通行，对它来说，没有什么它不能涉足的太低级、太肮脏、太卑贱的地方"。[①]伍尔夫的话在国内也引起共鸣，被一些论者引为同调。耿占春的《探索一种百科全书式的小说》对此有详尽的叙述，对于故事的没落作了预言。但也有学者对此说提出质疑，对于中国的当代小说中的故事叙述作较为乐观的展望。张志忠认为："至少在今后的几十年间，无论是西方还是东方，文学依然存在，故事仍然在讲。远行人必会讲故事，仍然在艰辛跋涉和寻觅的人类，仍然在回顾既往中探寻前行的道路。"[②]张志忠看到由于中国和西方国情的不同，在未来五六十年内，中国的小说还有故事可讲。但是，这里还存在一个问题，就是五六十年之后呢？当中国的城镇化完成之后，农业完全机械化、农民作为原始的劳动者的身份消失之后，小说中的故事讲述还能占有一个重要的位置吗？所以，"故事"在小说中的位置在将来还是一个难以确定的问题。但不可否认的是，在小说中讲述故事已经是一个在一些小说家和评论家看来不值得提倡甚至蔑视的了。

莫言正是由于深受中国口头文学传统的影响，所以他还能在自己的小说中讲述故事，莫言还是一个具有自觉追求讲述故事的写作理念和讲述故事能力的高手！但也正因为讲述故事的写作理念，他的小说创作才被人质疑和诟病。对于莫言小说重视故事写作的批评，德国汉学家顾彬的言论比较典型。

四、顾彬评说莫言"落后的文学观"

有很多国外的汉学家对中国文学的理论建设作出了突出贡献，

---

① （英）弗吉尼亚·伍尔夫：《论小说与小说家》，瞿世镜译，上海译文出版社 1986 年版，第 215—216 页。

② 张志忠：《远行人必会讲故事——"文学与现实"的关系一解》，《广播电视大学学报》（哲学社会科学版），2010 年第 4 期。

比如普实克、浦安迪、白之、韩南等人对中国白话小说的研究。这些人一方面在汉文学的译介方面为中国文学在世界文学的传播，为中国文学走出国门提供了助力，另一方面他们站在世界文学的制高点上对中国文学提出了较高水准的理论批评，在中西文学比较的基点上为中国文学研究提供了新的视角。

就顾彬而言，他是在中国当代文学研究中比较活跃的一位，也是因其个性鲜明的观点而获得较高知名度的一位。顾彬对中国古代文学和现代文学作出了高度评价，而对中国当代文学则颇多微词，对于莫言的作品也是持批判态度。

具体到顾彬对莫言的批评，主要体现在四点：一是写得过快，二是写得过多，三是语言不好，四是写作方法落后。顾彬认为莫言的所谓"写作方法落后"，也即指莫言在小说中"讲故事"的这种写作方式是与世界小说写作的潮流背道而驰的。对于写得过快和写得过多的"缺点"好像不值得一驳。对于语言的不足，在顾彬看来，中国当代作家的语言水平都不过关，甚至连他的汉语水平都比不上，这当然不单单是莫言小说语言的问题（顾彬的对中国当代作家语言能力的批判，自然不能视为无稽之谈，毕竟中国当代作家的语言素养并不是无可指摘的）。对于莫言的写作理念，对于小说讲故事的方式，顾彬认为其是一种落后的写作方式，这种观点则有待于进一步商榷。他认为："1945 年以后，欧洲作家不会讲故事了，故事的时代已经过去了"①，"没有情节，没有可信的讲述者，没有正面的主角，这就是世界广为流传的现代文学的特征。最明显的发展是故事情节的消失"，对于中国当代文学，他认为除了学习并沿着西方现代性方向创作的诗歌和先锋文学外，那些向传统回归的"当代汉语文学可以等同于长篇小说一样是无可救药的倒退"②，"回到传统的章回体这种做法，这有些落后"，所以他"不同意莫言是一

---

① （德）顾彬：《从语言角度看中国当代文学》，《南京大学学报》（哲学·人文科学·社会科学版），2009 年第 2 期。
② （德）顾彬：《"金庸"与中国当代文学的危机》，杨青泉译，《西南大学学报》（社会科学版），2012 年第 2 期。

个伟大的小说家"①。

顾彬提出的西方小说不再讲故事发生在1945年之后这一年限不知道有何根据，而且这也与以詹姆斯·乔伊斯的创作为例不太相符，因为詹姆斯·乔伊斯生于1881年，在1941年就去世了。而另一位意识流大师普鲁斯特是1871年出生，1922年去世，对于小说的散文性提出诸多见解的伍尔夫则是1882年出生，和詹姆斯·乔伊斯在同一年即1941年去世。姑且不论顾彬的观点对错，只是从他的对于小说讲故事这种创作理念的态度上，至少我们能够了解到在西方"讲故事"的创作方法绝对不再是时髦的写法。尽管在当代有些西方作家也用"讲故事"的方法写小说，但这种写作方法已经不是小说写作方法的主流了。莫言作为在二十世纪八十年代登上文坛的中国作家，是受到西方文学洗礼和影响的作家，因为在那个时代，几乎不存在没有受到西方文学影响的作家。作为中国当代文坛的一分子，莫言也是对中国文坛汲取西方文学创作技巧，对于叙事方式的革新和现代化极为了解的作家，而莫言在叙事技巧上也一直进行着不懈的探索。在这种背景下再来探讨莫言主张向写作传统回归，向中国口头文学传统汲取写作经验就是更有意义的课题，我们看到莫言视野的开阔、胸怀的宽广和对中国口头文学传统的自信。

顾彬只看到了莫言向"传统"甚至"章回体"（指《生死疲劳》）的回归，但却没有看到莫言并不是纯粹回到过去，他的小说不只是"讲故事"，还有更精妙的写作技巧和更深层次的精神内涵。莫言的创作自然自觉吸取了口头文学传统的营养，但莫言对于西方文学并没有采取完全拒斥的态度，西方文学的某些技巧特别是哲理和精神层面的精华都被莫言吸取并化入自己的小说中。可以说，莫言的创作既有鲜明的传统性、本土性，同时也有鲜明的先锋性和现代性，这才是莫言能够登上世界文学领奖台的原因。

---

① 刘菲英、（德）顾彬：《世界语境中的中国文学："中国文学海外传播"国际学术研讨会顾彬访谈录》，《楚雄师范学院学报》，2011年第11期。

第二节　莫言小说中民间故事的嵌入及其叙事功能与缺失分析

出生在高密东北乡一隅的莫言，从小时候起就通过"耳朵的阅读"听过许多鬼怪故事和传奇故事。当莫言后来走上文学创作的道路，曾经的童年记忆在西方文学思潮的影响下被唤醒，这些口头文学的资源都纷纷涌到他的眼前，汇聚到他的笔下，从而使得他的小说中插入了许多民间故事。莫言曾经说过："现在我能记起来的故事大概有三百个，这些故事只要稍加改造就是一篇不错的小说，而我写出来的还不到五十个，这些故事我这辈子是写不完的，而且，没写出来的故事远比我写出来的精彩，这就像一个卖水果的人总是想先把有虫眼儿的水果卖掉是一样的道理。"①这些民间故事宛如一个个晶莹丰润的珍珠镶嵌在朴素而又华丽的锦绣上，宛如一颗颗奇光异彩的星星镶嵌在旷远深邃的夜幕里。但是，这些民间故事在莫言小说中的嵌入应该是有契机的，它必须和小说的主故事浑然一体。那么，这些镶嵌在莫言小说中的民间故事是在什么情形下出现的，具有什么性质，有何特点？它们与整部小说的关系如何，在莫言的整体创作中有何意义？有没有可能产生小说艺术上的缺失？要想充分理解莫言小说与中国口头文学传统的联系，这些问题值得深入探讨。

一、莫言小说中嵌入的民间故事

我们先来看莫言小说中插入了哪些民间故事。

为了更为直观和系统地了解莫言小说中插入的民间故事，我们

---

① 莫言:《我在美国出版的三本书》,《用耳朵阅读》,作家出版社 2012
年版，第 43 页。

不妨设置一个统计表格，该表格主要包括"小说篇目""叙述者""故事数目"和"故事内容"。通过这个表格，我们能够直观地看到莫言哪些小说里插入了哪些民间故事，毕竟莫言的小说众多，仅仅指出莫言的小说里插入了诸多民间故事这种说法过于笼统，不能够清晰地反映出其具体作品的情况。而且，通过表格中的"叙述者"也即该民间故事的讲述者更容易看出莫言小说中民间故事插入的情形，有利于分析莫言小说故事的讲述方法和叙事结构。此外，通过表格中"故事内容"一项可以看到莫言小说中民间故事的类型，更容易感知莫言小说创作和中国口头文学传统的联系，对于莫言小说中体现的万物有灵、自然崇拜等特点也有一个比较好的整体的表现。其实该表格还应该增加两项内容——一是故事的叙述接受者，一是故事出现的条件，这样就能够更为清晰地看出莫言小说的叙述特点和叙述结构，只是鉴于表格设置不太方便，姑且列置这四项内容。

莫言小说中插入的民间故事整理表格如下：

序号	小说篇目	叙述者	故事数目	故事内容
1	草鞋窨子	小轱辘子、五叔、于大身	6	话皮子、蜘蛛精"采花"、百草疮、屎壳郎疮、阴宅闹鬼、笤帚疙瘩沾血成精
2	罪过	三爷	3	鳖湾鳖精遭枪击、鳖精才子中进士、千里送信鳖精赠金豆芽
3	弃婴	姑姑	1	狐狸复仇煮饺子变成驴粪蛋
4	猫事荟萃	祖母	4	猫精吃烟、八斤猫降千斤耗子精、猫狗相仇、猫转胎
5	奇遇	"我"	3	下身鬼、光面鬼、白胡子老头吃草
6	飞鸟	奶奶	1	"飞鸟"
7	麻风的儿子	张大力、老猴子	2	狐狸精抱孩子、麻风女"放毒"
8	白杨林里的战斗	"我"	1	毛驴太子

序号	小说篇目	叙述者	故事数目	故事内容
9	一匹倒挂在杏树上的狼	小炉匠章球	1	"章三"赶猪
10	天花乱坠	"我" / 许老头①	1	黑麻子皮匠追求财主女儿
11	球状闪电	爹 / 关先生	1	蚂蚁报恩
12	金发婴儿	黄毛	2	勾死鬼、八个泥瓦匠
13	爆炸	姑姑 / 大爷爷	3	鞋子倒穿追鬼火、狐狸引路、狐狸炼丹
14	你的行为使我们恐惧	"我们" / "我们"的爹娘	2	大金牙的爹炼仙丹、人头菊花
15	战友重逢	钱英豪 / 爹	3	白鳝作孽、包黑子降水妖、棍褙
16	幽默与趣味	王三	1	蛇围绕大缸复仇
17	我们的七叔	"我" / 七叔	2	狐狸精请戏班子演戏;白胡子老头、黄牛、男孩连续七次出现
18	藏宝图	马可战友、老太太、马可	5	虎须、袁世凯真身为鳖精、老太太飞刀绝技、"难得糊涂"、刘黑虎铁鞭的秘密
19	扫帚星	"扫帚星" / 祖母	3	狼吃掉小媳妇被金簪卡喉求救、黑熊、狼孩
20	红高粱家族	"我"、耿十八刀	3	曹梦九断偷鸡案、猎雁传说、铁拐李烧腿
21	食草家族	"我" / 王先生	2	宝刀在鞘中鸣叫的故事、九香女的故事
22	天堂蒜薹之歌	四叔、四婶、三爷	4	虱子自杀、父死子分尸卖肉、先生拉磨、张家湾的蛤蟆不会叫

---

① 此处和其他十处使用了分隔符"/",意指某人讲述曾经被他人讲述过的故事。

序号	小说篇目	叙述者	故事数目	故事内容
23	十三步	整容师/猛兽管理员；笼中人/屠小英	5	人猴婚媾、孝服红裙、寡妇扇坟、灵魂附体、麻雀单步行走
24	酒国	"我"、"余一尺"、《民国启示录》	4	月下小黑驴、酒蛾、种桃、余一尺奇遇
25	丰乳肥臀	母亲、全知叙述者	5	司马大牙与盲女、司马大牙摆屎尿阵抗德、方金枝狐仙附体、屎壳郎疮、葡萄虎子
26	红树林	林岚、全知叙述者	2	苏东坡贝壳悟道、洪秀全与村姑之恋
27	檀香刑	小甲/娘、二爷	2	虎须、铺在铁路枕木下的辫子与灵魂
28	四十一炮	罗小通	2	烧腿、鬼市
29	生死疲劳	张智伯、父亲	3	太岁、转世投胎为牛、识字先生
30	蛙	姑姑/大奶奶、我/母亲、姑姑/大爷爷	3	青蛙戏人、铁拐李烧腿、"吐子"
合计			80 则	

这些被莫言嵌入小说中的"民间故事"，应该符合一个基本的条件，就是它作为整个小说的叙述者或者是小说中某个人物所讲述的故事，应该是被"插入"的，具有相对的独立性。但也有一些故事例外，比如"曹梦九断偷鸡案"的传说、"男孩、黄牛、白胡子老头连续七次出现"的故事、"狼吃掉小媳妇被金簪卡喉求救"的故事、"屎壳郎疮"的故事，这些故事被莫言化为小说中人物的亲身经历，成为小说整体链条中的有机构成部分，这是莫言对民间故事的一种独特的用法，由于其鲜明的口头传说的性质而被列入表中。

通过上述统计表格，我们看到莫言小说中嵌入的民间故事多达 80 则。莫言虽然也曾经说过他的小说中采用的民间故事是 50 多则，但那是他在 2000 年在美国演讲时所提到的，之后他的创作中又嵌入了一些民间故事，我们统计为 80 则，这其实也是较为保守的数目。

在莫言的小说中，这些被嵌入的民间故事主要有鬼故事、精灵故事、人物故事、传奇故事四种类型。鬼故事主要有《草鞋窨子》中的"阴宅闹鬼"的故事，《奇遇》中的"下身鬼""光面鬼"故事，《四十一炮》中的"鬼市"故事，《我们的七叔》中的"男孩、黄牛、白胡子老头连续七次出现"的故事等。人物故事主要有《红高粱家族》中的"曹梦九断偷鸡案"故事，《丰乳肥臀》中的"司马大牙与盲女""司马大牙摆屎尿阵抗德"的故事，《红树林》中苏东坡、洪秀全的故事，《草鞋窨子》中"屎壳郎疮"的故事，《酒国》中余一尺的故事等。传奇故事也就是奇闻轶事故事，这类故事为数不少，主要有《金发婴儿》中的"八个泥瓦匠"的故事，《檀香刑》中"虎须"的故事，《酒国》中"酒蛾""种桃"的故事，《十三步》中"孝服红裙""寡妇扇坟"的故事，《扫帚星》中"狼吃掉小媳妇被金簪卡喉求救"的故事等。莫言小说中故事数量最多的要数"精灵故事"，包括《草鞋窨子》中的"蜘蛛精'采花'""笤帚疙瘩沾血成精"的故事，《罪过》中的 3 则"鳖精"故事，《猫事荟萃》中的 4 则猫精故事，还有被插入的多则狐狸精的故事等。可以说民间口头故事中的狐狸精、猫精、耗子精、黄鼠狼等精灵故事在莫言的小说中都有充分的体现。

在莫言的小说中除了上述表格中嵌入的 80 则民间故事，被嵌入的其实还有很多类似于民间故事的情节或者事件，其嵌入的方式也与民间故事的嵌入方式相似，只是由于和民间故事的性质稍微有些区别，我们不妨称之为准民间故事。这些准民间故事的嵌入可以看作是莫言受到口头文学影响的进一步的发展。由于民间故事深入强大的影响，莫言在写作时总是自觉或者不自觉地将一些传奇性故事融入小说之中。这些准民间故事有的可能有原型，有的则是莫言的独创。

比如《老枪》中的"奶奶枪杀爷爷"的故事。那个不务正业、好赌成性的爷爷将家产败光，甚至扬言要将挣下偌大家业的奶奶卖掉，而这个精明强干和杀伐决断的奶奶毫不犹疑地用枪将爷爷打死。这个故事中的奶奶形象为莫言笔下那些充满野性生命力、果断泼辣、独立自主的女性形象开了个头，以后那些女性形象可以说是这一奶奶形象的继续和发展。再比如《梦境与杂种》中有特异功能能够预见未来的树根与黄鼠狼的故事、《红高粱家族》中"郎中复仇""倩儿被雷殛"的故事，《蛙》中民间艺人郝大手的几个故事等都是可以当作民间传说故事广为流传的，莫言也应该是先听到这些奇闻轶事然后将之写进小说的。这些准民间故事的存在也证明了莫言的小说与中国口头文学的血缘关系。

这些被嵌入的民间故事增强了莫言小说的传奇色彩，而且它们应该从更深的层次上影响了莫言的世界观。莫言通过"耳朵的阅读"聆听了许多民间故事。他过早辍学不得不参加放牧牛羊等劳动使他有更多的机会和大自然万物接近，民间口头文学中所蕴含的"万物有灵"的思想就在他由于参加劳动和其他上学的孩子相隔离所遭受的"孤独"中得到了强化，使他能够看到自然万物具有的"生命"和"灵魂"，培养了他的"齐物"观念。在他的笔下，人不是"万物的灵长"，人也并不比动物高贵，体现出莫言对于人的理解，对于人和大自然之间关系的理解，也体现了莫言宽阔的人类学思想。

二、民间故事嵌入的方式

莫言的小说中"嵌入"这么多的民间口头故事，是采用什么方式"嵌入"的？在什么情境下"嵌入"的？在叙述方式上和传统口头讲述故事有哪些不同？这些被"嵌入"的故事能否和小说的主故事线索融为一体，也就是莫言能否将丰富的民间故事资源合理地转化为自己的写作素材？毕竟莫言是一个现代的小说家，而不是一个单纯的口头故事的传承人，如果操作不好，那些本来自成一体的民间故事就可能游离于主故事之外，从而在小说中显得生硬勉强，导致本来应该为小说增光添彩的民间故事由于其硬性插入而显得故弄玄虚，弄巧成拙。

但是莫言在自己的小说中一方面充分利用和借鉴口头文学传统讲述故事的技巧，另一方面又通过直述、转述，或者是将民间故事化为小说中人物经历等方式将其不留痕迹地编织进小说的情节之中。

莫言小说中民间故事"嵌入"的第一种方式是直述，也就是由一个人面对面地对另一个人或一群人讲述一个故事，并使用引号将讲述的故事记录下来。典型的例子是《天堂蒜薹之歌》中的"三爷"对高马讲述的故事。两人在夜里抽水浇地，在劳动间隙高马对"三爷"说，"三爷，讲个故事吧"，于是这个"三爷"就给高马讲了"张家湾的蛤蟆不会叫"的民间传说。《飞鸟》中的"奶奶""喝了一口粥"，然后笑着说"我给你们讲个古吧，都好生听着"，于是一个"飞鸟"的故事开始了。其他的比如《金发婴儿》中"勾死鬼"和"八个泥瓦匠"的故事、《猫事荟萃》中"猫精吃烟"的故事、《藏宝图》中"袁世凯真身为鳖精"的故事和"老太太飞刀绝技"的故事等都属于这种"嵌入"方式。但这种方式中也有的作了一点变动，比如《酒国》中余一尺对李一斗说"小子，我给你和莫言讲个关于酒的故事"，与前述几个故事直接开始的讲述方式不同，在余一尺的话之后小说的叙述者又用"他说"加冒号的重述形式开始了对故事的讲述。之所以说是重述，是因为冒号后的故事应该是对余一尺讲述的故事的原封不动的记录，这种方式笔者认为也是一种直述的讲述故事的方式。按理说，小说中直接叙述就可以了，但是为什么还要用"他说："说起呢？如果说要有一个理由的话，那就是莫言想要强调他的小说的口传形式。他的小说的讲述方式就是民间口头的"说故事"，不仅故事内容有口传故事的性质，就是风格，就是讲述的形式也要体现出民间口头文学的传统。

第二种方式是转述，也就是一个人讲述另外一个人给他讲述过的故事，用"他说"引起，但与上述"他说"后加冒号不同的是此处"他说"之后没有冒号，直接进入故事的讲述，但只能看作是转述方式。这里的"他说"当然可以置换为"奶奶说""爷爷说"等具体人物的讲述。直述是原封不动的记录，而转述则有可能加进叙述者的讲述特点甚至对原先的讲述进行改编和点评。在莫言的小说中，这种"转述"的方法经常被使用，一个重要原因就是这种方法为评论故事和评论讲故事的人提供了方便和自由。另外，由"我"讲述别人"说"过的故事，但又往往以"他说"开始讲述。这种方式将第一人称和第三人称结合起来，两者之间可以灵活转换，也为故事的讲述带来了自由。比如《天花乱坠》中插入的民间故事是"我"转述"许老头"讲述过的"黑麻子皮匠追求财主女儿"的故事，在"我"的讲述过程中会插入一些评论，如"这个故事还是我在棉花加工厂当临时工时听看门的许老头讲过的，许老头讲述的基本上是事实，让他造谣，他也没那才能……"。"我"在转述"许老头"讲过的故事时在语言等方面自然会做少许变化，加上了"我"自己的叙述特点和对故事的理解，像这样的讲述有的时候很难分辨是直述还是转述。这体现了莫言故事讲述方法的自由和创新，而且这种讲述并不会让人觉得别扭和生硬，讲述和评论的转换非常自然，真正体现了日常口头讲述故事的姿态和效果。农村中的传说故事往往都是从其他人那里听来的，用"他说"开始进行转述比较常见，所以，莫言小说中故事的"嵌入"方式"转述"比"直述"数量要多。"面对面""转述"别人讲述过的故事，如《爆炸》中"姑姑"用"大爷爷说"领起"狐狸引路"的故事，《你的行为使我们恐惧》中的"我们"用"我们的爹娘说"领起"大金牙的爹炼金丹"的故事，《战友重逢》中钱英豪用"俺爹说"领起"包黑子降水妖"的故事。其他小说也有并非"面对面"的转述，比如《罪过》中的几个"鳖精"故事。这几个故事在小说中没有具体的听故事的人，应该理解为故事的接受者是一般读者，故事以"我听三爷说"领起，在故事中经常出现"三爷说"这样的标志性语言。

让一个人物在某种特殊的环境里"想起"一个民间故事从而将之"嵌入"小说的方法也是莫言经常运用的转述技巧，这种技巧经常以"我想起××说过"或者是"我听说××说过"引起转述内容。

《幽默与趣味》中的王三在被马路上川流不息的汽车所惊吓而不知所措时，"突然想起了"一个"蛇围绕大缸复仇"的故事，《丰乳肥臀》中的六姐领弟在旷野中的葡萄园中一个潮湿阴冷的环境里因为看到了"葡萄虎子"而"想到了"母亲讲述过的令人惊惧的"葡萄虎子"的故事。《我们的七叔》中"我们"在寒风中演戏时"我想起"七叔讲过的"狐狸精请戏班子演戏"的故事，用"他说"讲起。《红高粱家族·奇死》中耿十八刀在寒冬烧水时"闪电般想起""铁拐李烧腿"的故事，用"故事里说"讲起。《食草家族·复仇记》中"我"在精神恍惚中"闪电般地回想起听别人说过的"由王先生讲述过的"宝刀在鞘中鸣叫的故事"，以"王先生说"讲起。《四十一炮》中则以"我听说过""鬼市"的传说引起。这里又和一般的"某某说"的转述故事稍有不同，因为冒号后应该是讲故事者的"原话"记录，这又有了"直述"的性质。这种转述的类型还包括《食草家族·复仇记》中"九香女的故事"，《十三步》中"人猴婚媾""孝服红裙"和"寡妇扇坟"的故事，《蛙》中"青蛙戏人"的故事等。

　　第三种方式就是将民间传说故事化为小说中人物亲身经历的故事。这里要区分主故事和民间故事的差异，所谓主故事主要是指小说叙述者及其他人物的故事，而民间故事是叙述者（隐含作者或者小说中的人物）插入的故事，也可以称为次故事。将民间传说故事化为小说中人物经历的故事就是将口头传说故事织进主故事的线索之中，让本是民间传说的故事变成叙述者或其他人物"遭遇"或者"经历"的故事。比如《草鞋窨子》中于大身在讲述"笤帚疙瘩沾血成精"故事的时候，说"我倒是亲身经历过一件事，有一年我劈木头把中拇指弄破了，就把血抹在一个笤帚疙瘩上……"笤帚疙瘩因为沾染了人类中指的鲜血而变为精灵显然是个传说故事，但于大身却说是自己亲身经历的事，这只不过是为了增强故事的真实性耍的小手段。在《我们的七叔》中也有个民间故事更为典型地体现了这种"嵌入"方法的特点。这个民间故事原本讲述的是一些人在夜间走路时突然遇见一头黄牛，一个拉着牛缰绳的白胡子老头儿，牛后面跟着一个手拿木棍的小男孩。如果走夜路时偶尔遇到一牛一老头儿一男孩的情景也用不着惊悚，令人惊悚的是在一个漆黑的夜晚连续七次遇到同样的一牛一老头儿一男孩，最后把走夜路的人吓得落荒而逃。这是一个极为精彩的"鬼故事"，在许多地区都有流传。但是莫言在写小说时是让他小说中的人物，也就是几个村民将"我们的七叔"押解到公社审判，也是在晚上，在路上因为连续七次遇到这可怕的情景而吓得那些负责押送的人落荒而逃，七叔也因此逃过一劫。这是莫言讲述的最为经典的故事之一，每次读来还是让人惊心动魄，充满鬼气，阴森可怖。从叙述方法上来说，特殊的是这个民间故事直接成为主故事的一个情节，而且因为这个情节影响到故事中人物的命运。这种"无距离"的"经验"和讲述方式，在无形中将民间故事化于主故事之中。这种巧妙嵌入的方式，使民间故事成了织锦上一朵朵美丽的花儿。

以上所述大致是莫言小说中民间故事"嵌入"的三种方式，具体到莫言的小说，这三种方式有时候又有可能是交叉混合使用的。比如同样是《藏宝图》中的故事，同样是马可讲的故事，"老太太飞刀绝技"的故事是直述，而"刘黑虎铁鞭的秘密"则是转述。再比如《扫帚星》中"狼吃掉小媳妇被金簪卡喉求救"的故事也是直述和转述相结合的，有时用"话说"标志叙述者直接对记者讲述，而有时又用"咱祖母说"以转述的方式讲述。《猫事荟萃》中"猫精吃烟"的故事就是"奶奶"面对着小说中的陈同志和其他几个家人讲述的，而"八斤猫降千斤耗子精"的故事则是转述。莫言正是通过民间故事多种"嵌入"的方式，使民间故事巧妙地融合到自己的小说中且又做到天衣无缝。

三、民间故事嵌入的叙事功能

继续论述上述没有完全解决的一个问题，就是莫言小说中"嵌入"这么多的民间故事作为次故事与小说的主故事是什么关系？它对于整部小说来讲有何意义？对于莫言的整体创作有什么意义？这要求我们深入研究莫言小说中所嵌入的民间故事的叙事功能。

莫言小说中插入的民间故事和主故事在情节上有承续关系，同时有助于推动情节的进一步发展，他小说中的民间故事并不是毫无关联的硬性插入。比如《猫事荟萃》中的奶奶之所以讲了个"猫精"故事，是因为当时有一只猫抢吃鱼刺而陈同志对猫有好感。《猫事荟萃》中"我们"家很荣幸地请到工作人员陈同志到"我们"家吃"派饭"，为了准备这顿饭"我"和爷爷特地到河里钓鱼最后捡到一只死黄鳝，拿到家里用油煎了，又杀了家里唯一的一只鸡。在吃饭时跑来一只猫抢吃鱼刺，奶奶见到那位陈同志对猫颇有好感，便随性讲起了一个关于猫的故事。故事以"猫是打不得的，猫能成精"这句议论开始，因为就在刚才奶奶还因为猫抢吃鱼刺而用筷子打了它。因为主故事就有猫的参与，所以讲起猫故事来就自然而然，而且这个有趣的故事也有利于打破当时紧张尴尬的环境气氛。《麻风的儿子》中老猴子讲述"麻风女'放毒'"的故事是因为当时有人谈到麻风病的问题。老猴子讲"麻风女'放毒'"的故事之前，小说里先说"割麦子那天，不知谁扯起头，把话题绕到麻风病上。老猴子说，最可怕的事是和麻风病女人睡觉，一睡一个准，百发百中，跑不了的。他说江南有一些女麻风病人每逢五月端阳这一天……"，讲完之后又说"哪像现在我们国家几乎村村有麻风"，这就把讲述的故事和"现在"的事件联系起来了。而且不仅能够和现在的事件联系起来，和主故事也联系起来。老猴子讲述的这个故事还促进了主故事情节的发展，正是因为老猴子没有顾及麻风病人的儿子张大力的存在，再加上老猴子的那些议论，才导致张大力一连串怪异的行为：他当着所有人的面，甚至在那些女人面前解开裤子小便，接下来就是憋着一肚子气和老猴子进行割麦子比赛。

　　莫言小说中嵌入的民间故事和主故事的主题有关联，起到升华小说主题的作用。比如《十三步》中屠小英在自己的丈夫去世后想起"孝服红裙"和"寡妇扇坟"的故事。[1]"孝服红裙"讲述的是

---

①　"孝服红裙""寡妇扇坟"既在民间广为流传，又可见《刘公案》第六回"景州地旋风拦舆　瞎潘三贿赂仵作"，《警世通言》第二卷"庄子休鼓盆成大道"。可见民间口头故事与章回、拟话本等案头小说之间互生互哺、相互影响的关系。

一个女人勾结自己的情夫将丈夫害死以后为了遮人耳目而外穿白色孝服内穿红裙，最后被断案如神的县官识破真相。"寡妇扇坟"的故事是说一个得道高人发现一个女人拿着把扇子边哭边扇坟头，经询问得知原来这个女人新寡，丈夫临死前说只有自己坟头上的土干了之后女人才可以改嫁，那个女人实在等不及就希望用扇子早点扇干坟头上的土。这个故事比较长，后来又讲这个得道高人如何考验自己的妻子，他问自己死后妻子能否守寡，妻子信誓旦旦，但丈夫"死"后她便很快耐不住寂寞与前来念经超度丈夫亡灵的小和尚勾搭成奸。这两个故事既精彩又与主人公的精神状态和思想紧密关联。屠小英在丈夫死后陷入悲痛之中，但在是否穿红色衣服时犹豫不决，而女儿则劝她死人已逝，活人还要享受生活。屠小英由此陷入矛盾困惑之中，而随着小说的进展，屠小英后来改嫁最后悲惨死去。这两个故事和主故事的主题是紧密相连的，与人物的性格、心理甚至命运也是相契合的，甚至经得起深刻的精神分析，对于塑造屠小英这一人物形象也有很大的帮助。《球状闪电》中蝈蝈的爹给蝈蝈讲完"蚂蚁报恩"的故事之后，蝈蝈问他的爹这个故事和他有什么关系，蝈蝈的爹神秘地说"有关系的，蝈蝈。爹郑重地说：当时先生送你一只蝈蝈，你不是把它放了生吗？这就是善功呀，孩子。这几年我总是听到一只蝈蝈在耳朵里叫，孩子，放心考去吧"。这个故事在内容上自然是和主故事相联系的，不仅如此，更重要的是它也有助于反映一个农村的老农民对于自己高考落榜的儿子的鼓励和深厚的爱意，同时也反映了这一人物的民间文化心理。

但是，在某些特定的场合，有些民间故事即使没有和主故事有情节和主题上的关联，它们的出场却也是合理的。比如《金发婴儿》中黄毛和紫荆从田里劳动后回到家里，在紫荆剁饺子馅做饭的当口，紫荆让黄毛给老太太讲几个故事唠嗑解闷。这时候黄毛讲什么故事就没有什么主题上的限制，可以"天南海北"地无所不谈。所以黄毛讲了"勾死鬼"和"八个泥瓦匠"的故事，这些故事只要能消遣好玩就好。但如果没有一个类似的场合，特别是"突然想起"一个故事时，如果这个故事和主故事的内容没有任何关联，那么这个故事的出现就会让人觉得莫名其妙。莫言小说中民间故事众多，但又让人觉得不突兀的主要原因就在于此，如果有不和谐的现象，原因也主要是在此。

有时候一些被嵌入的民间故事顺应了主故事的叙事气氛，从而可以渲染和加强主故事的叙事氛围，有的甚至是民间故事本身也能够创造一种气氛。比如《罪过》，这篇小说是讲述大福子和小福子兄弟两人到鳖湾和河边玩耍，最后小福子被河里的荷花所迷惑而淹死的故事。这个故事一开始就笼罩着一种神秘的气氛，大福子和小福子的一些行为也难以让人理解，而在鳖湾旁边大福子想起的几个"鳖精"的故事无疑进一步使小说蒙上一层迷离恍惚的氛围。《蛙》中的姑姑在明月之夜陷入青蛙的包围中，青蛙黏腻湿滑的皮肤让她恶心恐惧，但就是在这个时候她想起大奶奶给她讲过的"青蛙戏人"的故事，说一个姑娘在晚上乘凉时梦中与一只青蛙交合而后来生出一堆小青蛙，这一故事无疑加剧了当时的恐怖氛围，刺激了姑姑的情绪和心理，这也是促使她后来思想转变的原因之一。

2012年10月，莫言荣获诺奖，诺奖官网发布的获奖理由为莫言用"幻觉现实主义将民间故事、历史和当代融为一体"。我们不能简单地、孤立地看待民间故事的嵌入在莫言小说创作中的意义。民间故事的运用有助于莫言处在民间文化的氛围之中，民间的生活、民间的气息、民间的精神以及民间的历史观、价值观、世界观和认识论都在其中得到体现。由于在小说创作中坚守民间立场和追求中国作风，莫言小说创作的表达方式也受到中国民间故事讲述方式的影响，这就使得莫言小说中民间故事的嵌入具有了风格上的功能，充分体现出莫言创作的本土性和民族性。

四、莫言小说中民间故事嵌入的缺失分析

莫言在1999年与几个台湾作家座谈"童年阅读经验"时提出，台湾作家从小时候开始的对经典名著的阅读是用眼睛阅读，而他在小时候是用耳朵阅读，他认为，用耳朵阅读要优于用眼睛阅读。在

莫言看来，用耳朵阅读不仅仅听到了大自然世界中万物的声音，更为重要的是听到了家乡老人们讲述的丰富多彩的民间故事。从经典名著中看到的故事不能在自己的创作中再次运用，而从老人们口中听到的故事通过自己的改编可以直接运用。他说："我们听到了乡亲们，叔叔、大爷，我们的祖父、祖母，我们的父亲、母亲在热炕头上，在生产队的火炉边，在各种各样的场合，用语言传输给我们的很多故事，神话传说、历史故事、人物传奇、妖魔鬼怪，这些东西对一个作家来讲，可能比纸面的阅读带来的东西更为重要。因为书面的东西是别人写出来的，你读了以后不可能直接地变成小说艺术，而我们用耳朵阅读了这些东西，对一个作家来讲是非常宝贵的创作资源。"[1]在这次座谈中，莫言也提到模仿经典作家语言风格和向民间口语学习语言的问题。他认为，模仿经典作家的语言风格，无论模仿得再像都不足取，因为那不是自己的原创，读者一看便知你模仿的是哪个作家的语言。但是向民间口语学习则不会存在这个弊端，因为不会有读者认识你所模仿的那个乡民，只要"我把山东高密老家的乡言土语稍加改造，就可以变成带着我鲜明风格的、带有原创性的语言"[2]。莫言认为，向民间故事和民间口语汲取资源并不会影响创作的原创性，更为重要的是这些民间资源具有极高的艺术价值，所以他的小说中才会嵌入如此多的民间故事，所以他的小说中才会有那么多独具个性的方言俗语。

不过，莫言对自己在小说中嵌入民间故事还是有所顾虑的，他也曾担心民间故事的嵌入会影响小说的艺术性。在谈到《丰乳肥臀》中民间故事的嵌入和修改时他曾说："这可能是出于一种按捺不住的讲故事的冲动。脑子里面各种鬼怪故事又太多，明明知道这种故事插进来之后对小说的整体性、完整性有所影响，突然鼓出了那么一块，但还是忍不住要把它写出来。现在看来鬼的故事的确没有太直接的作用，删掉以后也不会影响故事的效果，而且会使小说更干

① 莫言：《细节与真实》，《用耳朵阅读》，作家出版社 2012 年，第 117 页。
② 莫言：《细节与真实》，《用耳朵阅读》，作家出版社 2012 年，第 118 页。

净一些。当时加进去似乎是出于故事对我的一种'推动'。"③我们不能因为莫言的这一段话就否定莫言小说中民间故事嵌入的价值，这反映了莫言对于自己在小说中插入民间故事的创作方法是经过认真考虑的，正因为莫言的深思熟虑，他才以高超的叙事技巧保证了被嵌入的民间故事和主故事的浑然一体。

　　但是，不容否认的是，也有极个别的民间故事和主故事有脱节的嫌疑，笔者举出两例试做分析。在《蛙》的第四部分，小说中的剧作家蝌蚪走出小酒馆，看到陈鼻正沿街乞讨，面前摆一块红布，红布上写有"我本天上铁拐仙，引领玉犬下尘凡。送子娘娘是我姑，派我到此来化缘。施我小钱换贵子，骑马游街中状元……"。陈鼻的双腿受了伤，当蝌蚪看到陈鼻烂乎乎的双腿时，便"油然想起了母亲讲过的故事"，这个故事就是"铁拐李烧腿"的故事，讲完了这个故事后，蝌蚪又用母亲的话评论故事的深意，就是"面对神迹，一定要保持沉默，千万不要大惊小怪"。陈鼻本是蝌蚪曾经的玩伴，陈鼻的两个女儿陈耳和陈眉在工厂打工，工厂发生火灾，陈耳为救妹妹陈眉被大火烧死，而陈眉则被大面积烧伤，被毁容，后来陈眉为还债不得不进入袁腮的牛蛙公司，做的工作就是为人代孕，但巧合的是被代孕的孩子的父亲就是蝌蚪。陈鼻的命运不可谓不凄惨，陈眉的命运不可谓不悲壮，联系后来陈眉的一系列人生惨剧，更是值得人们同情。但是当蝌蚪看到陈鼻乞讨时，尽管有有关铁拐李的诗句，也有陈鼻的烂腿，但此时引用这个"铁拐李烧腿"的故事并不觉得有多么必要，而且蝌蚪母亲对于被嵌入的故事的理解更是很难和此时的场景相契合，和这一部分的小说的主题也看不出有何联系。如果仅仅认为蝌蚪当时面对陈鼻的惨状不知如何施以援手，只能够默默无闻地走开，以此作为嵌入这一民间故事的理由，这理由恐怕也有些牵强。此外，"铁拐李烧腿"的故事在《红高粱家族·奇死》中出现过，在《四十一炮》中改头换面地出现过，同一个民间故事多次在不同小

①　莫言：《心灵的游历与归途》，《作为老百姓写作：访谈对话集》，海天出版社 2007 年，第 257 页。

说中出现，虽然各有其出现的情境，但仍然会让读者失去新鲜感。

《食草家族》之"第四梦"《复仇记》中"九香女"故事的插入也有与主故事脱节的嫌疑。《复仇记》讲述的是大毛、二毛兄弟两个按照他们的爹生前的指示找他们的村支书老阮复仇，因为老阮在十八年前强奸了他们的娘，而其实老阮才是他们的亲生父亲。他们的被称作老四的爹对老阮充满仇恨，但却将仇恨转嫁到两兄弟身上，经常痛打辱骂他们，挑唆他们手淫以及和猪性交，但这两个儿子却不知真相，只知"无恩不结父子，无仇不结父子"，还是按照他们这个叫老四的爹的话去找老阮复仇。《食草家族》称为"六梦"，这部小说的确是充满了迷离恍惚的魔幻色彩，最后大毛、二毛在一个神婆子施法的帮助下去复仇，结果老阮自己用刀将自己的腿砍掉，而兄弟两个吓得落荒而逃。就是这样一个"复仇"故事，小说中第十二节的结尾写孪生兄弟和"我"找到神婆子帮助复仇，神婆子施法后说老阮的魂魄已死，可以放心大胆地去复仇了。而在小说第十三节的开头，以"我还听说那个现在早烂成了泥土的王先生给孪生兄弟讲过一个报仇的故事"，这个故事就是"九香女"的故事。这个故事占了整整一章。说的是朱元璋当了皇帝后，让奸臣钱广为他搜罗美女。钱广费尽周折终得九香女献上，不想九香女还有个姐姐十香女，但十香女已于两年前嫁给当朝宰相且已有身孕，但朱元璋还是设法让宰相自尽然后将十香女扶为皇后。而后来皇后生的儿子也就是死去宰相的儿子，他等朱元璋死后就即了皇位，也算是为父报仇。这个具有传说色彩的民间故事当然掺杂了莫言许多的杜撰，但不管怎样，这个插入的复仇的故事如果说和主故事有联系的话，好像都是"复仇"，不过两者性质又好像有天壤之别。这个九香女的故事虽然具有强烈的民间性和趣味性，但和迷离恍惚的充满现代色彩的《复仇记》很难搭界。要是说莫言有深意存焉的话，也许可以从村支书老阮玩弄女人的恶行着手分析，就是说朱元璋强取豪夺别人的女人和村支书的行为有相似的地方。但即使如此理解，也觉得有些牵强附会。类似的情况还有《藏宝图》中"刘黑虎铁鞭的秘密"的故事，感觉和主故事的联系也不够紧密，此处不再赘述。

在这种情况下，一些民间故事的嵌入，尽管使莫言获得了讲故事的快感，我们也获得了读故事的乐趣，却无助于小说艺术的提高。莫言好像写作时一时兴起想起一个有趣的故事，就信笔写下，这也符合莫言创作的自由狂欢的状态和风格，但有些被嵌入的故事还是难以摆脱和主故事相脱离的嫌疑。莫言有点像他小说中的张大力，见到猫说猫，见到狐狸说狐狸，见到黄鼠狼说黄鼠狼，肚子里有说不完的故事，但写到小说里，其中有的故事则和主故事的距离太远，这也大概是个缺失。当然，这种缺失在莫言的小说中极少出现。而且，这也从另一个方面使我们看到口头传统对莫言强大的影响。将中国民间故事嵌入自己的小说之中的创作方法，既是他向中国口头文学传统回归的途径，也是他的作品具有中国口头文学传统特色的重要表现。

第三节　莫言小说中的荤故事及其审美意义

作为一个"讲故事的人"，莫言在登上文坛之前是一个喜欢"听故事的人"，他正是通过"耳朵的阅读"汲取了口头文学中民间故事的丰富营养。在提及自己所听取的民间故事时，莫言认为："往往越是贫穷落后的地方故事越多。这些故事一类是妖魔鬼怪，一类是奇人奇事"[1]，"这些东西对一个作家来讲，可能比纸面的阅读带来的东西更为重要"，它们是一个作家"非常宝贵的创作资源"[2]。

"妖魔鬼怪"与"奇人奇事"是民间故事的两大重要类型，对莫言的创作有重要影响，但还有一种民间故事对他的创作同样起着重要作用，这一故事类型即民间"荤故事"。对于民间荤故事的具体影响，莫言虽然未曾提及，但其重要作用实不可小觑，这从他小说中诸多民间荤故事的插入可见一斑。荤故事在中国民

---

[1]　莫言:《超越故乡》,《恐惧与希望:演讲创作集》,海天出版社2007年版, 第309页。

[2]　莫言:《细节与真实》,《用耳朵阅读》,作家出版社2012年版,第117页。

间口头故事中特色鲜明，数量众多，但却由于对性禁忌的触犯还是很难在正规刊物中公开的。[①]由于荤故事一直都难登大雅之堂，莫言在创作中对民间荤故事无所顾忌、明目张胆的插入就显得非同寻常，因为莫言作品的"粗鄙"几乎已经成为学界的"共识"，他的创作也因这一特点而饱受诟病。所以，如何看待莫言小说中的荤故事，这些荤故事到底具有哪些审美意义，是提高了还是降低了莫言小说的艺术性？这一问题无疑还需要更为深入的探讨。

一、荤故事的流传与莫言小说的民间立场及其狂欢风格

中国民间口头故事中有相当一部分是荤故事。湖北宜昌市下堡坪乡谭家坪村的民间故事家刘德方说过去在农村讲故事时"碰到荤的就是荤的，个咋，碰到素的就是素的。跟这个吃饭一样，捡菜，筷子一持，捡到什么玩儿，就是什么玩儿"[②]。以前的农村，讲故事比较随便，不像现在一些民间故事家在接受采访时因为有所顾忌而只能或者只愿讲述一些主流的、符合道德成规的故事。从实际情形来看，荤故事俨然成为民间口头故事的一大奇观，据统计，湖北

---

① 谈到民间荤故事的搜集整理时，贺嘉说道："在采风普查时，由于担心被扣上'宣扬色情'的帽子，故事家不敢讲，采录者不敢记，即使有人搜集了一些也只能偷偷地存放，收进'资料本'也会被'大扫除'的"（见贺嘉：《论民间文学的非正统性》，《民间文学论坛》，1989 年第 2 期）。目前，一些民间荤故事的集子往往以"内部资料"的形式出现，比如《中国民间传统荤故事》（由通化师范学院照排印刷，为吉林省内部资料性出版物）、《中国民间荤故事》（中国民间文艺出版社出版，也注明"内部发行"）等。其中《中国民间传统荤故事》当时只印刷 100 册，编者在后记中特意注明：获赠此书的各位长者，请谨慎保管，不要让未成年的孩子们阅读，更不要随意外传。这自然在一定程度上阻碍了民间荤故事的传播，尽管人们特别是专家学者早已经充分认识到民间荤故事的重要性，但主要强调的还是它的"研究价值"，它依然难登大雅之堂。

② 王丹：《从乡村到城市的文化转型——刘德方进城前后故事讲述变化研究》，《民族文学研究》，2009 年第 2 期。

省五峰土家族自治县白鹿庄的民间故事家刘德培所"讲述的512个故事中，属于'荤故事'的约占一半"[1]。二十世纪八十年代耿村民间故事普查中，记录的素故事有1335篇，但已经预测到的荤故事则约有500篇。[2]现在专门搜集采录编订成书的民间荤故事集还很少见，仅有的也往往是以内部资料的形式刊印，所以目前还不可能对民间荤故事的数量做一个准确的统计，但可以想象，它的数量肯定也是海量的。

为什么民间会有这么多的荤故事？民俗学家江帆也是著名的民间文学研究者，她对辽宁省新民市罗家房乡太平庄村民间故事家谭振山所讲述的故事和讲述行为进行了深入研究，在探讨谭振山民间荤故事的传承路径时提出了较为可信的观点。据她调查，在有小孩和妇女在场的时候谭振山很少讲荤故事，但这并不表明谭振山没有荤故事可讲，而且他所知道的一大部分荤故事还是从他伯父谭福臣那儿听来的。谭福臣是个风水先生，"风水先生的职业，使他能以特殊的身份进入各家各户的深宅，从而听到一些不能在大庭广众前传讲的比较隐秘的故事。诸如《人狗通奸》《母子通奸》《媳妇剐婆婆》《公公耍掏耙》等等，谭福臣给侄子讲这类故事时毫无避讳，从他那里，谭振山听到一些一般人羞于启齿的'荤故事'"[3]。作为一个长辈，谭福臣为什么会给年幼的、尚不谙世事的侄子讲述这类故事？江帆估计"可能与他的生活经历和心理需求有关，决不仅仅是为了打发长夜孤灯下难耐的时光，恐怕是出于精神上满足自娱的需求"[4]。谭福臣无儿无女，荤故事的讲述应该为他的生活增添一些欢愉，这种叙述行为体现出荤故事宣泄苦闷、娱乐消闲的重要功能。此外，荤故事的交际功能也不可小觑，即使是一些陌生的人碰

莫言小说创作与中国口头文学传统

① 陈建宪:《话语狂欢背后的生灵叹息——从晓苏〈苦笑记〉看民间性幽默艺术》,《华中师范大学学报》(人文社会科学版),2002年第3期。
② 袁学骏执笔:《耿村民间故事村调查》,《民间文学论坛》,1989年第1期。
③ 江帆:《民间口承叙事论》,黑龙江人民出版社2003年版,第100—101页。
④ 江帆:《民间口承叙事论》,黑龙江人民出版社2003年版,第101页。

面，聊天的时候讲述几个荤故事，也往往会形成欢快和谐的气氛。荤故事无疑有利于消除人与人之间的心理壁垒，在这种交际场合，不分地位高低、职业差别，大家都容易摘下严肃的面具轻松愉快地参与其中。

"食色，性也"①，"饮食男女，人之大欲存焉"②。在人类早期，性并不是一个禁忌的话题，生殖崇拜是当时极为常见的现象，只是随着社会道德文明的发展，性才越来越被赋予特有的含义，它日益成为人们羞于启齿的"原罪"。由于伦理道德的桎梏及其他原因，无论是在都市还是在农村，性匮乏、性压抑、性苦闷的现象普遍存在。正如周作人所说的："一般男女关系很不圆满，那是自明的事实。我们不要以为两性的烦闷起于五四以后，乡间的男妇便是现在也很愉快地过着家庭生活；这种烦闷在时地上都是普遍的，乡间也不能独居例外。"③周作人是从中国社会的一般性上来谈论中国人所受到的性压抑的，特别提到在中国的农村，由于财富和权力分配的不平等，乡民们所受性压抑的现象更为普遍和严重。"有统计数字可以表明，在解放前甚至说在打倒'四人帮'之前，贫困荒凉的农村，光棍多得是十分惊人的。女子虽说嫁不出去的极少，但封建文化加上父母包办，终生能感到性满足者极少。"④这在莫言的小说如《弃婴》《天堂蒜薹之歌》中也有体现，《弃婴》中的一个三十多岁的男光棍竟然提出想领养"我"捡到的女婴，希望等那个女婴长大后娶她做老婆。在大部分农村里，往往都会有一些男光棍饱受孤独之苦，性的压抑不言而喻。

弗洛伊德将性本能和营养本能看作是人类最为重要的本能，他更将性本能看作人类发展的原动力。但是，当性的压抑累积到一定

① 杨伯峻译注:《孟子译注》(简体字本)，中华书局2008年版，第197页。
② 杨天宇:《礼记译注》(上)，上海古籍出版社2004年版，第275页。
③ 周作人:《知堂文集》,《周作人自编文集》，河北教育出版社2002年版，第89页。
④ 山民:《怎样认识民间文学中的性意识与性描写》,《民间文学论坛》，1989年第5期。

程度，如果得不到宣泄的话就会使人产生神经疾病和精神焦虑，弗洛伊德认为人的"里比多"可以以转移和升华的方式得到宣泄，科学建设和艺术创作就是"里比多"转移和升华的重要途径。他说，"我们认为这些性的冲动，对人类心灵最高文化的、艺术的和社会的成就作出了最重大的贡献"[1]，"本能的升华是文化发展尤为引人注目的特点；正是它的出现，更高级的心理活动（科学、艺术、意识形态方面的活动）才可能在文明生活中起到重要作用"[2]。按照弗洛伊德的说法，文学艺术的创作正是"里比多"转移和升华的一条重要出路。民间荤故事的盛行，反映出民间口头文学的创作与阅读，故事讲述者为口头文学的创作者，而听众则通过"耳朵的阅读"获取丰富驳杂的民间知识与精神愉悦。可以说，民间荤故事的讲述是农村乡民"里比多"转移和升华的重要方式。

　　莫言出生在山东高密河崖镇平安庄，莫言的爷爷、奶奶、大爷爷等人都是民间讲故事的高手。管谟贤说过："如果把爷爷讲过的故事单独回忆整理出来，怕是要出一本厚厚的《民间故事集》呢！"[3]莫言也曾经说过："村子里凡是上了点儿岁数的人，都是满肚子的故事，我在与他们相处的几十年里，从他们嘴里听说过的故事实在是难以计数。"[4]莫言是听着平安庄的故事长大的，当他走上创作的道路之后，这些故事也就成为他创作素材和灵感的源泉，而创作观念的建立和成熟则为他在自己的小说中运用民间故事提供了理论自信，莫言在 1981 年初登文坛时并没有意识到民间故事对他创作的意义，后来在时代创作浪潮的裹挟下，他也曾经对川端康成、福克纳、马尔克斯等外国作家的创作极度推崇并且积极借鉴了他们的创作经验，写出了一些先锋性十足的作品。不过，在二十世

---

①　(奥)弗洛伊德:《精神分析引论》，高觉敷译，商务印书馆1984年版，第9页。

②　(奥)弗洛伊德:《一种幻想的未来　文明及其不满》，严志军、张沫译，河北教育出版社，2003 年版，第 86 页。

③　管谟贤:《莫言小说中的人和事》，《大哥说莫言》，山东人民出版社2013 年版，第 14 页。

④　莫言:《用耳朵阅读》，《用耳朵阅读》作家出版社2012 年版，第 56 页。

纪八十年代中后期他开始了反思，民间故事的叙述资源与叙述经验都对莫言的创作产生了重要影响。

民间口头故事的耳濡目染、民间创作的写作立场和向口头传统回归的写作理念使得莫言在自己的小说创作中插入民间荤故事成为可能，此外，莫言本人的个性气质、狂欢精神与创作的狂欢化风格使民间荤故事的插入成为应有之义。巴赫金在阐释民间的狂欢化时提出了四个范畴：亲昵、插科打诨、俯就和粗鄙。①在狂欢节中，人们摆脱了正统意识形态规范下的阶级、财富、职业等束缚，完全自由、平等地参与到节日之中。在过狂欢化的生活时，人们变得亲昵、自由和随便，通过插科打诨、粗鄙的语言将高贵和低贱结合起来，并且毫无顾忌地指向物质——肉体下部。毋庸置疑，民间的生活固然是困苦的、充满苦难的，但是同时，与大地精神联系最为密切的民间也往往是充满乐观主义精神的，民间的生活本来就具有显著的狂欢化性质。因此，无论是在集体性劳动还是在集市街头、庭院或者火炉旁炕头上的消闲说闹等场合，荤故事的讲述都是正常不过的事。而莫言本人的个性气质和创作特点也体现出鲜明的狂欢精神与狂欢风格，正如他所说："我在现实生活中是个懦弱胆怯的人，但在写小说时却有坚强的意志和无所畏惧的胆量。我感到自从把'高密东北乡'作为自己的小说舞台后，我就从乞丐变成了国王。这里的一切都听我支配，这里的男女老少都听我驱使。我让谁死谁就不敢活，我让谁活谁就不敢死。我体会到了一个作家最大的幸福。开天辟地，颐指气使，我的'高密东北乡'可以包容天下，而天下万物，皆可以为我所用。"②巴赫金认为狂欢式的所有形象"都是合二而一的，它们身上结合了嬗变和危机两个极端：诞生与死亡（妊娠死亡的形象），祝福与诅咒（狂欢节上祝福性的诅咒语，其中同时含有对死亡和新生的祝愿），夸奖与责骂，青年与老年，上

① （俄）巴赫金：《巴赫金全集·陀思妥耶夫斯基诗学问题》（第5卷），白春仁、顾亚铃等译，河北教育出版社1998年版，第161—162页。
② 莫言：《没有个性就没有共性》，《用耳朵阅读》，作家出版社2012年版，第136页。

莫言与当代中国文学创新经验研究

与下，当面与背后，愚蠢与聪明"①。狂欢精神的本质特征在于"正反同体"的"双重性"，体现出人物精神的"一体两面"，是崇高与卑下、美丽与丑陋、高贵与低贱的矛盾统一。莫言曾经说过："在日常生活中，我可以是孙子，是懦夫，是可怜虫，但在写小说时，我是贼胆包天、色胆包天、狗胆包天。"②我们看到莫言小说中荤故事的插入及其粗鄙的特色，这种创作特征正体现了高密东北乡人民的狂欢化精神。同时，正是借助这种狂欢化特征，才使得莫言的小说虽然有很多悲伤的故事，但是却并不让读者感到绝望，使我们认识到为什么民间虽然一直苦难深重但又永远保持着生机勃勃的力量。

二、莫言小说中讲荤故事的人与他们的听众

莫言经常让他小说中的人物充当故事的叙述者，让他们面对着预想读者、一个或多个小说中的人物讲述故事，从而构成了"有说有听"的说书结构。在这些讲故事的人当中，有一部分则充当了农村中性启蒙者的角色，他们通过给听故事的人讲述荤故事传递性知识。当然这些人讲述荤故事的目的会有所不同，有的纯属为了娱乐，有的则心怀鬼胎，或者是由于讲故事者本身的卑劣而传达了一些错误的性知识，致使听故事的人身心健康受到伤害。但无论如何，这些荤故事的性启蒙作用还是无可否认的。在莫言的《爱情故事》《司令的女人》《麻风的儿子》《我们的七叔》《模式与原型》《食草家族·复仇记》《生死疲劳》等小说中都有这种类型的讲述者和听者。

在上述提到的几部小说中，都有一个年龄比较大、经多见广的情场老手给听众特别是一些小青年讲述荤故事。《爱情故事》中的郭三老汉和小弟被派往菜地车水浇大白菜，在车水的过程中和劳

① （俄）巴赫金:《巴赫金全集·陀思妥耶夫斯基诗学问题》（第5卷），白春仁、顾亚铃等译，河北教育出版社1998年版，第165页。
② 许戈辉:《文学没有获奖配方:专访莫言谈诺贝尔奖》，《明报月刊》，2012年第11期。

莫言小说创作与中国口头文学传统

动的间隙，郭三老汉就给小弟讲开了荤故事。郭三老汉年轻时在青岛的妓院里当过"大茶壶"，花花事儿见识得比较多，许多故事讲得有声有色。小弟正值十五六岁的年纪，正是对性好奇的时候，不仅喜欢听，有时候还要打破砂锅——问到底。和他们两个一起劳动的还有一个回城无望的下乡女知青何丽萍。何丽萍本是一名武术队员，刚下乡的时候，曾经在毛泽东思想宣传会上表演过"九点梅花枪"，一时引起轰动，成为村中所有男青年心中可望不可即的偶像。后来其他知青都落实政策回了城，只剩下何丽萍一人留在了农村，眼看着年龄越来越大，但是那些农村男青年对何丽萍还是敬而远之。此时，这个郭三老汉正与村民李高发的老婆相好，在车水休息的间隙就跑到李高发家里去与李高发的老婆黏缠。从李高发的家里出来，郭三老汉看到小弟对何丽萍有几分痴迷，就给小弟讲述各种荤故事，挑逗并怂恿他追求何丽萍。小弟虽然在何丽萍面前充满自卑，但由于受到郭三老汉荤故事的刺激和怂恿，还是鼓起勇气向何丽萍含蓄地表达了自己的爱慕之情，最后小弟竟和何丽萍成了好事，第二年何丽萍就生了一对双胞胎。《爱情故事》中的郭三老汉不是一个"正经的庄稼人"，但是他的荤故事却对小弟的性的觉醒起着重要的作用。正如陈益源所说的，民间荤故事"对一个性知识匮乏、性压抑严重的社会而言，往往是百姓娱乐宣泄、进行两性教育的重要媒介"。①民俗学者山民也认为："可以肯定地说，在乡村长大的孩子们有关性的'ABC'都是从大人们的笑骂和荤故事荤歌谣中得到的。如果没有这种渠道的教育，真免不了有人结婚时闹出憨子那样的笑话来。"②《爱情故事》中的郭三老汉无形中成了乡村青年的性启蒙者。

在莫言的小说中，和郭三老汉类似的人物还有《司令的女人》中的乔老头、《麻风的儿子》中的老猴子、《我们的七叔》中的汪亮

① 陈益源:《长牙·成精·水里摸——民间荤故事的三种类型及其性教育功能》,《民间文化旅游杂志》, 1996 年第 1 期。
② 山民:《怎样认识民间文学中的性意识与性描写》,《民间文学论坛》, 1989 年第 5 期。

儿、《模式与原型》中的周五、《天堂蒜薹之歌》中的三爷、《草鞋
窨子》中的张球和于大身、《生死疲劳》中的胡宾等。《司令的女人》
中的老光棍乔老头喜欢在集体劳动时讲一些荤故事，其中的一个故
事说："一个生殖器特别长的人站在河边，看到一个青年妇女在河
对面洗衣服，他便从河底伸了过去，在那妇女眼前弄起景来，那
女人一把攥住，按在捶布石上，狠狠地砸了一棒槌，嘴里还喊着：
'砸个核桃吃！'"[1]故事讲述时引起一群小青年包括下乡女知青唐
丽娟的大笑。其实这个故事在山东广为流传，而且具有不同版本。
其中一个版本叫《留一搦》，说"从前男人的生殖器很粗很长，平
常盘在腰里，耕地时能当大鞭用。这一天，起早耕地，那东西被露
水打湿了，休息时便把它放在土地庙上晒。土地老爷认为侮辱他，
生气了。就叫小鬼给割去一截。小鬼问：'留多长？'土地老爷说：
'留一庹（伸直两臂间的距离）。'谁知小鬼听错了，听成'留一
搦（用手握成一拳的长度）'。从此男人的生殖器就剩下现在这样大
小了"[2]。这则荤故事纯属荤笑话，但也寄寓了先民对生殖器官崇
拜的信仰，而对于那些正处在性朦胧期的青少年也具有性启蒙的作
用，小说中的"我"正是因为听了乔老头的荤故事决定加快对唐丽
娟的"追求"。乔老头不仅讲述荤故事，还给村中的小青年传授讨
女人欢心的所谓四大法宝："一是模样二是钱，三是工夫四是缠。"
乔老头简直成了农村中"称职"的性教育者了。

　　在这些小说里讲荤故事的人中，有的是不太"正经的庄稼人"，
比如胡宾，有的则是劳动能手，比如老猴子，但他们的共同特点是
阅历丰富，汪亮儿是车把式，于大身是卖虾酱的；有的本身就是风
月场中人，这些经历使他们有机会见到和听到许多花花事儿，从而
成为民间口头荤故事的散播者。在莫言的小说中，这些人讲述荤故
事的目的不同，导致的后果也有所不同。《草鞋窨子》中的于大身

----

①　莫言：《师傅越来越幽默·司令的女人》，作家出版社 2012 年版，第
　　287 页。
②　山民：《怎样认识民间文学中的性意识与性描写》，《民间文学论坛》，
　　1989 年第 5 期。

在讲完一个荤故事临走的时候对张球说："小轱辘子，把你跟西村小寡妇那些玩景说给老五他们听听，长长的大冬夜。"莫言小说中很多荤故事的讲述都是为了娱乐，为了打发时间，有时也是为了减轻劳动的困乏，但这些故事本身就有可能产生了性教育的作用。郭三老汉、乔老头和老猴子的荤故事的讲述以及他们的教导，就帮助很多小青年追逐恋人获得了成功。

但是，莫言的小说中也有一些荤故事的讲述者动机不纯，居心不良，并且灌输了一些错误的性知识，这些小说既反映了荤故事讲述者的人性异化，也致使荤故事的听者走上歧路，导致他们身心受到极大损害。《模式与原型》中的周五曾经是个在农场服役的劳改犯，又丑又老，靠欺骗手段娶了老婆。小说并没有揭示周五被劳改的原因，但透过他的口我们知道他曾经干过心狠手辣之事，是个心胸狭隘、自私阴险的"坏分子"。他在和心智不健全的外号叫"狗"的少年放牛的时候，不怀好意地给"狗"讲了很多荤故事甚至教唆"狗"自淫。他的荤故事引诱着"狗"一步步堕入"深渊"，"狗"觉醒的性意识无从发泄，最后竟与一头牛媾和以满足自己的生理需求。《生死疲劳》中的胡宾和周五的角色有相似之处。胡宾本是公社邮电所所长，有着体面的工作，但是因为和一位现役军人的妻子通奸而被罚劳役；在服劳役期间他的老婆白莲与公社驻村干部勾搭在一起，生出了几个孩子。胡宾在和蓝解放一起放牛的时候，就不怀好意地给他讲述荤故事并且传输"十滴汗一滴血，十滴血一滴精"的错误性知识，而蓝解放当时也是情窦初开，性意识刚刚觉醒，正迷恋吴秋香的大女儿黄互助，但就是因为胡宾的误导致使蓝解放忧心忡忡，惶惶不可终日。

如何理解胡宾给蓝解放讲述荤故事的动机？这肯定是和《草鞋窨子》《天堂蒜薹之歌》等作品中的讲述者的消闲目的不同。要正确理解胡宾的动机，应结合《模式与原型》中的沈宾和周五这两个人物一起分析。可以说，胡宾这一人物正是沈宾和周五两个人物的合成。沈宾和胡宾的身份有相似之处，沈宾曾经是公社邮电局局长，也曾经和一个军人的妻子通奸而被判刑。沈宾的老婆李水莲连

莫言与当代中国文学创新经验研究

名字都和白莲相似，李水莲也是和公社驻村干部鬼混而生了几个孩子。不过沈宾在小说中是个饲养员，和"狗"一起放牛并讲述荤故事的是周五，所以我们说胡宾是沈宾和周五两个人物的合成。莫言的长篇小说和中篇小说以及短篇小说是有互文关系的，在互文结构下审视莫言的小说才能更好地理解莫言小说中的人物。胡宾、沈宾、周五这样的人本就心术不正，自私狭隘，劳改的经历加上妻子的外遇而给自己带来极大的屈辱，仇视当时的社会而导致心理扭曲，所以他们竟以别人的痛苦或给别人带来痛苦来减轻自己心中的怨恨，而他们的荤故事的听者也真的受到了心理和生理的折磨。莫言正是通过这些人物对于荤故事的讲述，微妙地表达了他们的动机，使得这些配角也体现了人性的复杂。莫言并不只是为了故事而故事，最终还是为了塑造小说中的人物，而这种创作方式也无疑有助于揭示人物的深层心理。

三、荤故事与性压抑及莫言小说中人物的心理分析

人们对性往往讳莫如深，谈性色变，所以在公开场合讲述荤故事已经触及人们的道德禁忌，如果一个人给自己的孩子讲述就更被视为有违伦常。但莫言是一个特立独行的作家，在小说的创作中"贼胆包天、色胆包天、狗胆包天"，我们看到莫言敢冒天下之大不韪，他的小说《飞鸟》竟让一个"奶奶"给自己的儿孙辈讲述荤故事。

《飞鸟》讲述的是"文革"时期一群放羊的孩子批斗小学校长夫人的滑稽剧、闹剧和悲剧。小说最后由奶奶讲述的一则荤故事作结，正是这则荤故事的出现使得整部小说的风格和意蕴变得复杂起来，小说阐述的空间也随之无限扩大，甚至有可能使某些读者认为这是莫言对历史严肃性的亵渎。《飞鸟》的故事发生在那个荒唐的年代，当时几个放羊的孩子感到无聊便决定将小学校长的夫人揪出来批斗，而且批斗的原因还隐藏着一个极大的秘密，这个秘密就是传闻这位校长夫人在自己的前夫死亡时将他的生殖器割下来保存，

这在当时是腐化堕落、流氓下流的难以饶恕的罪行。这几个孩子将校长夫人押到放羊的地方，使用各种方式侮辱她，其中一个年龄稍大些的孩子竟然声称要以强奸的方式来惩罚她，校长夫人最后被折磨得昏死过去。小说也反映了"我"在批斗校长夫人时的矛盾心理，因为"我"曾经到校长家中去玩耍，校长一家对"我"很友善，"我"主要是迫于其他孩子都参与了批斗而不得不随波逐流。这种批斗的可笑、残忍和不得已，可以说也是当时整个成人世界在那个特殊年代中各种荒诞行为的折射，莫言只是用他擅长的儿童视角对之进行了更为深刻的批判。就在批斗完校长夫人回家之后，"我"的家人对我的"造孽"行为极为不齿，父亲拿着铁锹作势要砍死"我"。就在此时，奶奶轻描淡写地说这种事没什么大不了的，都听她讲个"古"吧。这个"古"就是关于"飞鸟"的荤故事。这部小说之所以取名为《飞鸟》，也主要是最后插入的这个荤故事。故事主要讲述一个老头在老婆死后对老婆割舍不下，于是就将老婆的生殖器旋下来放在一个匣子里，有空闲就拿出来看看。后来老头的行为被他的儿媳发现了，寻思老头在匣子里藏了什么好东西，就趁着老头和自己的丈夫出去干农活时打开了匣子，发现了老头的秘密。这个儿媳也是调皮，就将那东西喂了家里的猫，然后逮了一只麻雀放在了匣子里。等到老头从地里回来打开匣子，麻雀从匣子里飞出，然后从窗棂子飞出屋外。老头大惊，让儿媳快来，"快拿扫帚快拿竿，竿子打，扫帚扇"。儿媳妇问怎么啦，老头哭着说"多年的老屄飞上天"。

　　这个故事不知莫言是在何时所听，其实这则荤故事在全国各处都有流传，在吉林、辽宁和天津等地曾经作了采录、收集和整理，只是版本稍有不同。仅在吉林关东山地区就有三则类似的荤故事。[①]这三则故事有两则名为《雀飞了》，第三则名为《王大疤子》。《雀飞了》是说一个女人在自己的丈夫死后将他的生殖器割下来藏

------

① 金鑫搜集整理:《雀飞了》《王大疤子》，《中国民间传统荤故事》，吉林省内部资料性出版物 2004 年版，第 49、50、54 页。

在匣子里，后来被女儿发现，也是用一只麻雀代替，麻雀飞走之后，女人让女儿来帮忙，并大喊"丫头丫头快点灯，你爹的鸡巴成了精，一把两把没捂住，把窗户撞了个大窟窿"。《王大疤子》和莫言小说中《飞鸟》的故事情节大致相同，只是在最后老头喊的是"儿子媳妇快点灯，你妈的疤子成了精，左抓右捕没捉住，飞出窗户升了空"。在辽宁有两则类似的故事流转，和山东、吉林的没有很大区别，此处不再赘述。在天津流传的这类荤故事稍显曲折，值得一提。①这个故事说一个女人守了寡，后来她的女儿不幸也成了寡妇，守寡后的女儿搬来和她一块儿住，这样这个家里就只剩下了两个寡妇。老寡妇为了打发寂寞就弄了一个假阳物，一次女儿将假阳物拿在手中时被一只老猫叼跑了，女儿无奈用一只麻雀代替。到了晚上的时候就听到老寡妇喊"闺女闺女快点灯，那个宝贝成了精"，过了会儿又听到老寡妇的叹息，"闺女闺女别点了，娘那个宝贝跑远了"。这则荤故事在其他地区应该还有不同的版本，但大致没有很大的区别，最多就是男女主人公的角色互换，语言有所差异罢了。

　　这则荤故事在民间荤故事集子中算不上特殊，但用在莫言的小说里就显得口味比较重，语言也比较粗鄙，荤故事本来就难登大雅之堂，更何况这则荤故事又是由一位"奶奶"给她的子孙辈讲出呢！那么，莫言在这篇相当严肃的作品里插入这么一个相当不严肃的荤故事是何用意？而且，要知道莫言的小说《飞鸟》本是个悲剧故事，是对"文革"的荒谬和人性之恶的揭示和反思，这个富有喜剧色彩的荤故事在这里出现是合适的吗？

　　莫言之所以让一位"奶奶"讲出一个荤故事，这在常人看来是多么不可思议，但这是因为在高密东北乡"没老没少，不分长幼，乱开着裤裆里的玩笑，谁也不觉得难为情"②。评论家杨守森也曾经指出："高密人富于'国骂'，在民间的日常口语交流中，甚或是在亲昵、友好的表白中，你常常会听到'驴 × 日的''狗 × 日

①　陈益源:《长牙·成精·水里摸——民间荤故事的三种类型及其性教育功能》,《民间文化旅游杂志》,1996年第1期。
②　莫言:《食草家族》,作家出版社2012年版,第23页。

的''万人狗×日的'之类叫异乡人目瞪口呆、粗俗不堪的用语。你可以说这是一种直露的蛮性，但同时又不能不承认，这是一种不顾及任何形而上束缚的感性生命的自由张扬。"[1]高密东北乡地处齐地，受齐文化熏陶，蔑视束缚人性的伦理道德，张扬个性，坦然面对自然的健康的生命需求，所以做起事来、说起话来总是不管不顾，野性十足，这也是一个"奶奶"可以给子孙辈讲述荤故事的重要原因。其实，这个荤故事本身也隐含着丰富的意蕴，要不然也不会在全国各地都有流传。笔者认为这个荤故事反映了人们所受到的性压抑的痛苦，体现了人们对于人的性行为的认可，因为不论这个荤故事里的人物，还是《飞鸟》中被批斗的女人，他们的行为都有一定的心理依据，体现了作者对于人的合理性需求的正当理解和深刻同情。

让一位奶奶给她的子孙辈讲述荤故事也是莫言小说狂欢化的表现。从这篇小说的风格来讲，正是由于小说最后荤故事的插入，使得小说对前面部分的悲剧叙述风格有了翻转和颠覆，笼罩着读者的悲剧气氛在小说最后变得暧昧不清。这个转变的确有点突然。应该如何解释呢？几个放羊的孩子批斗一个曾经受人尊敬的校长夫人，本来就滑稽荒诞，小说虽然表现了校长夫人的悲惨命运、校长的爱莫能助的悲哀、小孩子人性恶的揭示，这些都使得小说具有深厚的悲剧意涵，但是整部小说还是蕴含着一种荒诞色彩，并不是纯粹的悲剧氛围，而小说最后荤故事的出现更加彰显了小说的狂欢化特征，这也是对"文革"荒诞本质更为深刻的反映。

奶奶最后的"你们为什么不笑"，其实也说明每个人的心中都对批斗的"恶"念念不忘，历史的荒诞并没有使人们完全丧失良知。而且同时说明莫言对这个故事的插入是经过了认真的考虑，绝对不是为了讲故事而讲故事，更何况这则故事又是个容易引起争论的荤故事。但是这样做还是有很大的风险，就是粗俗的荤故事对庄严的

---

[1] 杨守森：《作家莫言与红高粱大地》，杨守森、贺立华主编：《莫言研究三十年》（上），山东大学出版社1992年版，第35页。

悲剧故事的崇高主题的消解，人们很容易理解为作者对于历史的不敬、创作态度的轻佻。不过如果认真分析，多重思考，我们就能够看到莫言以"你们为什么不笑"提出了一个让人深思的问题，也深化了这个小说的主题，并使得小说的主题有了多解性。读者如果不了解这一类型的荤故事在全国范围内的广泛流传，是很容易对《飞鸟》中插入这则荤故事的写作行为产生误解的。

湖北省五峰土家族自治县白果园村的民间故事家孙家香说："我一遇事就讲'经'，讲'经'能解愁。"①"讲'经'能解愁"，讲"经"中的荤故事亦是如此。莫言的小说悲剧意味深重，他笔下的人物背负着过于沉重的"生"和"性"的"愁"。荤故事的性教育功能、娱乐功能、宣泄功能等无疑可以使这种"愁"得到一定程度的缓解，民间的生命太沉重了，他们需要荤故事的"笑"来抵御生命中的苦难，虽然《飞鸟》的故事并没有产生"笑"的效果。

《透明的红萝卜》是莫言的成名作，在这部中篇中有一个老铁匠和一个小铁匠。老铁匠唱过几句戏文："恋着你刀马娴熟通晓诗书少年英武，跟着你闯荡江湖风餐露宿吃尽了世上千般苦……你全不念三载共枕，如云如雨，一片恩情，当作粪土。奴为你夏夜打扇，冬夜暖足，怀中的香瓜，腹中的火炉……你骏马高官，良田万亩，丢弃奴家招赘相府，我我我我是苦命的奴呀……"②小铁匠也唱过几句歌词："南京到北京，没见过裤裆里拉电灯，格里咙格里格咙，里格咙，里格咙，南京到北京，没见过裤裆里打弹弓……"③老铁匠的这几句戏文的意思不难理解，但是对于小铁匠的这几句歌词，如果对民间荤故事不太了解的话，恐怕很难明白它的具体含义。小铁匠所唱的这几句歌词其实是一则民间荤故事最后的几句话。这种类型的荤故事主要是讲一个姑娘年龄很大了还没有嫁出去，欲火难耐，就想用一个茄子来解决问题，但没想到茄子崴折在里面，遂不

① 刘晓春：《一个故事家的记忆与想象——孙家香和她的故事》，《民族文学研究》，2004 年第 3 期。
② 莫言：《透明的红萝卜·欢乐》，作家出版社 2012 年版，第 34 页。
③ 莫言：《透明的红萝卜·欢乐》，作家出版社 2012 年版，第 49—50 页。

莫言小说创作与中国口头文学传统

得不请一个石匠来看病，没想到最后茄子弹了出来正巧打在石匠的脑门上，石匠揉着脑门说"走南京，闯北京，行行当当咱都通，南拳北掌全见过，从没见过'逼'里打弹弓"①。如果知晓了这则民间荤故事，我们就能够更好地理解小铁匠受压抑的性心理，也能更好地理解他的一些貌似反常的行为。小铁匠长久跟着师傅打铁，身强力壮，技术活出众，但由于只有一只眼睛而一直单身，由于强烈的性压抑，当他看到小石匠和自己喜欢的菊子姑娘热恋的时候，更是强化了妒忌心理，这才有了处处和小石匠作对乃至最后和小石匠决斗的故事。《透明的红萝卜》只插入了几句歌谣，而没有插入那个荤故事。原因是大故事的叙述逻辑不太适合插入这一故事，再就是这个故事可能是太"污"，虽然莫言是个重口味的作家，但考虑到读者的接受度，他还是要有所选择。从这部小说中，我们看到，尽管有的论者认为莫言小说的语言粗鄙，其实相对于民间语言来说，莫言已经做了相当程度的净化。

四、"人兽婚"故事与莫言小说的新境界

莫言在悉尼大学演讲时曾经提到一则民间故事，故事说一待字闺中的女子晚上经常和一华服男子约会，该男子每天夜里出现天亮之前消失，后来女子母亲设计最终发现该男子实为一公鸡所变。这则故事不仅在高密有所流传，就是在山东乃至其他省市也广为传播，甚至比莫言所讲情节更为离奇曲折。在山东枣庄市的台儿庄、峄城和薛城各地市也流传着这同一则故事，三地故事讲法稍有不同，但都与莫言所讲有所区别。根据《台儿庄民间故事集》《峄城民间故事集》《薛城民间故事集》记载，这则故事大致可分为前后两部分，前半部分和莫言所讲大致相同，不同在后半部分。莫言所讲故事在公鸡死后即告结束，而台儿庄、峄城、薛城地区的这则民

① 金鑫搜集整理:《打弹弓》,《中国民间传统荤故事》, 吉林省内部资料性出版物 2004 年版, 第 323 页。

间故事则又有延续。女子的母亲把鸡杀死，煮熟了给女子吃："女儿不忍吃，就藏到一个坛子里。以后生了一个儿子，十八年之后，考中了状元。可是，状元旗竖不起来，状元非常急，问他母亲原因。母亲只好告诉了他。状元找到了埋在地下的坛子，拜了父亲，果然旗立起来了。因状元的爹是公鸡，所以，状元辈辈不吃鸡肉。"[1] 这则故事在《中国民间传统荤故事》中也有记载，名为《杀鸡》，故事结束时，"哥哥捞起切菜刀就把它杀了，挖个土坑埋上了。兄妹三个怎么琢磨也琢磨不透，公鸡还能作起了大妖。妹妹忽然想起来了，她说：'一个月前，我在院子里对着大公鸡撒了一泡尿，它就在我跟前拍打着翅膀蹦来蹦去，是不是与这回事有关联呢？'"[2]。但语言与前者相比更为粗鄙，也没有女子怀孕生子的后继情节。

在民间荤故事中，人与动物婚恋媾和的亦为不少，而且特征鲜明，有时由于其神秘性、神圣性甚至溢出荤故事的范畴。人兽婚故事种类繁多，有的粗鄙，显示出民间文学的低俗性质；有的神圣，显示出民间文学的朴野深厚，流韵悠长。莫言的小说也从人兽婚故事汲取了创作资源，并对这种类型的荤故事进行了加工升华，借助于该类荤故事，他使自己的作品直抵生命幽微处，甚至进一步探讨了人类起源与创世纪神话，从而使自己的作品呈现出一番新气象。这类作品有代表性的是《十三步》与《马驹横穿沼泽》。

从主旨上来讲，《十三步》主要反映了中学教师的生活窘况及其生存困境，同时也如小说卷首语所说的"不仅活人使我们受苦，而且死人也使我们受苦。死人抓住活人"，小说也反映了当下人类社会普遍存在的荒诞情境。但最重要的，对莫言来讲，《十三步》最大的价值在于享受小说形式实验的快感，而最后也引起他对小说创作形式实验的反思。莫言曾经不无得意地说：《十三步》这部小说我想真正看懂的人并不太多，确实写得太前卫了，把汉语里面所

① 《枣庄市民间文学资料选编：薛城民间故事集·老公鸡成精》，枣庄市出版办公室1988年版，第14页。
② 金鑫搜集整理：《杀鸡》，《中国民间传统荤故事》，吉林省内部资料性出版物2004年版，第210页。

有的人称都实验了一遍。写《十三步》让我认识到了所谓的人称变化、视角变换，实际上就是小说的结构。"[①]《十三步》的前卫让人瞠目，但这部小说中荤故事的插入同样也应该引起读者的关注。这部小说中的荤故事最主要的有三处：一是描述中学校长的心理时插入的传统说书的一段荤口；二是一俊美和尚与一女子私通的故事；三是一男子与一母猴媾和的故事。这里我们重点探讨人猴媾和的民间故事。小说中这一荤故事的插入源于一个痛苦的早晨，当时已经"死"去的张富贵从殡仪馆逃出，后来到整容师李玉婵家请求她再将他送回殡仪馆，此时李玉婵突然想起猛兽饲养员曾经给她讲述过的这个人猴交合的故事。小说中的故事说一男子海上遇难，漂流至一荒岛上，荒岛上一母猴对他照顾得无微不至，后母猴怀孕生子，再后来男子有机会带儿子乘船回到大陆，但母猴哀求为她留下儿子，男子遂不得不用斧头剁掉母猴拉着船只的手从而得以乘船离开。后其子高中状元，要求父亲告知母亲所在并至荒岛寻母，找到母亲的尸骨祭奠后头撞石壁而死。这一故事有着深刻的寓意，暗示着中学教师正像那个负心男子及其高中状元的儿子一样面临着选择的困境，他不甘心死掉，而活着又会妨碍学校正常的教学秩序与其他老师的分房福利。自然，这则故事同时也揭示了当下社会生活的荒诞性质。

在《中国民间传统荤故事》中也记载了两则人猴婚媾的故事，题名分别为《猴儿子活葬母》和《猴婆婆》。[②]《猴儿子活葬母》是调侃韩信的故事。说一姓韩的小姐爱好下棋，在家中一猴子的帮助下赢了对手，由于原先有过承诺，遂不得不与猴子发生了关系，后来因为怀孕被父亲赶出家门，住在九离山山脚下寒窑之内，所生之子即为韩信。韩信天资聪颖，偶然听到两地理先生泄露天机，说如果将老人葬进一金床山峰则可获皇位，葬进一银床山峰可获王位。韩信为获皇位，强拉母亲登山，因母亲体力不支只能到达银床山峰，韩信便将母亲活活葬在银床山峰之中，后果得王位，但因不

①　莫言：《与王尧长谈》，《碎语文学》，作家出版社2012年版，第134页。
②　金鑫搜集整理：《猴儿子活葬母》《猴婆婆》，《中国民间传统荤故事》，吉林省内部资料性出版物2004年版，第202—206页。

孝损寿二十年。《猴婆婆》是说一长工与一母猴发生关系，母猴产一子，儿子长大成人后因母猴被人嫌弃难以婚配。长工无奈欲活埋母猴，结果遇一善良女子心甘情愿嫁给其子并侍奉母猴直至老死。两则故事，一悲一喜，也寓有朴素的道德训诫。从时间上来看，莫言在创作《十三步》时自然没有看到《中国民间传统荤故事》，但人猴婚媾的故事广为流传，莫言未必不会通过其他途径受到该类民间故事的影响，从而在自己的创作中汲取了这一创作资源。

《马驹横穿沼泽》是由"我"给"孙子"讲述的一个由"我爷爷"给"我"讲述过的由"爷爷的爷爷"给"爷爷"讲述过的一个神奇故事——马驹横穿沼泽。这则故事是人兽婚荤故事的高雅化和神圣化，是人兽婚的高级阶段，也是莫言对人兽婚荤故事的提升、深化以及创造。"马驹横穿沼泽"既是一个世界的毁灭，又是一个新的世界的开辟，是创世神话的象征与隐喻。"兄妹交媾啊人口不昌——手脚生蹼啊人驴同房——遇皮中兴遇羊再亡——再亡再兴仰仗苍狼……"①故事再次提出《食草家族》"种的退化"的主题，揭示出当前人类社会的困境，同时也指出新的世界兴盛的途径。可以说，无论内容还是形式，这部小说都彰显出莫言创作的新境界。

总之，莫言是一个深受民间口头文学影响的作家，也只有从民间口头文学特别是从不容忽视的荤故事的角度切入，才能够更深入、更精准地评判莫言民间创作的狂欢风格、人性深度、人物形象以及小说语言的粗鄙特征，也才能更为客观、更为全面地理解莫言"讲故事的人"的创作理念。

第四节 "讲故事"——莫言小说的叙事姿态与叙事风格

莫言小说中嵌入的民间故事及其嵌入方式和叙事功能，似冰山

---

① 莫言：《食草家族》，作家出版社 2012 年版，第 343 页。

一角，反映了莫言小说与中国口头文学传统的联系，而实际上如果我们仅仅从莫言的叙事姿态，从莫言小说的整体上来考察，也能够看出莫言的小说无论从形式到内容，还是从语言到结构都与口头文学传统有着紧密联系。也就是说，不只是莫言小说中插入的民间故事具有口头文学传统的特征，就是没有民间故事插入的莫言小说也具有口头文学传统的鲜明特点，这才是莫言小说与中国口头文学传统更为本质和重要的联系。所以，莫言的很多小说都具有民间传说的性质，有的甚至可以当作民间传说来流传讲述。

由于口头文学传统的深入影响，莫言在写小说的时候总是像一个民间讲故事的人那样面对听众娓娓道来，或者像一个传统说书人那样陶醉在滔滔不绝的故事讲述中。如他所说："我觉得写这些小说目的就是为了讲故事给别人听。从'三言两拍'到蒲松龄，摆出一个说书人的架势说书给别人听。这个时期短篇小说的创作实验也让我感觉到一个作家如果以说书人自居，应该是很舒服的一种感受。如果一个作家在写作的时候想到周围围绕着一大批听众，就好像用口来讲述给别人听，不过我是把嘴巴讲述的东西用笔记录下来而已。"①

在莫言的创作中，莫言总要以讲故事的方式结构小说，要么是小说中的人物讲故事，要么是一个作者化身的叙述者讲故事，但无论如何，总要以讲故事的方式进行。其中，人物讲故事时是使用第一人称，而叙述者讲故事时也往往使用第一人称，这些都与民间口头讲述故事的方式一致。民间讲故事的人往往是使用第一人称讲故事，而且为了提高故事的可信性，还要把发生在别的地方或者人的故事搬到与自己比较近的地方来。莫言曾经提到他的父亲给他讲述过一个力大无比的亲戚的故事，这个人一顿饭能吃半头牛，后来知道他们家根本就没有这样一个亲戚。莫言也由此悟出民间讲述故事的一个技巧："我父亲这样说，是为了增强故事的可信性，这其实

① 莫言：《我为什么写作》，《用耳朵阅读》，作家出版社 2012 年版，第 286 页。

是一种讲故事的技巧。后来创作小说《红高粱》时我借用了这种技巧。"①也不只是《红高粱》使用了这一技巧，莫言许多小说中都使用了这种技巧。他甚至歪曲了大江健三郎所引用《圣经》中的一句话——我是唯一一个逃出来向你报信的人。他认为大江健三郎引用这句话的意思是："我们做电影也好、搞文学也好，完全可以用这样自信的口吻来叙述，我是唯一一个报信者，我说黑的就是黑的，我说是白的就是白的，真正有远大理想的导演或小说家，应该有这种开天辟地的勇气，唯一一个报信者的勇气。说不说是我的问题，信不信是你的问题。"②莫言如此理解民间讲述故事的技巧和大江健三郎的话，促使他小说创作的虚构观念的建立和叙事技巧的形成。所以，莫言的小说中才有那么多的信誓旦旦的第一人称的用法，以至于有的论者认为莫言的创作具有"我向思维"的特点。

　　除了爱用第一人称，莫言小说中的故事还主要依靠口头文学传统的"说"的方式来讲述，"说"故事的方式几乎贯穿了莫言所有的小说创作之中，无论是短篇、中篇还是长篇。可以说"说"是莫言小说的讲述方式，并且形成了莫言小说独特的结构，有的甚至还反映出口头故事的传承特点。比如《神嫖》《二姑随后就到》《玫瑰玫瑰香气扑鼻》《马驹横穿沼泽》等小说。

　　我们以《神嫖》为例来看莫言的小说是如何讲述故事的，这里的关键是要搞清楚谁是故事的讲述者。先来看几个句子：

　　　　我的老爷爷十五岁时，就在这位季范先生家当小伙计，所以就有很多有关季范先生的轶闻趣事在我们家族中流传下来，大爷爷对我们讲述这些轶闻趣事时神采飞扬，

① 莫言:《用耳朵阅读》,《用耳朵阅读》, 作家出版社 2012 年版, 第 57 页。
② 莫言:《选择的艺术——大江健三郎与莫言、张艺谋的对话》,《碎语文学》, 作家出版社 2012 年版, 第 18—19 页。莫言后来对这句话的理解作了补充, 认为这句话的意思也包含"既要有坚持真理的勇气又要有忠诚的品格", 见《我是唯一一个报信人——2009 年 10 月在台北大江健三郎学术研讨会上的发言》,《莫言讲演新篇》, 文化艺术出版社 2010 年版, 第 313 页。

洋溢着一种自豪感，这自然是因为我的老爷爷给王家当过差。大爷爷每次给我们讲季范先生轶事时，开首第一句总是说：你们的老爷爷那时在季范先生家当差……①

这里的叙述者是"我"，由"我"转述"大爷爷"给"我们"讲述过的故事。在这篇小说中"我"的讲述占主要地位和篇幅。

老爷爷说季范先生家常年养着四个裁缝，一个制冬衣，一个制夏衣，一个制春秋衣，一个专门制鞋袜。……②

这是"我"转述"老爷爷"讲述的故事，其实也是"大爷爷"给"我们"讲述过的"老爷爷"讲述的故事。只是作者使用了一系列的"老爷爷说"引起下文，使得小说的叙述产生了是"老爷爷"讲述的错觉。这是莫言对口头文学传统的继承和创新。

大爷爷说，有一年春节，大年初一日，季范先生要嫖。大家都感到惊奇，好像天破了一样。……

大爷爷说我们的老爷爷常常给季范先生牵马，眼尖的婊子认出他来，笑着说：这不是季范先生的小催班吗？……

大爷爷说你的老爷爷骑着大红马，把车队引到季范先生家的大宅院的门前。……③

这是叙述者"我"转述"大爷爷"讲述的故事，有时又是以"大

① 莫言：《神嫖》，《与大师约会》，作家出版社2012年版，第81页。
② 莫言：《神嫖》，《与大师约会》，作家出版社2012年版，第84页。
③ 莫言：《神嫖》，《与大师约会》，作家出版社2012年版，第85、86、87页。

爷爷"的口吻讲述。

《神嫖》这篇小说主要是"我"在讲述"老爷爷"给"大爷爷"讲述过的季范先生大年三十嫖妓的故事，但是由于经常转换使用"老爷爷说""大爷爷说"这样的技法，看起来就好像有时候是"我"的讲述，有时候是"老爷爷"的讲述，有时候又是"大爷爷"的讲述。自由直接引语和自由间接引语的使用，使得本来简单的讲述变得错综复杂起来。但是无论他怎样变换，都能看出他的小说的结构深受民间口头讲故事方式的影响，他将"说"贯穿到自己的写作过程中并形成了特殊的小说结构。这篇小说也体现出"老爷爷"给"大爷爷"讲述故事，然后"大爷爷"再给"我"讲述"老爷爷"讲述过的故事，而"我"继续讲述"大爷爷"讲述的"老爷爷"讲述过的故事，体现出民间故事口耳相传的传承路径。《马驹横穿沼泽》亦是如此，由"爷爷"对"我"讲故事"说"起，"爷爷对我说——爷爷死去若干年啦——我对拖着黄鼻涕的孙子说"，"爷爷问他爷爷我问我爷爷我孙子好奇地问我"。反映出故事的传承路线是：爷爷的爷爷给爷爷讲故事，爷爷给我讲故事，我给孙子讲述同一个故事。

毋庸置疑，"说"在莫言的小说创作中至关重要，是了解莫言创作特点的一把金钥匙，"说"在莫言的小说创作中，既是叙事姿态，同时也构成了他的小说的叙事结构。莫言小说的结构貌似复杂，但他使用的是最简单的口头讲故事的方式，只不过在讲述故事时多要了几个花招。莫言正是通过这种"说"的结构，通过直述和转述以及蒙太奇的技巧，将小说的叙事传统和现代技法结合起来，使得小说兼具了传统和现代的特征。

莫言将影响他创作的民间故事分为两大类："一大类是关于鬼怪的故事。另一类就是历史人物英雄传奇。"[①]他说："鬼怪故事对我产生了深刻影响，它培养了我对大自然的敬畏，它影响了我感受世界的方式。"[②]他认为："民间把历史传奇化、神秘化是心灵的需要。

---

① 莫言：《与王尧长谈》，《碎语文学》，作家出版社 2012 年版，第 184 页。
② 莫言：《超越故乡》，《恐惧与希望：演讲创作集》，海天出版社 2007 年版，第 309 页。

对于一个作家来说，我更愿意向民间的历史传奇靠拢并从那里汲取营养。因为一部文学作品要想激动人心，必须讲述出惊心动魄的故事，必须在讲述这惊心动魄的故事的过程中塑造出性格鲜明、非同一般的人物，而这样的人物，在现实生活中是几乎不存在的，但在我父亲他们讲述的故事里却比比皆是。"[1]民间口头文学不仅为莫言提供了故事和素材，影响了他的历史观和世界观，同时也使他的小说蒙上了一种神话、民间传说的色彩，增强了他小说的传奇性。

我们知道莫言小说中插入的民间故事和众多的准民间故事自然增强和体现出他的小说与口头文学传统的密切联系，不仅如此，莫言的许多小说从整体上来讲也具有口头文学传统的特征，甚至有的小说整体上看起来就是一个民间传说故事，有的也能够看出神话故事的影响。我们仅以《秋水》和《马驹横穿沼泽》为例来论述莫言小说创作的这一特点。

《秋水》讲述了"高密东北乡"王国创建的故事，其实也是民间创世神话母题的文学表达。

> 据说，爷爷年轻时，杀死三个人，放起一把火，拐着一个姑娘，从河北保定府逃到这里，成了高密东北乡最早的开拓者……

> 爷爷钻出棚去，见有黄色的浪涌如马头高，从四面扑过来，浪头一路响着，齐齐地触上了土山，洼子里顿时水深数米。青蛙好像全给灌死了。荒草没了顶，只有爷爷的高粱和玉米还没被淹没。又一会儿工夫，玉米和高粱也没了顶，八方望出去，满眼都是黄黄的水，再也见不到别的什么。[2]

---

① 莫言：《用耳朵阅读》，《用耳朵阅读》，作家出版社 2012 年版，第 57 页。
② 莫言：《秋水》，《白狗秋千架》，作家出版社 2012 年版，第 204、206 页。

在这篇小说中我们看到"高密东北乡"在荒野中的草创,看到洪水,也看到了神秘的紫衣女人、白衣盲女、黑衣人,看到复仇。整篇小说将创世神话母题和传奇故事结合起来,笼罩着民间神话传说的氛围。

《马驹横穿沼泽》也是创世神话母题的另类表达。

> 很早很早以前啦,有一群人赶着一匹母马从南边过来,走进沼泽之后,母马生了一匹马驹子,红色的,紧接着母马就死了,就剩马驹自己了。那群人也死了若干,最后剩下一个小孩,男孩。男孩和马驹抱在一起,呜呜地哭起来,哭呀哭呀,把眼泪都淌干啦……①

小说的故事从一个世界的毁灭讲起,主人公经过千辛万苦,冒着生命的危险,终于横穿沼泽,小男孩和由小马驹变成的姑娘在龙香树下结为夫妻。"人种没有一个。遍地是没人深的野草,野草里隐藏着狼虫虎豹。他们搭起了草棚,开荒种地,打猎逮鱼,养鸡养狗。一年过去,草香生了一对双胞胎,两个男孩。又一年过去,草香又生了一对双胞胎,两个女孩"②。于是,一个新的人的世界开始创造、繁衍。这不正是人类创世母题的再次演绎吗?自然,从这部小说中也能够看出人兽婚类型民间故事的影响。

如果是一个神话传说,也许这篇小说的结局就应该是人类兴盛的开始。但是莫言对这种神化模式进行了颠覆,他在小说的结尾让兄妹媾和时被他们的父亲发现后开枪打死,而原来的由马驹变成的女人则重新变回马身被烟雾翻卷而去。整部小说留给人的则是"种的退化"的现代反思。但无论如何,"马驹横穿沼泽的故事就这样流传着……",这无疑是一部神话、一部传奇、一部寓言。

---

① 莫言:《马驹横穿沼泽》,《食草家族》,作家出版社 2012 年版,第 337 页。
② 莫言:《马驹横穿沼泽》,《食草家族》,作家出版社 2012 年版,第 342 页。

莫言小说创作与中国口头文学传统

通过以上论述，我们看到了莫言所受到的中国口头文学传统的巨大影响，可以说民间那些讲故事的人所讲述的故事以及他们所讲述的方法、所传递出来的价值观念都成为莫言后来走上写作道路之后的丰富资源。但是，民间的这些讲故事的人的讲述只是口头文学传统传播的途径之一，他们的讲故事也只是非职业性的，真正使讲故事走上成熟的是职业的说书人，这些说书人是口头文学承传的另一条重要途径，而且由于职业说书艺术水准的提高，直接促成了白话小说这种新的文体的产生。莫言的叙事才能，一方面受到了民间讲故事的人的影响，另一方面就是受到了传统职业说书人的影响。

第三章　说书传统的承继与发展

　　说书和神话、传说、民间故事、史诗、民谣、小戏等口头文学一样，是一种重要的口头文学类型。说书艺术作为口头文学传统在民间讲故事基础上的进一步发展，是口头文学成熟的形式，代表着口头文学的最高成就。它由民间非职业性的讲故事走上了职业性的讲故事，讲故事的水平更高，形式更为多样，最为重要的是产生了长篇的形式，反映在书面上则是话本小说和长篇章回小说的出现。职业性的说书是在一定场合即书场进行的一种典型的表演，具有一定的程式性，而其反映在书面小说上，使得小说也具有了说书的特点，具备这一特点的小说被称为"说书体小说"。话本小说本来就是说书的底本或者对说书的拟作，自然留下了说书的痕迹，而在明清发展起来的长篇章回小说有的本来就是在说书的基础上经由某些文人整合而成的，比如《三国演义》《水浒传》《西游记》《三侠五义》《隋唐演义》《说岳全传》等，自然深受说书的影响。即使那些由作者独立创作的章回小说，比如《金瓶梅》和《红楼梦》等，也没有摆脱传统说书的影响，特别是《金瓶梅》，本来就是"词话"，更是体现了鲜明的说书特征。可以说，中国的古典白话小说是在传统说书的基础上产生和发展的，中国古典白话小说的创作受到了说书传统的极大影响。传统说书中叙述者的说书姿态、说书口吻以及说书艺术的语言程式和结构特征等都在中国古典白话小说中得到了体现。

　　莫言作为深受中国口头文学传统影响的作家，他的小说创作自然受到中国说书传统的影响。少年时期潜移默化的浸染、走上创作道路后自觉地向传统回归的写作理念，都使得莫言在写作中自觉承继说书传统的创作经验。莫言说："我就是一个说书人，一个跟那些在过去的集市上，手拿竹板或鸳鸯板'耍贫嘴'混饭吃的人，没有本质的区别。"①又说:"我把说书人当成我的祖师爷。我继承着的是说书人的传统。这种继承,起初是无意的,到写《檀香刑》的时候,就成为明确的追求。"②

由于自觉或者不自觉的写作追求,莫言的小说中借鉴了说书传统的口吻、技巧、结构和语言等创作经验,但是,莫言又是一个经受了西方文学观念和技巧洗礼的中国当代作家,这又使得他对中国说书传统的继承有了复杂的面目,呈现出中西结合的特征,以至于和中国说书传统有着显著的区别。这就需要我们深入莫言小说的文本,仔细鉴别,深入考察,以求对莫言对中国说书传统的承继和创新作出精确的分析和客观的评价。

第一节 说书概念辨析:从口头讲故事到职业说书

"说书"这一概念虽然经常被人提起,但大家对于一个过于耳熟能详的概念反而往往不加注意,可能会想当然地根据某一种说书类型去界定说书的整体的概念,比如可能会将它与"评书""弹词""鼓书"等混为一谈,用部分代整体,结果是只见树木不见森林,从而不能准确地理解这一概念的内涵和外延。由于"说书"传统在中国古典白话小说中的重要作用,由于莫言对这一口头文学传统的深入思考和精心借鉴,需要我们对这一概念理顺廓清,以免在这一视界下分析莫言的小说创作时产生不必要的争议。

一、说书的起源

在讲到说书的起源时,陈汝衡在《宋代说书史》中说:"劳动

① 莫言:《〈生死疲劳〉是充满温情和希望的——与骆以军笔谈》,《作为老百姓写作:访谈对话集》,海天出版社 2007 年版,第 364 页。
② 莫言:《小说与社会生活》,《用耳朵阅读》,作家出版社 2012 年版,第 144 页。

后的片刻休息，闲谈消遣，人们就会把他们看到的、听到的，以及意识到的可惊可喜的人和事，包括大量神话在内，说给旁人听，成为讲故事的起源。"①当讲故事的技术越来越高明，"这时际，讲故事逐渐形成一种特殊艺术，产生了说书艺术的能手。最先，他们说给劳动伙伴听，经常局限在某一地区以内。后来他们到人多的地方去，到较远地方去，他们逐渐成为职业性的说唱艺人。这些民间的说唱能手，被封建领主、奴隶主和帝王知道了，就把他们罗致到宫廷和府邸中去，供他们饮宴之际享乐的需求"②。同时认为："人类是热爱听故事，也热爱讲唱故事的。尤其在辛勤劳动之暇，或农事余闲的时候，大家聚在一起，便有人讲唱故事，旁听的人聚精会神，兴高采烈。这些是经常遇见的，并且时间不论古今，都有这种现象。因此说书最早的记录，虽然仅见于隋唐之际，但并不是说隋唐以前没有说书的事。"③按照陈汝衡的观点，民间的说故事是说书艺术的源头，说书是说故事的发展和职业化的表现和结果，也说明了说书的民间性质以及说书由民间而宫廷的发展状况。

说书起源于民间说故事的说法得到了许多学界同行的认可。胡士莹认为："文艺发源于劳动，说话也是一样。早在远古时代，劳动群众就根据他们的斗争生活创作了大量地反映了人民理想的故事，……人民群众口口相传的说故事活动，是无限广阔、无限丰富的。随着社会分工渐臻细密，半专业、专业的说故事的人就在这基础上涌现出来。随着文字的产生，故事就被记录下来。这就是后世的'说话'的源头。""来自民间的说故事艺人的活动，是后来的'说话'的起源。"④可以说，胡士莹的说法和陈汝衡的说法如出一辙，提出说书与劳动的关系，提出说书是民间讲故事的职业化

107

和专业化，我们也可以认为民间的口头讲故事是非职业性的、业余的说书，那些讲故事的能手就是业余的说书人。钟敬文认为"评书和评话又称说书，起源于民间故事"①。卢世华认为："说话即讲故事。……中国的讲故事，可以分两个阶段：一是业余讲故事；二是专业讲故事（宋代称之为说话）。"②石昌渝认为："话本小说的本源是'说话'，'说话'源于说故事，说故事可谓源远流长。劳动之余休息时说故事就是一种很好的消遣手段。……这种自发的说故事在何时成为一门职业性的伎艺，则有待于新的资料发现来解决。"③盛志梅也指出："话本孕育于初民的讲故事活动，宋元以后发展为平话、演义小说。"④张军、郭学东认为："评书源于讲故事。应当说在各种说唱艺术形式中产生最早。"⑤滕利宁将说书的源头追溯至远古时期："事实上，人类产生语言以后，就可以讲故事，这就开创说书的先河。可以说，从远古直至周初，应为说书的萌芽时期。"⑥汪景寿等人则认为"古代的民间故事和寓言""可以说是微型评书"。⑦

从上述论述可以看出，民间的讲故事是说书艺术的前身，是说书的萌芽，是非职业性的、非专门化的、业余的说书。正是民间的讲故事才使得中国的神话、传说得以流传下来，而其讲述方式和精神内涵也影响着后来产生的小说。等到民间的讲故事真正成长为成熟的说书艺术之后，才为中国古典白话小说的产生提供了契机，而

① 钟敬文主编：《民间文学概论》，上海文艺出版社1980年版，第368页。
② 卢世华：《元代平话研究——原生态的通俗小说》，中华书局2009年版，第16页。
③ 石昌渝：《中国小说源流论》（修订版），生活·读书·新知三联书店2015年版，第229—330页。
④ 盛志梅：《中国说唱文学之发展流变》，中国社会科学出版社2013年版，第28页。
⑤ 张军、郭学东：《山东曲艺史》，山东文艺出版社1997年版，第254页。
⑥ 滕利宁：《评书源流初探》，选自《评书艺术论集》，春风文艺出版社1987年版，第29—30页。
⑦ 汪景寿、王决、曾惠杰：《中国评书艺术论》，经济日报出版社1997年版，第3页。

且它也规定和制约了中国古典白话小说的性质和特点。

二、说书概念

以上简要说明了说书的起源，现在来说说说书的概念，从概念中也可以看出说书与故事的关系。孙楷第认为说书即"隋唐以来习语"之"说话"，"说话谓讲故事"，"以故事敷演说唱，即后来之'说书'。曰'说话'，曰'说书'，古今名称不同，其事一也"，"'说话'之'话'，不作语言解，当故事解"。①吴组缃和沈天佑认为："唐宋时代的所谓'说话'，就是我们近代及现代的'说书'、说故事。"②由此可见，说书即"说话"，也即讲唱故事。胡士莹也认为："'说话'就是一个专用名词，主要指用口头语言敷衍故事专重讲说的伎艺，也就是后来的说书。"③胡士莹在提到说书的范围时说在中国北方除评书外，还有"大鼓、竹板书和子弟书，山东快书，河南坠子，以及后起的山东、苏北的琴书等等"，在南方除了评弹外，还有"扬州的弦词，浙江的南词、渔鼓，广东的木鱼书，四川的竹琴、相书等等"。④从孙楷第和胡士莹的观点，可以看出说书除了重讲说的之外，还有有说有唱、说唱结合的类型。胡士莹详细地写道："说书到清代，逐渐形成三种基本形式，各有特长。即：纯用散文的长篇说书（各地的评话、山东快书等）；韵散合组的长篇说书（鼓词、弹词、河南坠子等）；基本上纯用韵文的短篇说书（大鼓、单弦以及弹词、坠子的开篇等）。更重要的是全国各地都产生和发展了地方性的说书，种类繁多，互相交流融合，这就为我国说书事业的发展开辟了广大的领域。"⑤显然，胡士莹关于说书范围的界定也同时

莫言小说创作与中国口头文学传统

---

① 孙楷第:《沧州集》，中华书局 2009 年版，第 67、55 页。
② 吴组缃、沈天佑:《宋元文学史稿》，北京大学出版社 1989 年版，第 223 页。
③ 胡士莹:《话本小说概论》（上），商务印书馆 2011 年版，第 204 页。
④ 胡士莹:《话本小说概论》（下），商务印书馆 2011 年版，第 778 页。
⑤ 胡士莹:《话本小说概论》（下），商务印书馆 2011 年版，第 780 页。

说明说书的"唱"的要素。赵景深"以为说话可以有唱,例如小说中的诗词,但主体是说话,所说的必须是故事"。[1]

由此可见,说书就是讲故事,就是说唱故事,只不过有的只是纯粹的说,有的是说唱结合,有的重说,有的重唱。所以说书的类型也是多种多样,并不像有的人认为的只指只说不唱的评书。从马街书会和潍坊沙滩书会的举办上也可以看到说书所包括的类型。一年一度的马街书会每逢正月十三,各路说书艺人赶赴书场打擂竞技,"有评书、鼓书、坠子、三弦、琴书、道情、柳琴、乱弹、大调曲子……也有金戈铁马的武书,儿女情长的文书,反映现代生活的新书……"[2]。在潍坊著名的白浪河沙滩说书场摆摊说书的说书类型有"评词、莲花落、鼓书、梅花调、武老二、竹板书等"[3]。从这些现实中的例子也可以看出说书的概念和范围。所以,评书只是说书的一个种类而已。这是我们论及说书时可能会出现误解的一个最大的可能。

张军认为"说书艺术以讲唱述演故事为基本特征",山东的说书种类主要有:"山东琴书、山东大鼓、山东快书、山东渔鼓、山东落子、山东花鼓、山东八角鼓、山东柳琴、山东清音、东路大鼓、胶东大鼓、鼓儿词、评词、俚曲、三弦平调、谷山调、南城调、老四平调、莺歌柳书、临清琴曲、端鼓腔。"[4]相信莫言在高密东北乡的集市上和街头场地上有可能听到看到其中的一些说书,比如山东快书武老二、胶东大鼓等。自然,如果说影响的话,其他省市地区的说书形式也有可能影响到他,比如通过广播传播的刘兰芳、单田芳的评书,他们的评书在当时早就走进千家万户,在那个娱乐形式比较单调的时代,他们两人说书的影响几乎遍及

① 赵景深:《中国小说丛考》,齐鲁书社 1980 年版,第 75 页。
② 李微:《刘兰芳评传》,新华出版社 1993 年版,第 127 页。
③ 王进龙整理:《潍县沙滩说书场》,张军、郭学东:《山东曲艺史》,山东文艺出版社 1997 年版,第 284 页。
④ 张军、郭学东:《山东曲艺史》,山东文艺出版社 1997 年版,第 183、9—10 页。

莫言与当代中国文学创新经验研究

中国的每个角落。

　　自然，影响莫言的不光是这些集市上的或者收音机里的说书人的说书，还有莫言所看到的在说书基础上整合完成的中国古典白话小说特别是章回小说。据莫言所说，他在儿时就对《封神演义》等小说极为痴迷。正是集市上的说书人和古典白话小说的潜在影响，才有了后来的莫言的"大踏步撤退"，才有了他明确地要做一个站在中国大地上的说书人的写作理念。

三、莫言的文学观：回到说书传统

　　在第一章第二节"口头文学传统的自觉继承：讲故事的人"中其实我们已经涉及莫言的小说和说书的论题，因为说书就是讲故事，是说唱故事，做"讲故事的人"正是莫言的做一个说书人的另一种说法，只是莫言在后来的创作谈和演讲中越来越多地提到"说书"对他创作的意义。比如，他在《檀香刑·后记》《我的写作经验》《中国小说传统》特别是在获诺奖时所作的演讲《讲故事的人》中多次提到说书传统对他的影响。应该说当莫言的写作理念越来越清晰、追求越来越自觉之后，他对中国古典文学传统、对说书传统的追求便越来越坚定，而《檀香刑》《四十一炮》和《生死疲劳》等创作对说书叙事艺术的运用则越来越多和越来越成熟。说书传统是中国口头文学传统家族中的一个重要成员，但是它在莫言的写作中却成为越来越重要的一个命题，毕竟，中国古典白话小说的典范——话本小说和章回小说是在说书的基础上产生和发展的，而且无论在庙堂还是在民间对人们影响最大的也正是古典章回小说。莫言的"大踏步撤退"是向民间撤退，向古典白话小说传统撤退，向说书传统撤退，其实也就是向中国口头文学传统撤退。

　　莫言的这种观念起于二十世纪八十年代中后期。他在发表具有魔幻色彩的《金发婴儿》和《球状闪电》之时，也是新时期"寻根"思潮兴起之时，此时他"意识到一味地学习西方是不行的，一个作家要想成功，还是要从民间、从民族文化里吸取营养，创作出有中国气派的作品"①。而对莫言来讲，"整个中国新时期文学应以1989 年作为一个分界线。1989 年以前大家对文学热情很高，1989 年以后整个社会调整过来，进入商品社会，很多文人下海。文学突然从社会的热点、变得边缘了"②。加上《欢乐》和《红蝗》的发表，因其粗鄙文风、"感觉泛滥"和对神圣的亵渎等原因，莫言的创作在当时受到极大的批评，一时间莫言好像失去了写作的激情和方法，他的创作进入短暂的沉落期。后来在 1991 年春天，莫言去新加坡访问，与台湾作家张大春、朱天心等在饭店里讲故事，张大春对莫言所讲故事极感兴趣，莫言在这一年的暑假将这些故事写成了十六个短篇由张大春推荐在马来西亚、中国台湾发表，从而又激发了莫言讲述故事的信心。他在后来的一系列创作谈中多次提到自己要做一个当代的说书人，向说书传统回归。他声称自己"继承的是说书传统"，自己"与一个手拿鸳鸯板说书的人没什么两样"，认为"在写作时用说书人的姿态讲故事是很享受的事"，甚至说"自己在写作时想到周围围绕着听众"，而这正与说书先生写话本或章回小说时的心态是相通的。话本小说是在说书的基础上发展而来的，特别是那些本来就是为了说书而写的话本小说和章回小说更是如此。那些说书先生在写作时心中想象着围绕的听众，是拿笔做口，而莫言的写作姿态正与之相同。

当莫言向说书传统回归的写作理念建立之后，向说书传统汲取创作经验就成为他的自觉的创作追求，此时他的小说更是体现了说书传统的特色。这些特色体现在类书场的建立、叙述者说书的姿态和口吻，而说书传统有说有评的特点、故事的绿林色彩和传奇性质以及说书体的语言特征等在莫言的小说中也有鲜明的体现。我们首先从莫言小说中"类书场"的建立说起。

① 莫言：《与王尧长谈》，《碎语文学》，作家出版社 2012 年版，第 125 页。
② 莫言：《与王尧长谈》，《碎语文学》，作家出版社 2012 年版，第 136 页。

第二节　类书场的重建与异变

中国古典白话小说深受宋元说话伎艺的影响，它们在叙事艺术上的一个重要特点就是对说书场景的仿拟。在这些小说中，说书人的声腔口吻、程式套语、跳进跳出、与听众的虚拟交流等都留下了鲜明的烙印。此"类书场"的叙述格局如此根深蒂固，以至于在中国古典白话小说的历史中绵延了近千年之久。而如何突破说书叙述格局的影响也成为中国小说现代化的必然要求，在拟话本小说和章回小说中虽然不乏个别的探索尝试，但最终还是在五四时期得以完成。正如有的论者所言："五四小说做的最明显的事，是完全扔开了传统白话小说的拟书场叙述格局。"①可以说，从古典白话小说向现代白话小说转变的过程就是逐步挣脱说书窠臼的过程，是接受西方文学的影响构建新的叙事范型的过程，但也是一个追新逐奇、彷徨迷惘的过程。

莫言从不讳言自己的创作曾经受到过西方文学的影响，但是在众声喧哗、乱花迷眼的新时期，莫言有强大的自我，他很快认清并调整了自己的创作方向，他以当代说书人的姿态宣布向传统回归，向古典致敬。当然，这种回归，不是一成不变地回到传统说书的老路，而是在借鉴西方创作经验的前提下汲取中国传统的叙事智慧。在他的小说中我们既能够看到"类书场"的重建，同时也能够看到"类书场"的异变。正是由于"异变"，才使莫言的创作充满了十足的现代性，但也正是由于"异变"，才使得一些读者甚至评论家疑窦丛生，认为其与传统说书相距太远。我们希望通过文本细读，分析其叙事肌理，从而拨开重重迷雾，将莫言小说中的说书特点比较清晰地展示出来。

---

① 赵毅衡：《苦恼的叙述者——中国小说的叙述形式与中国文化》，北京十月文艺出版社1994年版，第43页。

一、叙述分层与叙述者说书身份的建立

莫言的小说大都含有多个叙述层次，而叙述者层次的存在以及叙述者层次的情景化、具体化和闲谈风格遮蔽了叙述者所叙故事层次的说书特征。

叙述分层较早是由热奈特提出，他说，"我们给层次区别下的定义是：叙事讲述的任何事件都处于一个故事层，下面紧接着产生该叙事的叙述行为所处的故事层"，又说，"从定义上来讲，第一叙事的叙事主体是故事外主体，而第二叙事（元故事）则为故事主体"。①这个所谓定义只是指出了一个叙述分层的事实，并没有为如何分层提供明确的依据，其"故事外主体"和"故事主体"的说法倒是很清晰，也比较好理解，对于我们理解叙述层次有很大的帮助，但是对于莫言的小说，"故事外主体"却也有自己的故事，这种层次分类也就不再方便使用。凯南提出："一个人物的行动是叙述的对象，可是这个人物也可以反过来叙述另一个故事。在他讲的故事里，当然还可以有另一个人物叙述另外一个故事，如此类推，以至无限。这些故事中的故事就形成了层次，按照这些层次，每个内部的叙述故事都从属于使它得以存在的那个外围的叙述故事。"②按照他的说法，如果故事中的人物再讲述故事，那么"故事"与"故事中的故事"则形成不同的叙述层。这就提出了叙述层的高低以及区分不同叙述层次的根据，就是"叙述者"。但凯南提出的不同层次的包容被包容的关系在分析某些具体作品时并不太合适，因为有的时候不同叙述层既有联系但也可能有较强的独立性，每个叙述层都有自己独立的叙述者和故事。其实，任何小说中的人物都可能讲出几个故事来，最为关键的是人物和人物所讲的故事是否有结构上

---

① （法）热拉尔·热奈特：《叙事话语　新叙事话语》，王文融译，中国社会科学出版社 1990 年版，第 158、159 页。
② （以色列）里蒙 - 凯南：《虚构叙事作品》，姚锦清等译，生活·读书·新知三联书店 1989 年版，第 164、165 页。

的意义并且这种结构是否形成该小说的一个重要特点，不然，这样的叙述分层就缺乏分析的意义。略萨关于"叙述者占据的空间与叙事空间之间的关系"①的空间视角理论给我们更大的启发，我们打算将莫言的小说主要划分为叙述者层次和叙述者所叙故事层次，尽管这样看起来有失简洁。之所以不用故事层次取代叙述者所叙故事层次，是因为莫言的叙述者也有自己的故事，和传统说书中的千篇一律的模式化的叙述者有根本区别。之所以不用框架理论和所谓大故事套小故事的理论，是因为用这种大小关系的包围结构来分析两个既相互分离又联系密切的层次关系不太理想。当然，叙述者所叙故事可能还有新的叙述者叙述故事从而产生更小的叙述层，但我们先将莫言的小说分为两个层次来分析，因为这样就可以将莫言说书的秘密和最大的特点揭示出来，而更小的叙述层次则不辩自明。

我们用叙述者层次和叙述者所叙故事层次来分析莫言比较复杂的长篇小说《酒国》。《酒国》是莫言比较得意和充满探索精神的作品，但就是这部现代性十足的作品，其说书特色却也无比明显。从叙述分层上来看，《酒国》比《生死疲劳》复杂，比《十三步》简单。这部小说的叙述者层是"莫言"（小说中的莫言）和文学爱好者李一斗的书信往来以及最终两者在酒国市猿酒节会面，叙述者所叙故事层分别是"莫言"正在创作的小说《酒国》和李一斗随信寄送的九篇小说。在叙述者层，文学爱好者李一斗仰慕作家"莫言"的大名，希望能拜在"莫言"门下从事小说写作。他给"莫言"写了九封信，每封信都附带了一篇小说。李一斗在信中表达自己对"莫言"的敬仰之情，大赞"莫言"的创作成就，同时诉说自己对文学的热爱，对小说写作的体会，并希望"莫言"能将自己的小说推荐发表。"莫言"在回信中分析评价李一斗的小说创作，将李一斗的小说推荐到《国民文学》杂志，可惜最终一篇也未能发表。最后"莫言"接受李一斗的建议为余一尺撰写自传并应邀到"酒国市"参加"猿酒节"。

① （秘鲁）马里奥·巴尔加斯·略萨：《给青年小说家的信》，赵德明译，上海译文出版社 2004 年版，第 49 页。

我们重点分析叙述者所叙故事层次，在这一层次重点分析的是李一斗所写的九篇小说，这九篇小说的叙述者是李一斗。我们的观点是叙述者李一斗的叙述姿态正是传统说书人的叙述姿态，其身份正如传统说书人的身份，理由是李一斗在小说中的说书口吻、说书的程式化套语的运用、说书结构的仿拟、叙述者叙述时说书人般的跳进跳出、传统说书人的指点干预和评论干预，对传统说书中"有诗为证"的化用等。以《驴街》的开头为例：

> 亲爱的朋友们，不久前你们曾读过我的《酒精》《肉孩》《神童》，现在，请允许我把新作《驴街》献给你们，请多多原谅，请多多关照。以上这些夹七杂八的话，按照文学批评家的看法，绝对不允许它们进入小说去破坏小说的统一和完美，但因为我是一个研究酒的博士，天天看酒、闻酒、喝酒，与酒拥抱与酒接吻与酒摩肩擦背，连呼吸的空气都饱含着乙醇。我具有了酒的品格酒的性情。什么叫熏陶？这就是。酒把我熏得神魂颠倒，无法循规蹈矩。酒的品格是放浪不羁；酒的性情是信口开河。[1]

这段话正如传统说书的"入话"。说书场上的说书行为是面向观众的表演，一句"亲爱的朋友们"开始了与"听众"的交流，而下面的议论交代正如说书的开场白，为"正话"的开始奠定了风格基础，其语言也呈现出传统说书的"如丸走坂，如水建瓴"[2]的滔滔之势。关于莫言小说语言的这一特点，我们在第五节将加以详细论述。

同样是《驴街》的一段话：

> 读者看官，你们也许要骂：你这人好生啰嗦，不领我们去酒店喝酒，却让我们在驴街转磨。你们骂得好骂得妙

① 莫言:《酒国》，作家出版社 2012 年版，第 142—143 页。

② 夏庭芝:《青楼集笺注》，孙崇涛、徐宏图笺注，中国戏剧出版社 1990 年版，第 151 页。

骂得一针见血，咱快马加鞭，大步流星，恕我就不一一对大家介绍驴街两侧的字号，固然每个字号都有掌故，固然每家店铺都有故事，固然每家店铺都有自己的绝招，我也只好忍痛不讲了。现在让我们把驴街两侧那些定眼望着我们的驴子们抛在一旁，直奔我们的目标。目标有大有小，我们的大目标是奔向"各尽所能，按需分配"的共产主义社会，我们的小目标是奔向坐落在驴街尽头、门口有一株碗口粗老石榴的"一尺酒店"。为什么叫做"一尺酒店"呢？请听我慢慢道来。①

在小说的行文中，"正话"部分一直都保持着叙述者的说书口吻，说书人与听众的沟通一如开始，语言恣肆不羁，无拘无束，随时以说书人的身份打断故事的进程跳出来议论，这些正是传统说书的重要特征。

传统说书的另外一个特征是有说有唱，韵散结合，孙楷第认为说书即"以故事敷衍说唱"②。说书的这种特点也是渊源于唐时盛行于庙宇内的俗讲变文，僧侣在讲经（或者经外故事）时，往往"唱经之后继以解说，解说之后继以吟词，吟词之后又为唱经。如是回环往复，以迄终卷"③。而唐时俗讲又影响了宋元说话艺术，当时的说话伎艺是讲唱结合的，清时出现了分化，有的说唱结合，有的散说为主，而现在我们所听到的评书即以说讲为主，但即便如此，传统说书里的诗赞词赋在现代说书里描写景物、刻画人物或者渲染打斗场面、抒发感情时也是必不可少的。这种说唱形式的变体在《酒国》里也得到了体现，比如《酒城》对美酒"云雨大曲"的赞美。"有诗曰"：

　　娘娘庙里久藏春，井水留香化为云。到底美人颜色

莫言小说创作与中国口头文学传统

---

① 莫言：《酒国》，作家出版社 2012 年版，第 147 页。
② 孙楷第：《沧州集》，中华书局 2009 年版，第 67 页。
③ 孙楷第：《沧州集》，中华书局 2009 年版，第 6 页。

117

好，造成佳酿迷煞人。

　　水为衣裳云做容，一丝不挂醉刘伶。饮罢云雨何须梦，胜过巫山一段情。

　　一杯云雨穿喉过，万般风景现世来。此酒只应天上有，人间哪得几次尝？①

　　这里的"有诗曰"正是传统说书中对故事中的事件、人物的评论或景物描写时"有诗为证"的用法。在莫言的其他小说中，对俗谚、民谣和戏曲的频繁使用体现了对传统说书中诗赞词赋用法的汲取，只是方法更为多样。

　　以上简要分析了《酒国》的叙述者层和叙述者所叙故事层，现在再来看两个叙述层之间的关系：交错进展，巧妙评论。虽然名为叙述者层，但叙述者亦有自己的故事，有自己的进展线索，它和传统说书中模式化的无自己故事的说书人截然不同。在整部小说的结构上，我们看到两个叙述层是交错前行的。整部小说共十章，前九章每一章四节，分别是叙述者的信件来往和两者的小说创作，只是顺序有时稍有出入。在小说的最后一章，貌似两个层面混合，讲故事的人和故事中的人物握手言欢，但其实不然，应该单纯视之为叙述者层次的故事。《酒国》的叙述层交错较为分明，整部小说的结构基本上比较明朗。与《酒国》相比，《十三步》的叙述层交错则极度频繁，毫无规律，这部小说鲜有人能够读懂也就容易理解了。值得注意的是，除却小说的最后一章，莫言小说中的叙述层交错和平时我们所说的叙述跨层是有着本质不同的，叙述交错只是不同叙述层交替进行，叙述层并没有混融到一起，而叙述跨层是两个不同的叙述层面有融合的地方，其中一个层面的人物进入另一个叙述层，比如《红楼梦》中的空空道人进入宝玉故事层面之中。

①　莫言：《酒国》，作家出版社 2012 年版，第 323、324 页。

"叙述分层经常能使上叙述层次变成一种评论手段，这样的评论，比一般的叙述评论自然得多。"[①]《酒国》中"莫言"和李一斗在书信中对文坛现状、创作方法特别是"酒国市"炮制婴儿宴的腐败残暴等黑暗的社会现状进行了精彩透辟的评论。而这样尖锐的批判如果不采用精妙的叙事结构也只能让人有哗众取宠之感，但莫言正是采用这种叙述分层，让小说中的人物去评论人物所讲述的腐败现象，拉大了作者和故事的距离，既达到了对社会的批判效果，同时让读者感到小说无穷的艺术魅力。

通过以上分析，我们看到莫言小说的说书技巧集中到叙述者所叙故事层面上，而且其说书特点极为明显。当然我们不能说叙述者层面就与说书特点无关，只是和叙述者所叙故事层面相比暗淡多了。但是，由于莫言小说中叙述分层这一障眼法，我们平时阅读小说的时候，由于关注叙述者层，或者被叙述者层分了心，往往就会无形中忽略叙述者所叙故事的说书特征，而两个层面的交错进展也进一步减弱了这一特征。此外，莫言小说中叙述者层中的叙述者还有自己的故事，比如《酒国》中"莫言"与李一斗两人各自的故事以及他们两人之间的故事，叙述者本身故事的精彩性进一步消减了叙述者所叙故事层的说书特征。这种特点正是莫言的创新之处，莫言借鉴传统并且突破了传统，在创作出新型叙述结构的同时取得了独特的叙述效果。

莫言的其他小说也可以用叙述分层的方法来分析。比如《四十一炮》的叙述者层是罗小通在五通神庙对大和尚讲述故事及当时的所见所闻，叙述者所叙故事层是罗小通给大和尚所讲述的故事；《生死疲劳》的叙述者层是大头儿蓝千岁和蓝解放的庭院闲谈，叙述者所叙故事层是他们两者各自讲述的故事（只是在小说的最后一部分新加入了一个新的叙述者"莫言"及其所讲述的故事）；《十三步》的叙述者层是笼中人和"我们"的交流，叙述者所叙故事层主

---

① 赵毅衡：《当说者被说的时候：比较叙述学导论》，中国人民大学出版社 1998 年版，第 77 页。

要是笼中人所讲述的故事;《蛙》的叙述者层是剧作家蝌蚪和杉谷义人的通信，叙述者所叙故事层是蝌蚪在信件附件中讲述的故事;《食草家族》之《玫瑰玫瑰香气扑鼻》的叙述者层是小老舅舅和大外甥在晒太阳时的交流，叙述者所叙故事层是小老舅舅给大外甥所讲述的故事;《藏宝图》的叙述者层是在饺子馆吃饭时的情景，叙述者所叙故事层是几个人讲述的故事;《扫帚星》的叙述者层是采访情景，叙述者所叙故事层是采访对象讲述的故事。莫言的其他作品在叙述分层方面也大都可以作如此分析。在这些作品中，我们都能够看到叙述者说书人的身份和叙述口吻。

当然，莫言也有一些不采用叙述分层的"直接"说书的小说，这集中表现在一些中短篇小说上，比如《红耳朵》《我们的七叔》《三十年前的一次长跑比赛》《良医》《茂腔和戏迷》《天花乱坠》等。这些小说的共同特点是叙述者"我"直接以说书人的身份讲述故事，往往结构简洁，也更能体现出莫言小说的说书特点，此处不再赘述。

二、"同故事"个性化的叙述者说书人

莫言小说中的叙述者以说书人的身份讲述故事，但是这一说书人与传统说书中的说书人有着根本不同，这体现在说书人和所讲述故事的关系以及说书人的个性化上。

传统说书人是一个位于故事之外的、凌驾于故事之上的叙述者。我们习惯上认为古典白话小说里的说书人是用第三人称，以全知口吻讲述一个与己无关的故事，也就是"异故事"。但是这里的第三人称的说法有待商榷，我们可以从郑振铎的貌似矛盾的说法看出这一问题。郑振铎有时认为说书人"讲的时候用第一身称或第二身称，以对话或讲演方式讲的"，有的时候又认为说书是"第三身称的讲话"。①我们认为产生这种矛盾看法的原因是说书人和故事

① 郑振铎:《中国古典文学文论》,《郑振铎全集》(第六卷), 花山文艺出版社 1998 年版, 第 165、207 页。

之间关系的改变，也就是常说的"跳进跳出"所致。当传统说书人跳出故事评论或与周围听众交流时，自称"说书的"时采用的是第一人称，称呼"看官"时采用的是第二人称，而当说书人讲述故事称呼故事中的人物时采用的是第三人称。由于程式化的存在，我们往往忽略了说书人的自称，而只关注他讲述故事时使用的人称，也就是第三人称。无论如何，传统说书人是站在故事之外讲述故事的。他虽然时时中断故事发表对故事的评论，但他本人却无法介入故事之内参与故事的进展。所以我们有时会看到像"若是说话的同年生，并肩长，拦腰抱住，把臂拖回，也不见得受这般灾悔，却叫刘官人死得不如:《五代史》李存孝、《汉书》中的彭越"①的句子，这些话正说明了说书人只能置身于故事之外。这种传统说书的程式化话语，只能用来表达说书人对故事中人事的感慨和看法，说书人本人是不能干扰故事中人物行为的，也无法替故事中的人物消灾解难。

而莫言小说中的说书人讲述的是自己的或与自己有关的故事，是"同故事"。莫言小说中的叙述者说书人本人就是故事中的一个人物，采用的也是第一人称叙述。他既是叙述者层的一个人物，又是自己所叙故事层的一个人物，有时是主角，有时是次要人物，有时可能只是一个旁观者，一个知情者。在讲述故事时，莫言小说中的说书人既在故事之外，又在故事之中。在故事之外，叙述者可以随意中断故事进行指点干预或者评论干预，这就赋予叙述者和传统说书人同样的控制权力。在故事之内，讲述的是自己的故事，从而获得了比传统说书人还大的天然的叙述权力，因为没有别人会比自己更了解自己。所以当我们看到莫言小说中的叙述者泥沙俱下、煞有介事地讲述着故事时就不必大惊小怪了。我们以《四十一炮》的罗小通的讲述为例。小说中的罗小通信心十足、言之凿凿但像一个"炮孩子"似的以信口开河的风格讲述自己的故事。值得注意的是，在引文中，我们看到叙述者对叙述接受者的称谓偶尔出现了变

---

① 冯梦龙:《醒世恒言》，天津古籍出版社 2004 年版，第 511 页。

化。小说中，本来是罗小通面对大和尚一个人讲述故事，所以我们看到了他对大和尚的称谓为"您"或者"你"，但是有的时候"你"变成了"大家"或者"你们"，第一人称的"我"则变成了"我们"。理论上讲，小说中听故事的人和人数并没有变，那么，对叙述接受者的称谓也不应该有所改变，这是莫言的无意的"疏忽"还是有意的"设计"？笔者认为，不管怎么说，正是这种"疏忽"，才体现了莫言小说中叙述者的说书惯性，虽然面对的是一个听众，但传统说书时面对一大群听众的说书口吻却在不知不觉中流露了出来。

而且，莫言的小说通过叙述者讲述自己的故事，更可能使读者产生真实性和亲切感，更易于产生共鸣。传统说书在说书场既可以靠语言声腔叙事抒情，又可以通过动作表情打动听众，而莫言小说的说书人通过第一人称讲述自己的故事，同样能够自然地达到传统说书人运用诸种表演手段达到的效果。

但第一人称的小说很多，并不是所有的第一人称的小说都具有说书特征，要将莫言的小说和它们区分开来。白之认为五四小说与古典白话小说的不同在于叙述者和作者的合一："一九一七年至一九一九年文学革命之后几年发表的小说最惊人的特点倒不是西式句法，也不是忧郁情调，而是作者化身（authorial persona）的出现。说书人姿态消失了，叙述者与隐含作者合一，而且经常与作者本人合一，这种最佳例是郁达夫:《沉沦》明显是自我剖露，几乎是一个浪漫叛逆者的裸露癖（exhibitionism）式的暴露。"[1]五四小说或者说具有现代性的小说与传统小说的主要区别就是叙述者的隐现程度有了差别。传统说书人在故事中跳进跳出属于半隐半现型的，而现代小说则主张并强调叙述者退出小说，保持完全隐身，这也是现代第三人称小说。当然我们知道这只是一个理想，因为作者无论怎样保持客观，读者总能在故事中感觉到叙述者声音的存在。但现代小说中还出现了另外一种情形，就是叙述者完全现身的第一人称的

① （美）西利尔·白之，《白之比较文学论文集》，微周等译，湖南文艺出版社1987年版，第155页。

小说，也就是叙述者和隐含作者合一的小说。并不是说中国古典小说没有第一人称小说，但主要是文言小说，白话小说直至晚清才出现了极为个别的第一人称小说。五四时期的第一人称小说特别是以郁达夫的小说为代表的所谓自我抒情小说，曾经风行一时，风光无限，堪与文学研究会的"为人生"的小说相颉颃。但是郁达夫类型的小说与莫言的小说有着根本不同。莫言的第一人称小说具有说书特点，郁达夫的小说则不是，关键不是人称，主要是叙述者和故事之间的关系。莫言的小说叙述者既在故事之外，又在故事之内，并且叙述者是以说书人身份讲述自己的故事。而郁达夫小说中的"我"一直在故事之中，只是将自己及自己的故事"展示"出来，并没有一个具有说书人身份的叙述者站在故事之外讲述故事，我们在他的小说里也看不到说书口吻。对于郁达夫的小说，我们好像是用一个录像机将一个人的生活流程完完全全地录下来并展示出来，在这个录像里没有一个置身事外的讲故事的人，而莫言的小说是将讲故事的人讲的情景和所讲的故事都录下来然后原原本本地展示出来。

　　传统说书人不仅仅是"异故事"的讲述者，而且他本身也只是叙述模式下缺乏个性的叙述者、公共道德的代言人。赵毅衡认为："中国白话长篇小说，无一不有程式化的拟书场格局作为超叙述。由于这格局无所不在每篇皆有，我们甚至感觉不到这是个有意安置的超叙述结构，以提供一个人物——说书的——作为叙述者。"[①]传统说书的超叙述层次是程式化的，以至于人们熟视无睹视而不见，同时这个叙述层次中的说书人也是程式化的、无个性的道具性的叙述者。虽然由于他的时时现身以显示他的存在，但由于他没有自己的故事和性格而仍然被读者所忽略。王德威提出："'说话人'并不是在'一'个作品中占据存在地位的一个独立的人格，而是先于作品而存在，且经常被中国古典小说家所召唤使用的一个叙事成

①　赵毅衡:《苦恼的叙述者——中国小说的叙述形式与中国文化》，北京十月文艺出版社 1994 年版，第 118 页。

规。"①在话本、拟话本或章回小说中，传统说书人例行公事般地叙述故事，本身并没有独立的个性展示，所持的也是公共认可的、主流所准许的道德观念。莫言的小说则不同。在莫言的小说中，它们的叙述者由于是故事中的人物，如罗小通、蓝解放、蓝千岁、李一斗、蝌蚪等人，他们都有自己独特的人生经历、价值观念，都是个性十足、特色鲜明的叙述者。这使得莫言小说中的说书人与传统说书人的身份有了很大区别，他们不仅承担着讲述故事的重任，也承担着塑造自身的重任。

传统说书人作为社会公共道德的代言人，是一个与隐含作者道德观一致的可靠的叙述者。但是莫言小说中的叙述者，由于个性十足，由于年龄、人生背景、性格差异、智力水平等原因，有时很难是一个让读者信任的可靠的叙述者。比如罗小通，他虽然已是成人，但身上挥之不去的孩子气、"炮孩子"的心态使他的叙述很难获得读者的认可，而智商低下的赵小甲的"傻话"更没有说服力，就连在阎王殿义正词严、喊冤抱屈的西门闹的话也让人疑窦重重。正是这些不可靠的说书人，才使得莫言的作品比传统说书体小说变化多端、意蕴深厚。

此外，传统说书体小说中只有一个说书人，而莫言的小说中则与此不同。莫言的小说有的也是只有一个叙述者，比如《我们的七叔》《天花乱坠》《四十一炮》等，这些小说主要是由"我"来讲述故事。但《生死疲劳》《檀香刑》《藏宝图》等则有多个叙述者说书人。这种多个叙述者说书人的文体外观，也为莫言小说的说书特点罩上了一层纱幕。

三、"说一听"模式的重建与突破

传统说书是说书人在集市街头、勾栏瓦舍里面对听众的说唱表演，由此形成了说书人"说"和广大听众"听"的"说一听"叙

---

① 王德威：《想象中国的方法——历史·小说·叙事》，生活·读书·新知三联书店1998年版，第82页。

莫言与当代中国文学创新经验研究

事模式。如果莫言的小说只是拥有说书姿态的叙述者，缺少这种"说—听"模式的重建，那么莫言小说的说书特征就不能够深入说书的叙事肌理，只不过，经过了现代创作观念洗礼的莫言将这一经典叙述模式作了匠心独运的改变。

先从"说"字说起。莫言的小说充满了"说"字句，比如"我爷爷说""大爷爷说""三爷说""许老头说""父亲说""我岳母说"，更有甚者为"传说里说"这种夸诞的大说特说。莫言小说里的故事都是由这些讲故事的人"说"出来的，这并不是强调莫言小说故事的来源，而是在小说文本中直接凸显了"说"这一叙述行为。这种"说"字句的突出，正体现了莫言说书意识的自觉和说书姿态的建立，也体现了莫言向民间口述传统汲取创作经验和创作资源的写作立场。我们在他的小说里经常会看到由"说""话说""却说""听咱家对你慢慢道来"引起下文，以"有话即慢，无话即快，简短截说""闲话少说""一夜晚景不提""这是后话，暂时不提""花开两朵，先正一枝""无巧不成书""书归正传"等程式用语指示干预；有时煞有介事地用"猛然看见""但见那""只听到"来引出令人惊奇的场景。传统说书用"正是"加诗句来议论的程式在莫言的小说里时有体现，只是形式上更灵活多样，比如"正是：打开两扇顶门骨，一桶茅台浇下来""可见是'大风刮不了多日，亲人恼不了多时'""这就叫无事胆不能大，有事胆不能小""这就像俗语说的那样：'老虎虽死，威风犹在'"等。而且在叙述描写时，莫言的小说从不避讳在传统说书中常用的一些词句，比如"自从盘古开天地，三皇五帝到如今""面若傅粉，唇若涂脂""眉如秋黛，目若朗星""急急如丧家之狗，忙忙如漏网之鱼""只恨爷娘少生了两条腿""说时迟，那时快"等。而像这样的句子如"风一程，火一程，不觉来到蛤蟆坑""钱广三步并作两步走，两步并作一步行，站在窗外，舌头舔破窗户纸，单眼往里这么一瞅，啊咦俺的亲天老爷来！屋里站着一个奇俊怪俊的大闺女""老天爷，这一下子可不得了了！只听到……""那真是：冷来好似在冰上卧，热来好似在蒸笼里坐，颤来颤得牙关错，痛来痛得天灵破，好似寒去暑来死去活来真难过"，这种说书程式用语和如水之流的风格的运用，在一般的小说里是犯忌讳的，但由于莫言小说无论从精神还是从形式上对说书传统的承继和创新，从整体上形成了一个大的"说书场"和说书氛围，这样的语言形式和风格显得水到渠成，自然而然，从而充分体现了莫言小说的说书特征。

　　莫言小说中不仅有讲故事的人的"说"，更有听故事的人的"听"，从而与传统说书的"说—听"叙事模式接续起来。比如《马驹横穿沼泽》中讲故事的人是"我"，听故事的是"孙子"；《玫瑰玫瑰香气扑鼻》中讲故事的人是"小老舅舅"，听故事的人是"我"；《扫帚星》中讲故事的人是"扫帚星"，听故事的人是"小记者"；《十三步》中讲故事的人是"笼中人"，听故事的人是笼子外的给他喂食粉笔的"我们"；《四十一炮》中讲故事的人为"炮孩子"罗小通，听故事的人为五通神庙的大和尚；《生死疲劳》主要是大头儿与蓝解放轮流讲故事，两者互为讲故事的人和听故事的人；《蛙》中讲故事的人是戏剧家蝌蚪，听故事的人是日本作家杉谷义人。莫言的小说大都为讲故事的人搭配了听故事的人，而且这些听故事的人和传统说书中听故事的人有所不同。在传统说书中，不仅讲故事的人是一个程式化的说书人，就连听故事的"看官"也是拟想听众，是模式化的、工具性的。莫言小说中的叙述者说书人是具体的、形象化的人物，上文已作了论述，莫言小说中听故事的人也是小说中具体的人物，有的人物还形象突出、个性鲜明。由于讲故事的人和听故事的人都是具体的形象化的人物，这就使得莫言小说中"说—听"模式和传统说书中的"说—听"模式有了根本区别，由此带来了小说叙事一系列的变化。

　　由于"说—听"双方都是具体的人物，也就使得说书形式从传统的独白型转变为莫言小说中的对话型，从单向灌输走向双向交流。传统说书中听故事的人如"列位听众""读者诸君"和讲故事的人"说书的""在下"等无名叙述者一样，是模式化的、无个性的代言人。在说书活动中，"说书的"和听众之间的交流是程式化的套路，是由说书的向听众进行单方面的道德训诫，尽管说书人有时会以设问的形式向假想听众提出问题然后自己回答，但听众并未真正地参加进故事的讲述中来，他们的交流其实是说书人唱的独角戏。但莫言的小说则不同，莫言的很多小说中的听故事的人都是具体的人物，他们处在共同的叙述者层，一起推动故事的发展，共同促使故事的完成。不仅讲故事的人讲述故事，听故事的人在听的过程中随时会插话、打岔，或者提出各种问题，或者对故事和人物发表自己的见解，有时听故事的人的插话甚至会左右故事的方向和进展，更有甚者，讲故事的人和听故事的人有时会轮流讲故事，他们的位置互相置换，互为讲故事的人和听故事的人。有时仅仅是叙述者层的情景展现就很打动人心，叙述者层本身的故事也和民间风光的描绘和民间朴素感情的渲染结合在一起，使得这一层次也成为整个故事的一条重要的线索。

　　传统说书是一个说书人面对许多听众讲唱故事，是一对多的单向灌输。莫言小说中的说书人和听书人有一对多的关系，如《麻风女人的儿子》《檀香刑》等，是一个人说多个人听。但莫言小说中的说书更典型的是一对一的关系，是一个人说一个人听，如《生死疲劳》《四十一炮》等。张志忠在《关于〈蛙〉的多重缠绕：莫言作品导读》中将《蛙》与《生死疲劳》和《檀香刑》作对比时提出一个非常有意义的问题："这种讲给一个人的故事和说书人那样讲给大众的故事之间有没有差异？比如说《生死疲劳》就是一种章回体的小说，是一个说书人讲的故事，《檀香刑》是一种戏剧体的故事，戏剧也好，说书人也好，预设的听众或者观众都是一大群的人。但是《蛙》是写给一个人看的小说，讲给一个人听的故事，这之间是不是有一些差异，会比较深入地倾诉个人心灵的尴尬和忏悔？这个我没有想好，但是讲给一个人听的故事在事实上最后还是用讲给一个人听的方式讲给大家听，这之间会是一种什么样的关系？"[1]一对一的讲述可能"会比较深入地倾诉个人心灵的尴尬和忏悔"的看法无疑是切中肯綮的，因为一对一的讲述，特别是《蛙》的书信体

　　① 张志忠：《关于〈蛙〉的多重缠绕：莫言作品导读》，《百家评论》，2013年第1期。

形式，容易形成私密性和亲和性的情境，这种氛围无疑有利于抒发叙述者的感情。要更好地理解莫言小说中一对一或者一对多的叙述特点和传统说书中一对多的叙述特点的区别，最好是和人物的具体化的特点相联系。在莫言的小说中，无论是一对一讲述的形式还是一对多讲述的形式，都和传统说书的"一对多"讲述的形式不同。由于"说—听"人物的具体化，他们的交流才更为直接自然。莫言的小说直接由听故事的人提出问题，随时插话打岔："这是不是真的呢？小老舅舅，外婆生前没明告你，你爹，果真是一个吃青草的男人吗？""马驹为什么要过沼泽？沼泽南边难道没有好草让它吃吗？"讲故事的人对听故事的人的问题直接应答。不像传统说书人先假定听众提出问题，"有的听众可能会问啦……"，然后作出回答"原来如何如何"，无疑多了一道程序。莫言小说中"说—听"叙事模式中双方人物的具体化，使得其说书形式从传统的独白型转变为莫言小说中的对话型，从单向灌输走向双向交流，这也是莫言对"说—听"经典叙事模式的丰富与超越。

第三节　跳进跳出，有说有评

艺谚云："有说无评，说书无能。""'说书唱戏劝人方儿'，是评书的优良传统"，"在着力刻画人物，讲述故事的同时，对书中的人情世态、名物掌故、是非曲直，都要随说随评"。[1]传统说书作为民间伎艺，在农村的街头广场、庙会集市，又或者都市的勾栏瓦舍、酒楼茶馆里说唱故事，供农人劳作后休息解乏，市民工作之余消遣娱乐，更重要的是在说书中评论历史、议论世事、褒贬人物，对广大农民和市民起着道德训诫、伦理灌输的作用。所以，在说书中，作为叙述者的说书人时时跳出故事，中断故事的讲述，对故事

---

① 庞立人、刘兰芳、王印权、庞立胜改编：《评书红楼梦·前言》，北京图书馆出版社 2005 年版，第 5 页。

或者故事中的人物进行评论，讲出一番道理。

说书传统的这种特点致使说书人在说书时"跳进跳出，一人多角"。"跳进跳出"揭示了说书人和故事的关系，有时候说书人站在故事之外讲述评论故事，有时候又要进入故事之中，扮演其中的某个角色，这就是所谓的"扮文扮武我自己，好似一台大戏"。由于这种特点，通过这种方式，形成了说书"有说有评"的特点。在说书中故事的重要性不言而喻，但是同时也要求说书人要有一定的历史知识，了解一定的风物人情，能对历史事件、名胜风物、人物功过等作出评论，又要求对社会、世事、伦理等具有自己的见解。在传统说书中我们能够看到，说书开始时要评论，中间多处评论，散场时又往往以诗歌评论作结。

"讲论只凭三寸舌，秤评天下浅和深。"[①]对于传统说书而言，评论的重要性不言而喻，说书人往往在讲故事的过程中中断故事，对故事中的人物、事件等作出评论。说书人对故事的介入让人时时感觉到一个讲故事的人的存在，这是传统说书的最大特点，而"跳进跳出"正是讲故事的人存在的重要表现。

可以说，叙述者介入故事进行评论是传统说书最为鲜明的特点之一。那么，莫言作为一个受到说书传统影响的作家，他在自己的创作中何去何从？要知道，作者介入评论的创作方法早已被现代小说的一些作家"扔入历史的垃圾堆了"。

一、莫言对作者介入的观点

从福楼拜开始，小说算是正式迈入了现代的步伐，而福楼拜给作家们的忠告就是作家"不该在作品中露面，就像上帝不该在大自然里露面"[②]。"福楼拜不主张作者用个人的调子、以主观的方法对他作品中的人物发表议论。在《包法利夫人》中，没有作者的谴责

① 罗烨:《醉翁谈录》，古典文学出版社 1957 年版，第 3 页。
② 转引自格非:《博尔赫斯的面孔》，译林出版社 2014 年版，第 187 页。

或赞扬。作者以冲淡、漠然、客观的态度处理主题。福楼拜也从不同读者打趣使他们开心，或者向他们进行说教。《包法利夫人》是第一部现代小说，而且仍然是一部客观小说的范例。"①福楼拜的追求客观的写作理念在二十世纪大行其道，"一些二十世纪批评家早已论称，叙述应该尽可能地'戏剧化'，要以场景代替概括并且掩盖叙述者的存在痕迹"②。进入现代以来，客观化写作成了小说创作的圭臬，这种写作理念强调作家在小说中"退场"，在小说中抒发议论则成为不合时宜的事。中国的现代小说是在西方的影响之下产生和成长的，五四小说与古典小说相区别的一个突出的表现就是对客观性的追求。中国的小说家们如果没有西方小说家的创作的先例，就好像不敢有什么突破，或者不知道如何突破。这里的原因很复杂，有文化的原因，也有政治的原因和社会的原因。无论五四时期还是"文革"后的新时期，中国的作家往往需要西方作家先行一步，然后跟进，然后寻求超越。所以一旦发现西方作家的有特点的写作，便惊呼"原来小说可以这样写"。这样说并不是对中国作家的贬低，而是中国作家所处时代使然，而且中国的作家很快就摆脱了模仿的阶段，创作出个性鲜明、民族性十足的成熟的作品。在进入新时期之后，中国作家对小说客观性的追求有增无减，"零度写作"一时风头十足，俨然成为一时的风潮。在时代大潮的裹挟之下，莫言自然也会受到这种创作理念的影响。那么，说书传统和西方现代创作理念能否融为一体，莫言应该如何抉择？

莫言在理论上同样不主张轻易作出评论："我不认为一个写作者可以随便对作品中描写的人和事作出评判，但假如要评判，那也应该使用一种不同流俗的评判标准。"③我们能够在莫言的小说中发

---

① （美）利昂·塞米利安：《现代小说美学》，宋协立译，陕西人民出版社 1987 年版，第 37—38 页。

② （美）华莱士·马丁：《当代叙事学》，伍晓明译，北京大学出版社 2005 年版，第 104 页。

③ 莫言：《文学个性化刍议》，《用耳朵阅读》，作家出版社 2012 年版，第 91 页。

现莫言的冷静、客观，莫言是和故事以及故事中的人物保持着有距离的写作的。莫言在自己的作品中，越是残酷的，越是能够引起读者震撼和痛苦的情景，越是显示出自己的"无动于衷"。在《丰乳肥臀》中，高密东北乡的瑞典传教士马洛亚的腿被鸟枪队成员用枪打瘸，眼看着自己心爱的女人、金童玉女的母亲上官鲁氏被几个鸟枪队员强暴，自己无法保护，遂含恨爬上钟楼后跳下摔死。但是，莫言对马洛亚之死的描写是："马洛亚牧师蹿出钟楼，像一只折断翅膀的大鸟，倒栽在坚硬的街道上。他的脑浆迸溅在路面上，宛若一摊摊新鲜的鸟屎。"①《红高粱家族》中余占鳌用剑刺死与母亲相好的和尚时正值溪边的梨花开放："他从和尚的肋下拔出剑来，和尚的血温暖可人，柔软光滑，像鸟类的羽毛一样……梨树上蓄积的大量雨水终于承受不住，噗簌簌落下，打在沙地上，几十片梨花瓣儿飘飘落地。梨林深处起了一阵清冷的小旋风，他记得那时他闻到了梨花的幽香……"②余占鳌杀掉单扁郎父子并将尸体拖到大水湾子时的场景描写也是冷静之至，一边是生有麻风病的单扁郎的尸体，一边却是"湾子里水平如镜，映出半天星斗，几枝白色睡莲像幻景中的灵物，袅袅婷婷静立"③。更不用说《檀香刑》中对阎王闩、斩首、腰斩、凌迟和檀香刑等刑罚的描写了，作者在描写这些刑罚的执行时都是客观的"再现"，丝毫看不出作者的感情倾向。我们看到，莫言在写作时只是将毛茸茸的真实记录下来，是保持了呈现式的原生态的写作。这正是真正的"零度写作"，也实现了福楼拜主张的纯粹客观的写作理念。

　　但是，莫言有时又好像是一个充满愤怒、具有强烈批判意识的作家。莫言对农民充满同情，他的《天堂蒜薹之歌》就是为农民抱不平的愤怒之作，《酒国》则对社会腐败现象表达了强烈的不满。所以，莫言也是一个对人类有着深刻思考和具有现代眼界的作家，我们在他的作品中能够感受到他的感情和态度。

① 莫言:《丰乳肥臀》，作家出版社 2012 年版，第 78—79 页。
② 莫言:《红高粱家族》，作家出版社 2012 年版，第 98—99 页。
③ 莫言:《红高粱家族》，作家出版社 2012 年版，第 100 页。

因此，莫言是一个复杂的作家，我们在他的作品中能够感觉到作家的声音，能够看到作家的介入。莫言在对于自己笔下人物和事件保持一定的距离，保持了充分客观的前提下，又巧妙地利用了一切方式介入小说。我们能够在他的作品中看到许多精彩的评论，比如他对"种的退化"的议论，对于高密东北乡"藏污纳垢"的复杂性的评论，对于人性复杂性的评论。为什么莫言小说中有这么多的评论？他是如何既做到现代文学所主张的"作者退场"的理念，同时又做到对这个世界发表评论的立场的？

莫言正是从说书传统中汲取了创作经验而做到这一点的，他从说书传统的"跳进跳出""有说有评"等创作经验中看到了在作品中抒发评论的可能性而又不被读者所反感，他能够在自己的小说中做到自然而然地评论和介入。莫言的善用客观的场面描写来书写痛苦的场面，这是莫言对于"客观性理论"的现代理论的汲取，但是，他的说书技巧又使得他的介入随处可见。这正是莫言作品的复杂之处，既不同于现代作家纯然客观，又超越传统说书人的评论方式。

下面我们来看莫言在小说中是如何介入评论的？

二、"跳进跳出""有说有评"的途径

（一）第一人称回忆视角的便利

在说书中，说书人对于一些重要的现象、事件或者人物的行为进行评价时说书人就要跳出故事，以一个局外人的身份对故事表达自己的态度和见解。从人称上来讲，传统说书中的讲故事是在第一人称和第三人称中灵活转换，当跳出议论时是采用"说书的"这种第一人称的变体来进行的。

莫言的小说喜用第一人称，以作家出版社2012年出版的莫言全集为根据，莫言的短篇小说共75篇，第一人称小说48篇，占全部短篇小说的64%；中篇小说25篇，第一人称的为13篇，占52%；长篇小说11部，除了《十三步》和《酒国》，其他几部主要

是采用第一人称。①而这些第一人称的叙事又以追忆模式为主，即使不是追忆，也大多是讲述过去的事，比如插入的一些故事，往往用"话说"或"说"讲起。莫言小说的第一人称追忆式叙事模式为讲故事的人的现身评论提供了方便。莫言的这种叙事方式与传统说书中的"在下""不才小子""俺"的现身评论有异曲同工之妙，区别在于一为对外在于己的故事的评论，一为对和自己相关的故事的评论，这使得莫言小说中的叙述者在跳进跳出时进行议论更为自由灵活，因为叙述者在讲述"自己"的故事或者"自己"家族的故事时，遇到令人感叹的事件然后进行抒发感情和作出评论更为自然。我们看到《红高粱家族》中"我"这个说书人不断现身，对故事中的人和事作出叙述和评论。小说开篇在交代"父亲"跟随"爷爷"穿越高粱地去墨水河伏击日本人的汽车队之后，就对高密东北乡及高密东北乡的"土匪"作出了"不同流俗"的评论："高密东北乡无疑是地球上最美丽最丑陋、最超脱最世俗、最圣洁最龌龊、最英雄好汉最王八蛋、最能喝酒最能爱的地方"，"他们杀人越货，精忠报国，他们演出过一幕幕英勇悲壮的舞剧，他使我们这些活着的不肖子孙相形见绌，在进步的同时，我真切感到种的退化"。②这些开篇评论是整部小说的总主题，表现了"我"对故乡和家族的复杂感情。而随着故事的进程，作为要对自己的家族树碑立传的"我"不时被祖先的英雄壮举所打动，被他们的野性蒙昧所震撼，情至浓时，感慨之余自然要作出评论。对于余占鳌和戴凤莲在高粱地的野合，发出了"两颗蔑视人间法规的不羁心灵，比他们彼此愉悦的肉体贴得还要紧"的赞叹，面对别人对"我奶奶"的流言蜚语，深信"她老人家不仅仅是抗日英雄，也是个性解放的先驱，妇女自立的典范"。传统说书以第三人称叙述故事，在评论时往往以第一人称

莫言小说创作与中国口头文学传统

---

① 莫言小说长篇小说中，属于比较严格的第一人称叙事视角的有《红高粱家族》《红树林》《四十一炮》《蛙》,《天堂蒜薹之歌》《食草家族》《丰乳肥臀》《檀香刑》《生死疲劳》的主要部分是第一人称，但也包括其他人称。

② 莫言:《红高粱家族》，作家出版社 2012 年版，第 3—4 页。

的身份现身，而莫言小说的第一人称追忆式叙事模式与之异曲同工，而且使得评论与故事浑然融为一体，读者不会觉得故事的连贯性因此而断裂。

莫言小说中介入的评论自然少不了一些家长里短的议论，但更多的是"非同一般"的议论，是现代精神的体现，和传统说书中的道德伦理的教条的训诫不同。《红高粱家族》《四十一炮》《生死疲劳》《二姑随后就到》《蛙》等小说中插入的故事以"话说""说"引起下文，以现在的"我"对过去的"我"的故事进行评价，这种追忆视角赋予"我"现代的精神视界。当"我"以现在的"我"讲述过去的"我"的故事时，已然采用了新的眼光审视过去的"我"，在思想境界方面更高出一筹，而且在叙述中插入"我"的人生感悟、"我"的悔恨或者骄傲等也就显得极为自然。

过去时态的使用，使得叙述者对过去无所不知，从而赋予叙述者天然的评论的权利。比如《红高粱家族》等作品中以"我现在想"等话语引出评论："我现在想，如果那天面对着二奶奶辉煌肉体的不是一个日本兵，二奶奶是否会免遭蹂躏呢？不，不会，当一个雄性兽人单独在一起的时候，由于没有必要猴子戴帽，他会加倍疯狂，他会脱掉那些刺绣着美好文章的楚楚衣冠，像野兽一样扑上去。在一般情况下，强大的道德力量会威逼着生活在人群中的野兽用漂亮的衣服遮掩住它们遍体的硬毛，稳定和平的社会是人类的训练所，正像虎豹豺狼在笼子里关久了也会沾染上部分人性一样。会不会啊？会？不会？会不会？我若不是男人，我若手中握有杀人的刀，我要把天下男人都杀尽！也许那天只有一个日本兵面对着二奶奶的肉体，也许他会想起他的母亲或妻子，想到此他也许会悄然而去，会不会啊？"[1]因为现在讲述过去的故事，自然可以有现在的想象，可以对过去的事件作出评论，这是符合常理的事。所以莫言经常中断故事的讲述，插入自己对某些事件的见解评论，甚至讨论。《红高粱家族》《四十一炮》《生死疲

① 莫言：《红高粱家族》，作家出版社 2012 年版，第 316—317 页。

劳》等都是极为典型的。这时的跳出故事的议论甚至让人感觉不到跳出故事，就是因为这种第一人称的追忆对于过去的评论的先天优势，而且莫言的议论大多是对极为特殊的事件，发出"不同寻常"的议论。

（二）"说—听"叙事模式的创新为介入评论带来的便利

传统说书中说书人在讲述故事的过程中有的时候会停下来和观众交流，可以对一些风物掌故或者历史知识进行解释说明，可以对一些事件和人物进行评价，从而实现传授知识和道德训诫的目的。有的时候还可能以观众的口吻提问，然后自己进行解答，传统说书就在这种"说—听"叙事程式中完成了介入评论的功能。莫言的小说也往往设置这种叙事模式，有关内容在上一节已经论及，这里只对莫言小说如何利用这种叙事模式介入评论作进一步阐释。

《生死疲劳》采用的是莫言小说中比较典型的"说—听"叙事模式，这部小说最重要的就是两个叙述者蓝解放和大头儿蓝千岁在院子里唠嗑，回忆过去。大头儿蓝千岁是西门闹的第六次转世轮回，终于轮回为人，尽管是一个患病的大头儿。小说中两人回忆了从二十世纪五十年代一直到世纪末的半个世纪的历史，两个人轮番讲述过去的故事。在故事的讲述中，讲故事的人可以发表自己的看法，同时听故事的一方也可以打断对方的讲述，插入自己的评论，两人由此形成讨论，一起对过去表达自己的态度和观点。比如"接下来我对你说，与我西门驴同年同月同日生的那个蓝解放，也就是你，你知道他是你就行，为了方便我还是说他——他已经五岁有余，随着年龄的增长，脸上那块痣越来越蓝。这孩子相貌虽丑，但性格开朗，活泼好动，手脚不闲置，尤其是那张嘴，几乎一秒钟也不会闲着。他穿着与同母异父的兄弟蓝金龙同样的衣服，因为个头不及金龙高，衣服显大，下卷裤腿，上挽袖子，看上去有一股匪气。但我深知这是个心性善良的好孩子，但几乎不讨所有人喜欢，我猜想，大概与他的多言和脸上的蓝痣有关"[1]。从这段类似传统

----

① 莫言:《生死疲劳》，作家出版社 2012 年版，第 67 页。

说书对人物的开脸评论中可以看到《生死疲劳》虽然是两个人面对面地讲述往事，但他们为了讲述的"方便"还是使用了第三人称，也正是说书人说书时最为常用的人称。只是在讲到关键处时，又以面对面交流的方式用第二人称发出议论。再比如"我是超脱的，但蓝解放因为酷爱黄互助而黄互助不爱他深陷在痛苦与嫉妒之中。这也是你将我一鞭从树上打下来然后又像一个凶残的刽子手毒打刁小三的根本原因。现在回首往事，你是不是也会感到，当初让你痛苦万端的情感，与后来的事情相比，显得有点微不足道呢？而且，世事难料，姻缘天定，命中注定是你的人，终究是你的人""蓝解放，你为了爱情，不要前途，不要名誉，不要家庭的行为，虽然为大多数正人君子所不齿，但还是有莫言那类作家为你唱赞歌。但母亲死后，你不回来奔丧，如此忤逆不孝，恐怕连莫言那种善于讲歪理的人，也难为你开脱了"。①这种"现实"中的"说—听"模式就比传统说书中特别是说书体小说中"类书场"中的虚拟的"说—听"模式在介入评论上更为自然，也更为自由、更为方便。没有人觉得两个讲述者在讲述故事的过程中中断故事进行抒发感慨和评论有什么突兀的地方，有时候正因为这些评论才使得故事的讲述更为自然。而且也正是故事的中断，一方面调节了故事的节奏，另一方面也让读者意识到故事的叙述者的存在，意识到故事和故事的讲述者的两个世界，这也是传统说书的两个世界的另一种表现，莫言使之生活化、自然化了。

在莫言的小说中，由于"说—听"模式的建立，说听双方形成真正的双向交流，使一些问题可以互相探讨而不是像传统说书那样由说书人单方面提供答案，尽管传统说书表面上会作出探讨的姿态但其实还是说书人的自说自话。莫言的说—听对象是平等的，由于莫言小说中说书场的特殊性和闲谈风格，有利于人物之间推心置腹，从而有利于进入人物的内心世界。而传统说书人是权威，是代言人，没有交流探讨的余地。在莫言的小说中，即使是一对多的关

① 莫言:《生死疲劳》，作家出版社 2012 年版，第 268、520 页。

系，多个听故事的人也可以同时发表对故事的看法。所以莫言的说书无论是一对一的形式还是一对多的形式，都形成一种众声喧哗、平等交流的局面。同时，这种说—听人物的具体化、闲谈风使得指点干预和评论干预也更自然、更感情化了，使读者阅读时并不会产生道德训诫的感觉。如赵毅衡所言："叙述干预在五四已经被认为过于强加于人，但如果由一个人物变成的叙述者作的干预就不至于过于聒噪。"①叙述者和叙述接受者的人物化让莫言小说的评论功能得到了自然的淋漓尽致的发挥。

在莫言的小说中，无论是第一人称追忆模式中的议论，还是"说—听"模式之中的议论，都是小说中"人物"的议论，这就为作者的评论加上了一层保护色，使读者感觉不到道德训诫的意味，引不起读者的反感。

此外，书信、俗谚和诗歌的运用为莫言小说中的评论提供了更多的途径和自由。"在十八世纪中叶，理查森通过书信发现了小说的新形式，人物在信件中坦白他们的想法与情感。"②书信的私密性和自由性，使讲故事的人可以随时打断故事的讲述，袒露自己的内心世界，直接表达对故事中人物和事件的态度和立场。莫言的《蛙》正是借助书信的这种便利，才能够对人物忏悔心理进行细致入微的剖析，对计划生育政策对人性的戕害及其历史合理性进行深入的评价，而这种叙述者的自由干预并未因此而损害小说的艺术性。《酒国》中也穿插有"莫言"和文学爱好者李一斗的通信，通信内容是莫言对李一斗九篇小说的点评及李一斗的反馈。信件的出现一方面使小说的结构错综复杂，另一方面也使得小说的批判性更含蓄内敛，《酒国》能够发表，也许得益于这样的结构。利用诗词进行评论是传统说书的一大特点，说书开篇往往就是开场诗词，或论历史事件，或论世态人情，并由此"入话"。在说书的过程中，经常用

① 赵毅衡：《苦恼的叙述者——中国小说的叙述形式与中国文化》，北京十月文艺出版社 1994 年版，第 132 页。
② （捷）米兰·昆德拉：《小说的艺术》，董强译，上海译文出版社 2004 年版，第 31 页。

"正是 + 诗词"的程式对小说中的人物和事件抒发议论。莫言小说中的俗谚、快板、儿歌、民谣等诗歌形式也执行了这一评论的功能。比较典型的是《天堂蒜薹之歌》，每一章的开篇均有民间艺人张扣的唱词对天堂县蒜薹事件的评论，但传统说书中开篇诗歌大多与说书内容相关，而张扣每章的唱词和唱词之下的内容并没有直接联系，不过这些唱词自成系统，将这些唱词串联起来就能了解整部小说的主题。关于俗谚、诗歌、民谣等在小说中的作用，在本书第四章会详细论述，这里只是点到为止。

第四节　莫言小说中的绿林传统与英雄传奇人物

讨论这个问题之前，让我们先从宋时"说话"的家数说起。关于"说话"家数的分类，主要根据灌圃耐得翁《都城纪胜》、吴自牧《梦粱录》中提到的"四家"说，其他也参考孟元老《东京梦华录》、西湖老人《西湖老人繁盛录》、周密《武林旧事》、罗烨《醉翁谈录》等提到的宋时百戏伎艺。但由于前述各著对"四家"并没有明确界定，导致"说话"的家数至今没有达成一致的见解。王国维认为"《都城纪胜》谓说话有四种：一小说，一说经，一说参请，一说史书"[1]；鲁迅认为"'说话'分四科：一、讲史；二、说经诨经；三、小说；四、合生"[2]；胡适认为"南宋时代的说话人有四大派，各有话本：（1）小说、（2）讲史、（3）傀儡、……（4）影戏"[3]；胡士莹认为是"小说、说铁骑儿、说经、讲史书"[4]四家；孙楷第认为是"小说、说经、讲史书、合生和商谜"[5]四家；赵景深的结论是

---

① 王国维：《宋元戏曲史》，上海古籍出版社1998年版，第28页。
② 鲁迅：《中国小说的历史的变迁》，《鲁迅全集》（第9卷），人民文学出版社2005年版，第330页。
③ 胡适：《胡适古典文学研究论集》（下），上海古籍出版社2013年版，第573页。
④ 胡士莹：《话本小说概论》（上），商务印书馆2011年版，第139—140页。
⑤ 孙楷第：《沧州集》，中华书局2009版，第61页。

"以小说、说经（附说参请）、讲史以及说诨话为四家"①这些分歧主要源于后两家，而真正与现代小说相关的是小说和讲史两家。讲史是说"历代书史文传，兴废争战之事"②，小说主要包括"烟粉、灵怪、朴刀、棍棒、公案、神仙、妖术"③七种类型。在此基础上，后来的说书和说书体章回小说发展为历史演义、英雄传奇、神魔小说和公案侠义四种主要类型。但这种分类只是说明了每一类型的主要特征，其实具体来看，每一种类型都有其他种类的因素在内。比如历史演义中的《三国演义》《隋唐演义》不乏神魔和侠义因素，英雄传奇如《水浒》《说唐》《说岳》《说呼》《说罗》《说薛》等也有说史、公案、神魔因素，而神魔小说如《封神演义》《西游记》《济公传》也蕴含历史、侠义、英雄传奇色彩。

无论如何，这些传统说书书目或者在说书基础上整合与创作的话本小说特别是说书体长篇章回小说，它们的草莽英雄、传奇色彩极为显著。这些英雄人物敢于"以武犯禁"，路见不平、拔刀相助，或者劫富济贫、锄强扶弱，他们常常因为官府欺压、走投无路而不得不落草为寇，占山为王，他们以自己的方式追求和实现心目中的公平正义，从而形成了中国民间的绿林传统。而山东自古多豪杰，陈寅恪曾经指出："隋末唐初之史乘屡见'山东豪杰'之语，此'山东豪杰'者乃一胡汉杂糅，善战斗，务农业，而有组织之集团，常为当时政治上敌对两方争取之对象。"④就山东说书传统来说，"与江南一带的民间艺术相比，它们演唱'才子佳人'相对少，而演唱山东古代英雄故事相对多"⑤。借助于耳朵的阅读，也凭借眼睛的阅读，莫言受到说书传统的影响，他的小说创作对于历史演义、英雄传奇、神魔小说、公案侠义等类型的小说有着承继关系。正如我

① 赵景深：《中国小说丛考》，齐鲁书社1980年版，第79页。
② 吴自牧：《梦粱录》，孟元老等《东京梦华录》（外四种），中华书局1962年版，第313页。
③ 罗烨：《醉翁谈录》，古典文学出版社1957年版，第5页。
④ 陈寅恪：《陈寅恪史学论文选集》，上海古籍出版社1992年版，第305页。
⑤ 魏建、贾振勇：《齐鲁文化与山东新文学》，湖南教育出版社1995年版，第57页。

们经常所说的莫言有写史冲动，他的小说具有浓厚的魔幻色彩。但是，莫言的小说更是有着草莽英雄和传奇侠义的特征。鉴于莫言的写史冲动和魔幻特色已经有人进行了充分论述，我们这里只就莫言小说中体现的绿林传统和英雄传奇特征进行深入探讨。

一、绿林世界的开辟——想象的高密东北乡

"绿林"本为地名，湖北当阳有绿林山，王莽新政时期王匡、王凤等人因不堪忍受官府欺压而在此占山为王，啸聚山林，展开了对抗官府的斗争，后来泛指行侠仗义、聚义反抗、替天行道的英雄豪杰、草莽好汉甚至强盗土匪以及武装集团。邵雍在其专著《中国近代绿林史》中认为："绿林一词，作为正面符号是'好汉'，作为负面符号是'盗匪'，在中国已有近两千年的历史"，"绿林在各地有不同的称谓。如东北的胡子、马贼、山林队，陕西山西的刀客，河南的杆匪，山东的响马，四川的棒客，广东的大天二等。又依自然地理环境的不同有山匪、湖匪、海匪等名目。从组织系统来分又有土匪、会匪、神兵、教匪、兵匪、绅匪、官匪等等"。[①]从邵雍对"绿林"的阐释，可以看出这一概念所指的复杂性。而莫言在自己的小说中就为那些"既英雄好汉又王八蛋"的草莽英雄构建了一个好事做尽坏事做绝的绿林世界——高密东北乡。高密东北乡宛如山东好汉水浒英雄会聚的梁山泊，无疑是中国文学同时也是世界文学中最为夺目的一个神奇的所在。

莫言好友张世家在《莫言与我和高密》中写道："莫言笔下的高密东北乡，位于胶河下游，在高密、胶县、平度三县交界之处，面积约有八平方公里。此处地势低洼，内有胶河、胶莱河、墨水河、顺绥河、郭杨河贯穿东西。每年汛期到来下游的水直往这里灌压，时常发生涝灾。山高皇帝远，这儿也历来是个三不管的地方，颇有点水泊梁山的味道，为了生存和糊口，我们的祖先在这里种下

①　邵雍：《中国近代绿林史》，福建人民出版社 2004 年版，第 1—2 页。

了一片片红高粱。每到夏秋季节，一望无际的青纱帐，也为一批钢骨铮铮、土生土长的英雄好汉们提供了活动场所，他们为了改变自己的命运拉帮结伙，在这无边无际的高粱地里神出鬼没，牵驴绑票，杀人越货，杀富济贫，坏事做绝，好事干尽。连当初国民党正规部队不敢碰的日本鬼子的汽车，他们也敢动敢抢敢烧。"[1]山东师范大学教授也是莫言的资深研究者杨守森对于高密人的性格特点和高密的帮伙（土匪）有过说明："高密人富于血性。清末，已经载入民族史册的高密西乡民间英雄孙文，率众起事，手持大刀长矛，反抗朝廷，迫使胶济铁路改道，曾使不可一世的德国人闻风丧胆。民国以来，国势倾颓，时局动荡，豪强纷起，'有枪便是草头王'，张步云、蔡晋康、曹克明、高仁生、冷关荣及各路大小帮伙，以高粱为屏帐，纷起于四乡八疃。其中，既有专干打家劫舍勾当的流氓无赖团伙，也有志在报国，曾与日本侵略者浴血奋战，创建了一系列惊心动魄业绩的民族好汉。"[2]现实高密东北乡的地理环境、政治形势、人情风俗、好汉的义举与土匪的猖獗正是莫言小说中的高密东北乡这一文学王国构建的基础。

莫言的《秋水》开始了高密东北乡文学地理的创建。那是"我爷爷"和"我奶奶"杀人放火后逃到这个荒无人烟的地方，通过开垦土地、捕鱼狩猎创建了自己的领地。《马驹横穿沼泽》也是一个男孩和一个马驹变成的少女结为夫妇开创了一个崭新的世界。莫言的长篇小说《丰乳肥臀》则通过上官鲁氏之口再次给我们讲述了高密东北乡王国的创建。在莫言的小说中，高密东北乡有着一望无际的沼泽、荒草甸子、黄麻地、灌木林，在秋天更是洸洋成血海的红高粱。这种地理环境、生物环境、政治环境和追求自由野性的齐文化为高密东北乡的土匪一样的草莽英雄的产生和活动提供了天然屏障和伦理观念的基础。正如莫言所说的："高密东北乡的土匪种子

① 张世家：《莫言与我和高密》，贺立华、杨守森编：《莫言研究资料》，山东大学出版社 1992 年版，第 58—59 页。
② 杨守森：《作家莫言与红高粱大地》，贺立华、杨守森编：《莫言研究资料》，山东大学出版社 1992 年版，第 44 页。

绵绵不绝，官府制造土匪，贫困制造土匪，通奸情杀制造土匪，土匪制造土匪。""高密东北乡土匪如毛，他们在高粱地里鱼儿般出没无常，结帮拉伙，拉驴绑票，坏事干尽，好事做绝。"①高密东北乡土匪众多是与这样的环境密切相关的，正是在这样的环境中，才能产生最能喝酒最能爱最英雄好汉最王八蛋的高密东北乡乡民。

如何看待莫言小说中的"土匪"？

《红高粱家族》中的余占鳌这样为自己辩护："谁是土匪？谁不是土匪？能打日本就是中国的大英雄。老子去年摸了三个日本岗哨，得了三支大盖子枪。你冷支队不是土匪，杀了几个鬼子？鬼子毛也没揪下一根。"②莫言小说中的"土匪"都有其成为"土匪"的理由，和一般的只知烧杀抢掠、无恶不作的土匪不同。正如冯立三在给蔡毅的信中所说："土匪是个含混的概念。有各种各样的土匪。高密东北乡的土匪概念是县长曹梦九之类人物规定的。曹梦九如果采取宽松政策，其实可以把余占鳌列为绿林好汉的。在我看来，与其把余占鳌当作土匪，不如把他看成绿林好汉。他虽然也干打家劫舍的勾当，却从未滥伤无辜。您对余占鳌杀了单家父子意见很大，我也不认为单家父子该杀，却又觉得单家父子死不足惜。单父依仗财势为患麻风病的儿子讨了奶奶，自己也有揩油之念，这并不合人道。余占鳌别无他法救奶奶出水火，实现他与奶奶的结合，遂以不人道对不人道，于法不合，于情却可谅。兄以天理法制责之，我以人情爱情恕之。"③

由于绿林环境的营造和民间齐文化的影响，莫言的高密东北乡出现了许多草莽英雄一样的传奇人物。当然最为典型的是《红高粱家族》的余占鳌、花脖子。《红高粱家族》之后的作品尽管已经不再写土匪题材，但是《红高粱家族》中的人物的侠义精神在莫言之

① 莫言:《红高粱家族》，作家出版社 2012 年版，第 263、41 页。
② 莫言:《红高粱家族》，作家出版社 2012 年版，第 24—25 页。
③ 冯立三:《祭奠的也应该是能复活的——读〈红高粱〉复蔡毅同志》，见贺立华、杨守森编:《莫言研究资料》，山东大学出版社 1992 年版，第 138 页。

莫言与当代中国文学创新经验研究

后的作品中得到了传承。在这些人物身上具有一种侠风、侠气、侠骨、不惧生死的无畏气概。《丰乳肥臀》中的司马库、《檀香刑》中的孙丙等都体现出这一特征。莫言的小说中还有一些女侠，比如《丰乳肥臀》中的孙大姑、《二姑随后就到》中的二姑，《蛙》中的姑姑也是具有侠风的女人。之所以说这些人物具有草莽英雄气，是因为他们都是出身下层，而且艺高人胆大，更重要的是快意恩仇，有的还能在民族危急时挺身而出，作出了英雄之举。他们还有一个特点是特立独行，不受传统的道德礼教束缚，我行我素，体现出草莽英雄的独立个性，这种精神特征被莫言称之为"响马精神"。

二、莫言小说中的英雄传奇人物

由于绿林传统的继承和绿林世界的营建，莫言的小说自然就蒙上了一层传奇色彩。毋庸讳言，莫言的小说中有很多传奇的故事情节。在莫言的传奇故事中，短篇小说如《民间音乐》中美貌的酒店老板娘花茉莉和身怀绝技的小瞎子的私奔，《神嫖》中季范先生旷达的日常生活和在过年时匪夷所思地将城中所有妓女招至家中的行为。中篇小说如《红耳朵》王十千神奇的出生和神奇的一生，《怀抱鲜花的女人》中神秘的女人和她的狗的如影随形，《白棉花》中身怀绝技的方碧玉及其故事等。长篇小说中的传奇故事更多，《红高粱家族》中余占鳌、戴凤莲高粱地里蔑视封建道德的相亲相爱，余占鳌的七点梅花枪和花脖子的凤凰三点头，余豆官等人与野狗之间的人狗大战，二奶奶、耿十八刀、成麻子的奇死;《丰乳肥臀》中司马库的出逃和再次的神秘出现，鸟儿韩的捉鸟绝技和北海道十三年的野人生活，上官金童的恋乳癖;《生死疲劳》中西门闹的六度轮回;《酒国》中采燕、猿酒的故事等。这些故事情节都有强烈的传奇性，而事件是人物参与的事件，这些故事的传奇性是与传奇人物的传奇行为密不可分的。我们来看看莫言小说的绿林世界中有哪些英雄传奇人物。

（一）草莽英雄

莫言小说中的草莽英雄有余占鳌、司马库、孙丙、余一尺等人。这些人除了司马库之外都出身底层，无视清规戒律，敢想敢做，既是土匪又是英雄。余占鳌从小就体现出当土匪的潜质，在少年时期就手刃与母亲有染的和尚，后来为了复仇苦练七点梅花枪终于将仇人花脖子击毙，为了给罗汉大爷复仇在墨水河大桥伏击日军的汽车队……余占鳌还是一个敢于和高密县政府作对的土匪头子。戴凤莲死后，余占鳌加入铁板会成了二当家，实质上是铁板会的一把手，在铁板会时无视一般道德律令和政治套路，绑架共产党胶高大队队长和国民党军队官员，致使自己在高密东北乡炙手可热，但后来还是在《高粱殡》中被击溃，最后竟然被抓壮丁逃到日本北海道的山洞里待了十三年。余占鳌的一生是快意恩仇、恣情肆意的草莽人生。

司马库本是一个地主的后代，后来还是还乡团的头目，是个杀人不眨眼的人物，但在莫言的小说中，司马库却不是一个滥杀无辜的人，而且在日本扫荡时还在桥上大摆火龙阵，在这一点上说他是抗日英雄也并不过分。司马库和余占鳌有相似的地方，两个人都是典型的既英雄好汉又王八蛋的高密东北乡的强梁。如果说司马库依靠自己的儿子司马粮的帮助跳河逃跑具有戏剧性，司马库在砖窑场的出现就更具有传奇性。司马库的突然出现好像绿林英雄及时现身来挽救险局，而司马库在坟地里藏身也是出人意料，他的死则显露出无所畏惧的英雄气概。司马库在生活中喜爱胡闹，有几分孩子气，有点像历史传奇中牛皋、胡大海、程咬金之类的莽汉形象。

孙丙本是一个草台班子的班主，是他将山东高密东北乡的地方戏茂腔发扬光大。在孙丙的身上一方面体现出不畏权贵的平等精神，敢于和县太爷"比须"；另一方面也体现出一种反抗精神，当自己的妻子被德国技师欺凌时挺身而出将其打死，当自己的村庄遭到德军报复后到曹州请来义和团复仇。但是孙丙的复仇方式却体现出几近儿戏的可悲可笑，他用一种原始、幼稚的方式反击德军的侵略又使自己走上了死路。不管怎么说，孙丙的反抗方式几乎是愚昧的，但同时孙丙的反抗又是高贵的和悲壮的，他最后本可以不死但是为了唱好人生的大戏又甘愿赴死的壮举更是将小说的悲壮气氛推向高潮。

余一尺与其说是草莽英雄，不如说是一个侠士。在塑造余一尺这一人物形象时，莫言应该是从武侠小说中借鉴了创作经验。他曾经说过："我一直在思考所谓严肃小说向武侠小说学习的问题。如何汲取武侠小说迷人的因素，从而使读者把书读完，这恐怕是当代小说的一条出路。"[①]说余一尺是个侠士，主要体现在他武功高明，可以说是身怀绝技，他的壁虎功让李一斗看得目瞪口呆。而且，余一尺身上还有一种神秘气氛，一个身高不足三尺的侏儒，竟然在酒国富甲一方，他的出身也是深不可测，至于到底是不是那个在深夜跳到驴背上的侠客就令人不得而知了。同时余一尺对色欲的畸形追求则体现了莫言小说中草莽英雄的复杂性，莫言总是喜欢让自己的英雄人物体现出人性的另一面。

（二）当代奇女子

相对于为数不多的形象高大的男子形象，莫言笔下的女性形象不仅数量众多而且更为璀璨辉煌、光彩夺目。毕竟，在莫言的小说中有着男不如女、一代不如一代的情形。所以，我们看到了上官家打铁是上官吕氏执锤，上官福禄、上官寿喜只能做些辅助性的工作，同时也看到莫言关于"种的退化"的哀叹。莫言小说中女性形象众多，而且大都以其传奇性让人触目惊心，过目不忘。相信每一个读过莫言作品的人都能随口说出几个莫言小说中的女性形象，比如戴凤莲、二姑奶奶、上官鲁氏、孙眉娘、姑姑等。这几位都是小说中当仁不让的主角，其他配角如白衣盲女、紫衣女、二奶奶、四老妈、孙大姑、方碧玉、沙枣花等人物的性格也是极为鲜明。无论长篇、中篇还是短篇，主角还是配角，这些小说中的女性都具有强烈的传奇色彩。

《红高粱家族》中光芒四射的戴凤莲，又名九儿，她的传奇性不仅仅在于她与余占鳌在高粱地里"伤风败俗"的野合，更在于她

---

① 莫言：《读书杂感》，《北京秋天下午的我：散文随笔集》，海天出版社2007年版，第244页。

莫言小说创作与中国口头文学传统

145

新婚三天"回门"，在从娘家返回单家时发现单廷秀父子被杀后的一系列的表演。她以知晓丈夫公爹被杀而"惊"落驴下昏迷不醒获得县长曹梦九的信任，后来装疯卖傻认曹梦九做干爹，再后来在一系列风波后更是独当一面，当起了烧酒锅的老板娘。这一切都让人感到不可思议。莫言在文中也对戴凤莲如此出色的才能感到不可理解，只能归于天命。后来又是这个女子在墨水河大桥伏击战中想出用铁耙阵阻击日本鬼子的汽车。联系以前的所作所为，她的确无愧于莫言称之为"抗日的先锋，妇女解放的先驱"的赞叹。

《丰乳肥臀》中的上官鲁氏是和戴凤莲一样光彩夺目的女性形象，她们堪称莫言笔下女性形象的双子星座。上官鲁氏的传奇性在于她的凄惨而壮丽的一生。上官鲁氏共育有一子八女，而这九个孩子来自七个父亲，由于自己的丈夫上官寿喜无生育能力，她是通过"借种"才做了母亲的。"借种"自然伤人尊严，更何况又是经历了多次如此屈辱的行为。但上官鲁氏好像别无他途可走，是"不孝有三，无后为大"和男女不平等的道德伦理逼她走上这条道路的。上官鲁氏的人生痛苦远远不止于此，她还经历了战争、饥饿、痛失爱女等磨难。相信很多读者都会记得上官鲁氏为了养活自己的女儿和外甥，当她有机会给村里推磨时忍着屈辱偷取粮食。她偷取的方式巧妙而残酷，就是把自己的胃当作口袋，先在磨坊偷吃，然后到家里将吃进去的粮食再吐出来给自己的家人食用。上官鲁氏就是通过这种屈辱的、巧妙的、残忍的吐哺的方式让自己的孩子活了下去。结果是司马粮、鹦鹉韩活下来了，但是八姐玉女却因为不忍听到母亲用这种摧残她自己身体的方式养活自己而投水自尽。上官鲁氏通过自己传奇而悲壮的一生阐释了生命的重要和如何活着的人生哲理。

莫言小说中也有一些身份神秘、行为诡秘的女子。有一些来历不明、神秘莫测的女性，比如《秋水》中那个施展妙计让难产的"我奶奶"顺利产下婴儿的紫衣女人，她在洪水中出现，而且后来证明枪术高明并杀死黑衣男人完成复仇。还是在这一篇小说中，那个在洪水里釉彩大瓮中漂浮而来的白衣女子的出现更是诡奇，身为盲女，本身就有几分神秘性，出现的方式不同寻常，她身边还拥有一个携枪保护她的黑衣男人。更为诡异的是这一白衣盲女竟然唱出一首充满哲理意蕴的歌谣。这一充满循环杀戮的歌谣与小说枪杀复仇的情节、小说的整体意蕴也相吻合，多种因素共同加剧了故事中人物和气氛的神秘。后来，这一白衣盲女在《丰乳肥臀》中通过上官鲁氏之口再次出现，自然，这已经是一个传说故事了。《红蝗》中的四老妈被休回娘家时的行为和《奇死》中二奶奶的死也是充满了神秘性。四老妈因为和锔锅匠偷情被四老爷发现而被休，被休时脖子上挂着一双象征着耻辱的布鞋。按照常理来说，女子被休无疑是丢人现眼的，但是四老妈却是骑着毛驴雄赳赳气昂昂地闯大堂走大道，脸上挂着神秘的笑容，好像菩萨一样，她被休时的光彩照人的形象一直以传说的形式被她的后辈们传说着。《奇死》中的二奶奶身遭大难，但是作者却给她安排了一个"诡奇超拔"的死。二奶奶的这种死法也许与她曾经被黄鼠狼"魅住"有关，但被黄鼠狼"魅住"本身也是神秘的。也许从医学精神学上可以论证"奇死"的合理性，但是，"奇死"主要是给小说带来了神秘性和更为宽广的阐释性。此外，那个《怀抱鲜花的女人》中的怀抱鲜花的女人，《丰乳肥臀》中变为"鸟仙"的三姐，《燕燕》中飞上天空的燕燕也都充满了神秘感，使得作品笼上了一层神秘的色彩，使得小说的阐释空间无限扩张。

　　莫言的小说中还有一些身怀绝技、武艺高强的"侠女"。"侠女"在古典历史演义、英雄传奇小说中占有比较重要的地位，她们在以男性为主角的古典小说中熠熠生辉，给古典白话小说（或者传统说书）带来清新亮丽的特点。花木兰、穆桂英、杨排风、孙二娘、红线女、聂隐娘、何玉凤等都是传统说书中鼎鼎大名的女将或者侠女。熟悉传统说书和古典章回小说的莫言深受其影响，他在自己的小说中也塑造了一些艺高胆大的侠女形象。《丰乳肥臀》中的孙大姑，小说在介绍这一人物出场时就将其神秘化，而她不仅接生术高明，更是在日本鬼子面前显示了侠女的优雅和武功的高强。同是《丰乳肥臀》中人物的沙枣花，也是命运将她逼上了"盗侠"或者"飞贼""小偷"的道路，但她凭借学得的本领为上官鲁氏报了仇，只是作者因为她与司马粮的畸恋而送她上了西天。《白棉花》中的方碧玉几乎就是侠女十三妹了，她凭着高超的武功将另一个欺负"我"的卖棉花的人痛打一顿，俨然成了"我"的保护人，最后凭着自己的聪明睿智远走高飞。《二姑随后就到》中的"二姑"，神龙见首不见尾，但她强大的阴影一直都笼罩着小说的全局。《蛙》中的姑姑从小不平凡，在平度城中耍威风，后来骑着自行车飞一样在高密东北乡十八疃接生，也有着侠女的风范和影子。可以说，这些"侠女"使莫言的小说充满了奇趣和轻松，传统说书的广场氛围也因此得到强化。

（三）江湖奇人：郎中、乞丐、怪人

莫言还善于塑造小说中的奇人怪人以增强小说的传奇性。比如莫言小说中的几个郎中形象。在《草鞋窨子》《良医》《丰乳肥臀》中都有参透自然、出神入化的郎中。《草鞋窨子》中的神医故事是以民间故事的形式出现的，小说中五叔讲了一个百草疮和屎壳郎疮的故事，也许莫言对这个民间故事的传奇性青睐有加，他在《丰乳肥臀》中又重复了这个故事，只不过以故事中具体人物的具体行为出现，而且推动了故事的发展，影响了人物的命运。《丰乳肥臀》中的江湖郎中因为治好屎壳郎疮和上官吕氏的牙疼病声名大振，在上官家住了下来，这就为上官鲁氏和他的暗中结合埋下伏笔，等到上官鲁氏怀孕后郎中即离去，后来上官鲁氏生下了一个女儿。莫言笔下真正的神医是《良医》中的陈抱缺和"大咬人"，这篇小说体现了民间想象力的丰富，也体现出莫言小说民间性的神奇特征。《良医》中陈抱缺推测一个患病的男病人必死无疑，但后来阴差阳错，男病人不治而愈。良医的解释是："你的脚是被正在交尾的刺猬咬死的那条雄蛇的刺扎了，夜里你又沾了女人，一股淫毒攻进了心肾；治这病除非能找到一对正交尾的刺猬，用雄刺猬的刺扎出你腿上的黄水，然后再把腿放在浮萍水荇水里泡半个时辰，这才有救。"[1]真是无奇不有，让人叹为观止。这篇小说还提到良医"大咬

---

[1] 莫言：《良医》，《与大师约会》，作家出版社2012年版，第77页。

人"为"爷爷"治愈"贴骨恶疽",用麦秸草排脓。但更为神奇的是陈抱缺,竟然可以"挪病",可以将生在要害部位的恶疮挪到无关紧要的部位去然后进行医治。在小说中,这些郎中参透天理,超凡入圣,已经接近圣贤的境界。这些郎中都有被传奇化的因素,正体现出莫言所受到的口头文学传统的极大影响。

《高粱殡》中骑骡郎中神秘怪异,使小说充满阴森恐怖的气氛。小说中余占鳌给戴凤莲出大殡,一人一骡的出现引起人的关注。首先就是骡子和人的怪模怪样,更奇怪的是此人语言神秘莫测,眼神阴冷诡秘,让人不寒而栗。随着故事的进展,小说透露这个骑骡的身份应该是一个郎中,卖打胎药和春药,而且口中所诵之药都好像颇多深意,让人猜测不透,最后读者才终于发现他是为了给自己的棺材被抢走碰棺自尽的父亲报仇而来。可以说骑骡郎中的出现使得本来就神秘的高粱殡更显神秘,甚至使人觉得有点古典章回小说中神秘人物出现的感觉,但骑骡郎中的神秘程度又比章回小说浓烈得多,甚至有几分邪性。

乞丐是社会上一个特殊的群体,在文学中也有其一定地位,如果是有意营构,他们的出现往往会使作品呈现出特殊的氛围。关于乞丐群体,在武侠小说中甚至形成天下第一帮派——丐帮,在一些革命小说中,有些地下工作人员也喜欢装扮成乞丐打入敌内。乞丐这一群体的行动有时也不按常理,但由于他们的特殊身份好像如此做又是正常不过。在中国的特殊的环境里,乞丐真的是充满了文化含义。但是,现在的乞丐竟然成了职业,我们会发现一些职业乞丐,他们平时乞讨,但在"业余"时间则花天酒地。莫言的小说中,在汽车站或者是火车站,莫言喜欢让一些乞丐出场,而且这些乞丐中也可能藏龙卧虎,"人才济济"。在《天堂蒜薹之歌》里,莫言塑造了一个足智多谋、胆识过人的乞丐。当时的情景是这个乞丐到一对年轻情人面前乞讨,年轻人说学一声狗叫给一元钱,结果这个乞丐气定神闲地一连学狗叫叫了几十声,致使那个年轻人灰头土脸,最后还欠乞丐几元钱。这个故事虽然可笑,但也让人明白不要狂妄无礼,不要随便侮辱别人的人格,包括对一个乞丐也应保持足够的尊重。

莫言的作品中也有哑巴的形象，这些哑巴比乞丐还要招惹不得。哑巴由于其特殊的生理原因，其本身就带有几分神秘性。《丰乳肥臀》孙大姑家五个哑巴，平时在村子里就比较邪性，后来他们在上官家拔刀挥舞，将上官家里的野兔子砍得七零八落，也是怪异一景。当日本鬼子烧杀村庄后，也是几个哑巴挥刀与争吃尸体的乌鸦群战斗，又是一景。但是与来弟定亲的哑巴既是一条好汉，又是一个性扭曲的恶人，给上官来弟带来无限痛苦。哑巴的形象使《丰乳肥臀》染上一层怪异的气氛。

莫言小说中还有其他传奇性的人物，比如《红耳朵》中那个生有两个奇特红耳朵的王十千，《神嫖》中在大年三十嫖妓的季范先生，《丰乳肥臀》中的患有恋乳癖的上官金童和善于捕鸟的鹦鹉韩，《四十一炮》中打狗的少年，《生死疲劳》中劁猪的许宝，《二姑随后就到》中的表兄弟"天"和"地"等。他们要么生理上奇特，要么心理上诡异，要么身怀绝技，或者是主角，或者是配角，但他们的存在无疑增强了小说的传奇性。此外，即使是那些所谓的严肃的正角，比如蓝脸、罗通、西门闹、罗小通等也都有强烈的传奇性。这些传奇性不能不说与传统说书中的传奇性有相承的地方，这些传奇性也是莫言小说民族性和本土性的重要体现。

（四）神奇儿童

童年记忆是莫言创作的重要资源，借助儿童的眼光看待世界是莫言表达自己世界观的重要渠道，而儿童群像的塑造更是莫言文学王国人物画廊中绮丽多彩的重要组成部分，他笔下的儿童形象就像他笔下的女性形象一样出色。莫言一旦将自己的目光聚焦到儿童身上，他就赋予儿童以奇异的色彩。这些儿童有的像神奇的精灵甚至妖魔，他们的成熟阴鸷远超成年人，借助于他们，儿童战胜了成人；有的是生理上的奇特特征而给读者留下深刻印象，这些奇特的生理特征成为他们思考这个世界、表达这个世界、反抗这个世界的通道；有的具有奇特的本领，这些本领使他们别具一格，其实也是反抗这个世界和保存自己的一个方式。莫言笔下还有一群嗜杀的儿童，这又体现出人类的另一方面。

莫言小说中的某些儿童堪称妖童，他们虽然身为少年甚至幼童，但已经表现出让成人心惊胆寒的神秘、冷酷和成熟。《酒国》中有两个少年，分别是红衣小妖和鱼鳞少年。莫言在他的小说中故意施放烟幕，妄图造成这两个少年身份模糊、好像是一个人的假象，甚至将他们塑造成另一个侏儒余一尺的化身。红衣小妖在小说中让人颇为心惊，按说他不是一个真正的儿童，是一个具有儿童的身体但已经十四岁的少年，和那个鱼鳞少年同一年纪。红衣小妖虽然身材像个儿童，但他的心智已经比成年人还要老成阴险甚至恶毒，他俨然成了《酒国》中烹饪学院肉孩收购处被收购的那些不知道死期将至的天真的儿童的保护者。可以说，红衣小妖象征着莫言小说中所有儿童的保护人。红衣小妖指挥其他儿童施计将烹饪学院的一个看管人"杀"死后成功逃出烹饪学院，进入余一尺开的酒店当了引领侍者。那个同样十四岁的鱼鳞少年倒不像红衣小妖那么阴险可怖，他是以一个"侠客"的形象在小说中现身，也可以说是一个"盗侠"，是反抗社会腐败现象的一个符号。他同样是神秘的，在月夜中从空而降，降落在那个在青石街上飞奔的驴背上，口咬柳叶尖刀，是这个社会的一丝亮色。《生蹼的祖先们》中的青狗儿喜欢咬死小动物，喜欢破坏，但更具有让一切着火的特异能力，这种能力让他的家长们不得不妥协就范，而他的看透一切的成熟也让作为父亲的"我"惭愧不已。在《奇死》中那个也有一定预言能力的四岁的男孩也让人心生惶恐，正是他的奇怪举动使自己的家人逃出村庄免遭日本人的杀戮。莫言笔下的这些小妖型的儿童具有看透成年人的种种不堪、看透世人的种种弱点、看清世界的堕落的能力，是成人世界的反抗者和嘲笑者。

莫言小说中的具有特殊生理特征的儿童形象体现了他们与世界沟通的特殊方式，同时他们也具有受成人压抑的一面、反抗的一面，尽管这种反抗是无力的绝望的反抗。《红耳朵》中的王十千生有一对奇怪的红耳朵，正是这对红耳朵决定了他的命运。由于一场奇怪的梦，王十千生下来就被父亲嫌弃而与家里的长工吃住在一起，后来因为那个算卦先生的话他才得以恢复少爷身份，他的红耳朵恰是他神秘性的体现和他命运转折的关键。后来也正是这对奇怪的红耳朵竟成了和学校中女先生沟通的媒介，这对红耳朵无疑增强了他的神秘性。《大嘴》中的儿童大嘴是一个受到歧视和欺负的孩子，经常成为人们嘲笑的对象，当他受到欺负无法发泄时就张开自己的大嘴将整个拳头伸进去。大嘴正是用这种奇异的、折磨自己的、屈辱的方式表达着对这个世界的反抗。通过大嘴的奇异的反抗方式我们也可以看到当时人心的荒凉。

以上是莫言小说中具有特殊生理特征的儿童，莫言的小说中还有一些具备特异才能的少年儿童。他们要么在吃食上显示出特殊的才能，要么具有预言能力，这一点和上面所说的四岁男孩、青狗儿相似。在《四十一炮》中，罗小通具有吃肉的神奇本领，一个小孩儿可以比大人吃的肉还多，以至于后来被封为肉神。罗小通的吃肉才能显示出他的与众不同，莫言神乎其神地将他描写为可以与肉交流，与肉说话，以至于他的吃肉好像也具有了象征意义。而这种吃肉本领的突出，也体现了莫言的童年所遭受的饥饿之苦。《铁孩》中更是出现了两个可以吃铁的孩子，什么铁锅、铁枪他们都吃得津津有味，这又是饥饿的童年的反映。吃铁的特异行为也反映出儿童的孤独之苦，由于特殊的年代，他们的父母无暇也无力陪伴他们和给他们基本的吃食，他们只有在吃铁中抵抗饥饿之苦和孤独之苦，这也在一定程度上体现了儿童对成人世界的反抗。《梦境与杂种》中那个可以通过梦境预言未来的儿童树根利用这种能力为母亲平冤昭雪，但现实的生活有太多的痛苦，以至于他希望自己的神奇能力能够消失。

正如《生蹼的祖先们》中的青狗儿是自然界中小动物的天敌一样，莫言的小说中还有其他嗜杀的儿童，他们都具有特异的才能，可以让某种生物望而生畏和束手就擒。《生死疲劳》中有一个打狗的少年，生活虽然贫困、孤独，但具有杀狗的奇异本领，无论多凶的狗在他面前也只能乖乖就擒。这个少年来去自由，没有人可以束缚和管理，他的神奇和凶恶让人退避三舍。《养猫专业户》中的灭

莫言与当代中国文学创新经验研究

鼠少年大响也是神奇无比的人，可以念咒语驱役老鼠到水里自尽，他的眼神、奇怪的举动自有一种神秘的令人心悸的能力。莫言的作品中也有捕鸟的天生奇才，比如《丰乳肥臀》中的鹦鹉韩。莫言作品中这么多的与自然为敌的少年，貌似残酷无情，一方面体现了莫言的自然生物链的观念，另一方面表现了少年可畏的一面。这些少年具有一定的独立性和自由性，并不需要依赖成人的帮助，而成人在他们面前有时也自愧弗如。

莫言小说中的儿童形成一个阵营，与成人世界对立。他们是莫言小说中奇异的风景，增添了莫言作品的神秘性和传奇性。他们也像古典白话小说和传统说书中的红孩儿、哪吒等少年英雄一样在小说中自成一方世界。

第五节　语言的狂流：说书人就要滔滔不绝

对于莫言小说语言的特点，学界较为一致的看法是汪洋恣肆、泥沙俱下、粗鄙野蛮、毫无节制。一方面肯定他语言的想象力，另一方面则批评其语言的粗糙粗鄙，而且对他语言的风格持批评观点的居多。但是学界只是指出了莫言语言的这一"毛病"，却并没有对这种语言风格产生的原因提出有说服力的见解，所以也不能对其语言风格作出客观公允的评价。

对于自己小说的语言特点，莫言本人曾经将之和汪曾祺小说的语言特点作过比较，他说："汪先生是大才子，我是说书人。说书人要滔滔不绝，每天都要讲的，必须不断讲下去，然后才有饭碗。说书人的传统就是必须要有一种滔滔不绝的气势和叙事的能量，要卖力气。而大才子是风流倜傥，饮酒赋诗，兴趣所至，勾画几笔，即成杰构。"[1] 莫言小说的语言由于受到说书艺术的影响，往往大肆铺排、夸饰华

---

① 莫言：《说不尽的鲁迅》，《莫言对话新录》，文化艺术出版社 2010 年版，第 224 页。

赡，不在意语言的简洁精炼，但求随意挥洒、一吐为快，由此形成了气势磅礴、元气淋漓的语言的狂流。这可以从莫言喜用排比、雅俗共融、语体混杂和讲究语言的韵律势能几个方面看出。

一、高屋建瓴、如水之流的语言特征

"当年我在农村的时候，跟那些没有文化、不识字但出口成章、胡言乱语、编顺口溜的人接触比较多"[1]，"所谓故乡的限制，我觉得更是一种语言的限制。……我觉得我的语言就是继承了民间的，和民间艺术家的口头传说是一脉相承的。第一这种语言是夸张的流畅的滔滔不绝的"[2]。莫言这种汪洋恣肆、激情澎湃的语言的狂流与口头文学传统的影响有着密切联系。一方面是农村那些好口才的人的影响，另一方面就是民间说书人的语言特色的影响。

莫言在小时候对那些农村中好口才的人充满了羡慕，他在提到自己口才了得的叔叔的时候，也提到了季米特洛夫，说季米特洛夫"犀利的语言锋芒，排山倒海的语言气势，令我热血澎湃，心驰神往，他的演讲甚至影响了我的小说语言"[3]。莫言在小时候一直都希望自己将来能够像这些人一样具有出类拔萃的口才。莫言后来走上写作道路后，他儿时的梦想实现了，他在自己的写作中成为一个能说会道、一个滔滔不绝的人。莫言在现实中不善言谈，但他的笔下有许多能言善辩的人物。比如《生死疲劳》中那个卖衣服的杨七，他在拍卖投机倒把从内蒙古贩来的皮衣时说："听一听，看一看，摸一摸，穿一穿。一听如同铜锣声，二看如同绫罗缎，三看毛色赛黑漆，穿到身上冒大汗。这样的皮袄披上身，爬冰卧雪不觉

① 莫言：《心灵的游历与归途——与林舟对谈〈丰乳肥臀〉》，《作为老百姓写作：访谈对话集》，海天出版社 2007 年版，第 256 页。
② 莫言：《与〈文艺报〉记者刘颋对谈》，《碎语文学》，作家出版社 2012 年版，第 233 页。
③ 莫言：《国外演讲与名牌内裤》，《会唱歌的墙》，作家出版社 2012 年版，第 303 页。

寒！这样一件八成新的黑山羊皮祆，只要十元钱，跟白捡有什么区别？张大叔，穿上试试，哎哟我的个亲娘舅，这皮祆，简直是那蒙古裁缝比量着您的身体做的，添一寸则长，减一寸则短。怎么着，热不热？不热？您摸摸脑门子，汗珠子都冒出来了，还说不热！八块？八块不行，不是看在老街坊的面子上，十五块我也不卖！就八块钱？大叔，让我说您句什么好呢？去年秋天我还抽了您两锅子旱烟，欠着您的人情呢！欠情不还，寝食不安。得了吧，九块钱，赔本大甩卖，九块钱，您穿走，回家先找条毛巾把头上的汗擦擦，别闪了风感了冒。就八块？八块五！我让让，您涨涨，谁让您大我一辈呢？换了别人，我一个大耳刮子把他扇到河里去！就八块，嗨，碰上您这样的乍古角色，天王老子也没脾气，天王老子都没脾气，我杨七有啥脾气？算我输给您一玻璃管子鲜血，我是 O 型血，跟白求恩大夫一个血型，八块就八块吧，张老汉，这次你可欠下我的情了。"①杨七正是莫言所见到过的农村中巧舌如簧的一个代表。他笔下许多女性人物的口才也都让人叹服。那些具有农村口头特点的语言就通过这些主人公之口说了出来。自然，莫言小说中的叙述者更是一个出口成章、左右逢源、引经据典的人。

说书人的一大特点就是口才好，很难想象一个笨嘴拙舌的人在大庭广众之下能够吸引听众将自己讲的故事听下去。莫言小时候挤在人堆里听说书人说书，或者读说书体章回小说，这些口头文学的影响在他创作语言的风格上都得到了体现。对于莫言喜听说书，他的母亲曾发感慨："儿啊，将来你要靠耍嘴皮子过日子么？"他的母亲说这些话时肯定没有想到他的儿子管谟业将来会成为作家。莫言在小说中耍起了嘴皮子，以笔代口，动辄就洋洋洒洒数万言。

说书人在说书时"只凭三寸舌，褒贬是非；略咽万余言，讲论今古。说收拾寻常有百万套，谈话头动辄是数千回"，"冷淡处提缀得有家数，热闹处敷演得越长久"②，其语言"谈古论今，如水之

---

① 莫言:《生死疲劳》，作家出版社 2012 年版，第 165—166 页。
② 罗烨:《醉翁谈录》，古典文学出版社 1957 年版，第 3—5 页。

流"①, "如丸走坂，如水建瓴"②。说书人的语言往往铺排、夸张，好用繁复、排比，口若悬河滔滔不绝。蒲松龄《聊斋志异》中《梦狼》仅九百字的短篇，但是陈士和的评书《聊斋志异》将《梦狼》敷衍为五万字的中篇。王少堂的平话《武十回》则能说六十多天。篇幅的拉长自然和细节的增添等因素有关，但语言上的铺排渲染也是一个重要原因。传统说书还经常使用"贯口"表述方式，即运用滔滔不绝、一贯而下、一气呵成的富有气势和节奏的语言淋漓尽致地叙述情节，抒发感情，描绘情景。莫言小说语言的这一特点显然受到了说书语言特点的影响，所以才形成汪洋恣肆、气势磅礴、泥沙俱下的语言流的风格。

我们在莫言的小说中经常看到气势一贯、洋洋大观的排比句式。比如：

> 那条斜街是条肉食街，露天里摆着十几个烧肉的大锅，锅里煮着猪羊牛驴狗头、猪羊牛驴蹄、猪羊牛驴狗肝、猪羊牛驴狗心、猪羊牛驴狗肚、猪羊牛驴狗肠、猪羊牛驴狗肺、猪牛驴尾巴棍儿，案板上摆着热气腾腾的、五彩缤纷的肉，卖肉的握着明晃晃的大刀，有的将那些好东西切成片儿，有的将那些好东西切成段儿，卖肉人的脸都红彤彤的、油嘟噜的，气色好极了。③

> 看看上述这些因素综合而成的那种沧桑而悲凉的表情，有关那头牛的回忆纷至沓来，犹如浪潮追逐着往沙滩上奔涌；犹如飞蛾，一群群扑向火焰；犹如铁屑，飞快地

---

① 吴自牧：《梦粱录》，孟元老等《东京梦华录》（外四种），中华书局1962年版，第312页。

② 夏庭芝：《青楼集笺注》，孙崇涛、徐宏图笺注，中国戏剧出版社1990年版，第151页。

③ 莫言：《野骡子》，《师傅越来越幽默》，作家出版社2012年版，第255页。

粘向磁铁；犹如气味，丝丝缕缕地钻进鼻孔；犹如颜色，在上等的宣纸上洇开；犹如我对那个生着一张世界上最美丽的脸的女人的思念，不可断绝啊，永难断绝……①

这些洋洋洒洒的排比句，正体现了民间口头文风的影响。而且说书人在面对听众现场说书时，也很难做到语言的精炼简洁、井然有序，这就更加使得说书的语言不加节制。这也是我们平常所说莫言小说的语言泥沙俱下、不够节制的一个原因。而我们平时所读到的说书体小说，已经是二度创作，经过加工的了，其语言和真正说书场上的说书语言有着很大的不同。莫言对此也有过解释，说"说书人的语言都是经不起推敲的"。当然，这不能成为对自己语言粗糙辩护的一个理由，我们只能说莫言在创作精神上受到了说书艺术的影响，创作时跟着语感走，从而在很大程度上影响了莫言的语言特点。

二、广场语言的杂语狂欢

说书活动往往都是在广场中进行的，当然也有的是在酒楼茶馆等高级场所，但其语言都具有广场语言的特征。那些农村中好口才的农民也往往是在大庭广众之下施展自己的口才，其语言自然也具有广场语言的风格。莫言在《檀香刑·后记》中对自己语言的广场性曾经作了说明："这部小说更适合在广场上由一个嗓音嘶哑的人来高声朗诵，在他的周围围绕着听众，这是一种用耳朵的阅读，是一种全身心的参与。为了适合广场化的、用耳朵的阅读，我有意地大量使用了韵文，有意地使用了戏剧化的叙事手段，制造了流畅、浅显、夸张、华丽的叙事效果。"②他在此处主要说明了自己语言的朗朗上口，此外，结合巴赫金狂欢理论关于广场语言狂欢性的阐

① 莫言：《生死疲劳》，作家出版社2012年版，第99页。
② 莫言：《大踏步撤退——〈檀香刑〉·后记》，《北京秋天下午的我：散文随笔集》，海天出版社2007年版，第388页。

释，对于莫言小说语言的特点会有更好的理解。

巴赫金认为民众在狂欢节狂欢之时，在广场狂欢之际，最大的特点就是上下易位，众生平等，此时国王成了小丑，小丑登上王座。所有的人都无视平时的清规戒律，所有的人都是自由的平等的。而且，狂欢时还往往对人体的下部谐谑调侃。在狂欢的语境里，不仅人和人之间的关系是自由平等的，就是不同的文体、不同的语言之间的地位也是平等的，它们混杂在一起但又能和谐相处。这可以说明为什么莫言的小说中会出现语体杂糅、雅俗共融、野性粗鄙的特点。比如：

> 汪银芝，你这个反革命，人民的敌人，吸血鬼，害人虫，四不清分子，极右派，走资本主义道路的当权派，资产阶级反动学术权威，腐化变质分子，阶级异己分子，四肢不勤、五谷不分的寄生虫，被绑在历史耻辱柱上的跳梁小丑，土匪，汉奸，流氓，无赖，暗藏的阶级敌人，保皇派，孔老二的孝子贤孙，封建主义的卫道士，奴隶主义制度的复辟狂，没落的地主阶级的代言人……你身上没有疤，但你身上遍布着比疤还可憎的黑痦子。好像七月的夜空，满天繁星。天上布满星，月牙亮晶晶，生产队里开大会，诉苦把冤伸。汪银芝，你出来，今晚咱两个见个高低，不是鱼死就是网破，不是你死就是我活！两军相逢勇者胜。砍掉了脑袋碗大的疤！

> 我本是一条荒原狼，为何成为都市狗？呜溜呜溜呜溜，原本对着山林吼，如今从垃圾堆里找骨头。呜溜呜溜呜溜溜，不楞冬冬不楞冬。好啊！啪！丰富的泡沫溢出罐子，狠狠地咀嚼着红肠。……黄鹤一去不复还，待到天黑落日头，啊欧啊欧啊欧。这是破碎的时代，谁来缝合我的伤口？乱糟糟一堆羽毛，是谁给你装成枕头？好！他们疯够了，摇摇晃晃站起来，学着野狼嗥，用易拉罐投掷海

报。夜间巡警骑着马冲来，马蹄声碎。从城市边缘的松树林子里，传来杜鹃的夜啼。布谷，布谷，不够，不够，一天一个糠窝头。一九六〇年，真是不平凡，吃着茅草饼，喝着地瓜蔓。要说校园歌曲，这才是最早的。我是一个兵，来自老百姓。我是一张饼，中间卷大葱。我是一个兵，拉屎不擦腚。窜改革命歌曲，家庭出身富农，杜游子倒了大霉。①

从以上几个例子我们看到莫言将政治术语、歇后语、古典诗词、革命歌曲、都市民谣等按照自己的语言感觉杂糅起来，正是众语平等，众声喧哗，形成了语言的狂欢的激流。这种语言的用法也能够反映出上官金童复杂的心情。他稀里糊涂和自己仇人的女儿汪银芝结了婚，本来是自己经营的"独角兽乳罩大世界"很快被汪银芝架空，夫妻关系不和，他倍感压抑但又生性懦弱，心怀不满却又不敢反抗，郁积已久的委屈便在这语言的狂欢中宣泄出来。

莫言笔下狂欢性语言的另一个特点是雅俗共赏，既有阳春白雪，更有下里巴人，而且粗鄙蛮野的语言随处可见。比如：

　　几句歌儿从幕后升起来，简直就是石破天惊，简直就是平地一声雷，简直就是东方红，简直就是阿尔巴尼亚，简直就是一头扎进了蜜罐子，简直就是老光棍子娶媳妇……百感交集思绪万千，我们的心情难以形容。②

　　她听到神秘莫测，窈窈冥冥的夜色。夜的声和谐优美，生机蓬勃，有时也嘈嘈切切，如同乱弹琴，闹闹哄哄如同狗抢屎。③

---

① 莫言：《丰乳肥臀》，作家出版社 2012 年版，第 553、558—559 页。
② 莫言：《天花乱坠》，《与大师约会》，作家出版社 2012 年，第 299 页。
③ 莫言：《金发婴儿》，《欢乐》，作家出版社 2012 年版，第 131 页。

莫言小说中的高密东北乡是个"藏污纳垢"的世界，他在塑造人物时往往聚焦人物内心的模糊地带，极力揭示出人物的复杂性，所以他小说中的人物很难以传统的"好人"或者"坏人"概念来界定。与此相适应，他小说的语言也是雅俗共赏，甚至以丑取胜的。这都显示出民间口头文学传统对他创作的影响，体现出莫言本人的狂欢精神和作品的狂欢风格。

我们再来看这样一个例子——

> 俺的心简直是提到了嗓子眼里，一张口就会蹦出来，落地就变成野兔子，撅着尾巴跑掉，跑出院子，跑上大街，狗追它，它快跑，跑到南坡啃青草。什么草，酥油草，吃得饱，吃得好，吃多了，长肥膘，再回来，俺的胸膛里盛不了。①

这是《檀香刑》中孙眉娘爱上高密县令钱丁之后焦灼心情的描述，但是写法奇诡，将心比喻为野兔子还好理解，后来的跑到南坡啃青草等就可以说是想象天外，好像只要有一点点联系甚至没有联系也能将之关联起来，这犹如意象的顶针，犹如接字游戏。这体现了莫言创作时的随性、自由，只要是找到语感，他的语言就滔滔不绝，一贯而下。

三、我就是写得这样快

莫言的写作属于爆发性的，写作速度之快令人惊讶。他说："我的写作，一向是喷发式的，譬如《天堂蒜薹之歌》用了30天，《丰乳肥臀》用了83天，但像《生死疲劳》这样的速度（43天），还是第一次。这大概与这个题材在我心中酝酿多年而写作时全封闭有关。我还是那句老话，一天写一万字，未必不好；十年写一万字，

---

① 莫言:《檀香刑》，作家出版社2012年版，第90页。

未必就好。一个作家，一辈子能写几本书，基本上是命定的，早写晚不写。"①又说:"我不习惯'十年磨一剑'，习惯'不在沉默中灭亡，就在沉默中爆发'。我的所有的小说，凡是被大家认为好的和比较好的，都是一鼓作气写出来的，那些磨磨蹭蹭的产物，多半是不好的和不太好的。"②如何看待莫言的这种"速成"式写作呢?

在第二章就已经探讨了德国汉学家顾彬的观点，顾彬认为莫言写得太快了，经典的作品都不是这种写作方式的结果，并以自己的写作为例来证明莫言写作方法的不可取与莫言小说水平的不可恭维。而莫言对此不以为然，认为不能以写作的快慢来衡量作品的优劣。顾彬的观点不能不说是失之偏颇，"两句三年得""捻断数茎须"的"苦吟"式写作固然可以写出经典作品，但文思泉涌"下笔如有神"的一挥而就也有可能成为不朽之作。

莫言的创作需要一种"状态"，只有在进入这种"状态"下他才能自由挥洒，汪洋恣肆，下笔如有神助。莫言的很多作品都是在自己的故乡高密写就，在高密有助于他进入"状态"，进入写作的狂欢境界。在写作《欢乐》时，他是在同乡好友提供的房子里，写时"腿打哆嗦"，洋洋洒洒，有时一天写上万字，真是文思泉涌，有时候笔赶不上思维的速度，很多词语自动地蹦出来，这才称得上是"自动化"写作。莫言后来说都想不出为什么当时能有那么多词语。莫言的其他作品的写作也和《欢乐》的写作类似。

莫言为什么能写这么快呢?

首先，莫言的写作是有生活积累和情感积累的，所以当莫言谈起《丰乳肥臀》的写作时说，"这部书的腹稿我打了整整十年"③，《生死疲劳》"写作此书用了短短的四十三天，但孕育构思此书却

① 莫言:《〈生死疲劳〉是充满温情和希望的——与骆以军笔谈》,《作为老百姓写作:访谈对话集》,海天出版社 2007 年版, 第 363 页。
② 莫言:《现实主义一直是文学的主流——2006 年 3 月与〈芙蓉〉杂志编辑努力嘎巴对话》,《莫言对话新录》, 文化艺术出版社 2010 年版, 第 177 页。
③ 莫言:《"高密东北乡"的"圣经"——日文版〈丰乳肥臀〉后记》,《北京秋天下午的我:散文随笔集》, 海天出版社, 2007 年版, 第 349 页。

用了漫长的四十三年"①。当故乡的经历、故乡的故事，对于人物事件的感情积累到一定程度，遇到写作的契机之时，莫言就如充满能量的机器，写作时如水银泻地般酣畅淋漓，畅通无阻。

其次，这和传统说书语言特点的影响有着密切联系。正如说书人说书时滔滔不绝的诉说一样，莫言在写作时喜欢跟着语感走，或者说他跟着"腔调"走。一旦找到语感，找到腔调，就会产生"千言万语往外流"的感觉，接下来的写作宛如说书的"贯口"，就会一气呵成，一挥而就。

莫言站在大地之上，将民间作为自己的立身之本，无视写作的成规、戒律，感觉敏锐，精力充沛，爆发力强，能在较短的时间内完成鸿篇巨制，这些都和传统说书"说收拾寻常有百万套，谈话头动辄是数千回"的风格相契合。但是莫言的这种创作追求曾经受到过严厉的质疑，他对此作了总结，认为"比较集中的意见是说我的小说漫无节制，感觉泛滥"，并"对这些批评和忠告我做了认真地思考"，"决心改弦更张"，"有意识地缩小宣泄的闸门、有意识地降低歌唱的调门"，将"猛虎关进笼子"。②莫言的这些话当然不能全信，因为莫言说这些话的时候是在二十世纪九十年代初，而他后来的《四十一炮》《檀香刑》《生死疲劳》等依然汪洋恣肆，泥沙俱下。但《蛙》的创作使得人们好像看到了莫言"改弦更张"的迹象，这种变化有其成功的一面，也有明显缺失的一面。成功表现在被人们所赞扬的由汪洋恣肆走向了朴素简约，由浑浊粗鄙走向了清澈明净。但是，我们也不得不承认这些改变压抑了莫言的想象力，束缚了莫言的生死不惧、荤腥不忌的狂欢精神，致使这部作品厚重不足，长度不够。如果顺着《蛙》的路子，莫言也许要向笔记体小说靠拢了，要向汪曾祺致敬了。但是，莫言也的确将自己和汪曾祺的创作风格做过区别，他只能做"说书人"，并不想做"大才子"。现

---

① 莫言:《香港浸会大学"红楼梦文学奖"得奖感言》,《用耳朵阅读》,作家出版社 2012 年版, 第 307 页。
② 莫言:《笼中叙事的欢乐——〈笼中叙事〉再版自序》,《北京秋天下午的我:散文随笔集》, 海天出版社 2007 年版, 第 366—367 页。

实情形是，莫言的《蛙》的叙述方式虽然保留了说书的特征，但与以前的作品相比还是"收敛"了不少。莫言的语言曾经受到很多批评，现在的改变得到了充分肯定，但作品的整个成就却又难以达到人们的期望值。好像莫言怎么样都不对，但曾经不对的莫言不是创作出了令人叹服的《丰乳肥臀》和《生死疲劳》吗？

可以说，正是说书传统的汲取使莫言的创作底蕴深厚、气势磅礴；同时也可以说，正是莫言的创作使说书传统焕发了新的生命，使得一个在当代被轻视甚至被遗忘的传统重放光芒。

第四章　民间谣谚与民间小戏的汲取

中国口头文学传统的体裁除了民间故事、说书之外，还包括史诗、民间笑话、谚语、谜语、歌谣、民间小戏等。这些口头文学的形式，有的是散说，比如民间故事、笑话等；有的是韵说，主要是诵或者唱，比如史诗、歌谣、小戏；也有的介于散韵之间，比如谚语、谜语。说书比较特殊，有的重说，有的重唱，有的说唱结合。在本书的第二章和第三章，我们分别论述了民间故事和说书传统对莫言创作的影响，主要关注的还是口头文学传统中的散说叙事，本章主要聚焦口头文学传统中韵律性比较强的谣谚和小戏对莫言创作的影响。民间谣谚即民间歌谣和俚谚俗语，民间小戏是民间表演性比较强的口头文学样式。

在众多读者的眼里，莫言小说的语言气势磅礴、一泻千里甚至不够节制，这一特点在第三章第五节《语言的狂流》里已经有过论述。莫言小说的语言还有另外一个特征，就是对俚谚俗语的大量汲取，具有鲜明的民间性。这主要是因为口头文学传统的载体就是口头语言，无论是有心还是无意，具有独特地域特征的口头语言总会潜移默化地影响一个作家的写作，这一特点在深受口头文学传统影响的莫言作品里体现得更为鲜明。莫言对此有着明确的认识和写作追求，他给予俚谚俗语以极大的赞誉和认可。随着向中国口头文学传统回归这一写作理念的建立，莫言对当下文坛写作的欧化风格表达了不满，为了与时髦的欧化风格相抗衡，他希望自己首先在语言上要具有鲜明的中国风格和民族特点。他在表达自己"大踏步撤退"的写作追求时说："所谓'撤退得还不够'就是说小说中的语言还是有很多洋派的东西，没有像赵树理的小说语言那样纯粹。在今后的写作中我也许再往后退几步，使用一种真正土得掉渣，但很有生

莫言与当代中国文学创新经验研究

164

命的语言，我相信我能掌握。"①这种创作理念的自觉追求，使得莫言的小说中汲取了许多俚谚俗语，成为他的小说语言的一大特征。

民间歌谣产生于劳动，以其节拍配合劳动的节奏并能增添劳动的乐趣。民间戏曲更是民间重要的娱乐方式，逢年过节、婚丧嫁娶都有可能唱几天"大戏"。有很多作家都从民歌民谣、民间小戏等民间口头文学中汲取营养，在自己的创作中加入民间说唱元素以形成自己的独特风格。作为向中国口头文学传统回归的作家，莫言自然比较重视对民间说唱元素的利用和借鉴，所以我们在他的小说中会经常看到民间歌谣、顺口溜、茂腔、柳腔、吕剧等民间口头文学元素的嵌入。

我们先从莫言小说中的俚谚俗语说起。

第一节　俚谚俗语

俚谚俗语是民间惯用的体现了民间集体智慧的固定化的语言，包括谚语、歇后语、格言警句等形式。俚谚俗语是民间在长期的生产劳动、日常生活中，从自然现象和社会现象中抽象出来的简练而又意蕴丰富、富有民间气息的语言。长期以来，民间就是运用俚谚俗语的形式将自然知识、生产经验、人生经验和对整个世界的认知通过口口相传的形式传递下来。莫言作为农民出身的作家，自然对反映农民生存体验的俚谚俗语耳熟能详。而作为一个有着鲜明语言意识的作家，莫言小说的语言除了汪洋恣肆、气势磅礴、一泻千里的说书体风格之外，其小说语言的民间地域性也形成了他小说的显著特征。莫言对民间方言土语有很高的评价，认为民间的俚言俗语具有极强的表现力，甚至于比较典雅。他同时认为要想保持语言的活力，"第一可以从古今中外的经典中寻找语感；二是从民间生活

---

① 莫言：《耳朵的盛宴——答〈亚洲周刊〉记者问》，《碎语文学》，作家出版社 2012 年版，第 299 页。

中和大众口语中寻找词汇。有了新的语感和新的词汇，就会使我们的文体发生变化"①。"我把山东高密老家的乡言土语稍加改造，就可以变成带着我鲜明风格的、带有原创性的语言。"②莫言在自己的写作中也对山东高密东北乡的俚谚俗语进行了淋漓尽致、颇为夸张的运用，他小说中俚谚俗语的种类之繁多，运用方式之多样令人叹为观止。当然，莫言小说中的俚谚俗语是有着特定的修辞效果的。

一、莫言小说中俚谚俗语的类型及修辞效果

为了论述的方便，姑且将莫言小说中的俚谚俗语分为不同类别，尽管有欠妥当之处。

（一）总结自然天气和生产经验的俚谚俗语

莫言小说中描述自然天气的俗谚并不多，但是他初登文坛公开发表的第一篇小说《春夜雨霏霏》中就运用了一个谚语"日头戴帽雨来到"。这是莫言的第一篇小说，写得清丽伤感，中规中矩，还没有显示出他的汪洋恣肆的风格，但却体现出作者一开始就对民间俗谚有感觉和重视。1985年的短篇小说《大风》运用了"灰云主雨，黑云主风"的俗谚，而且后来真的狂风大作，体现了农谚的知识作用。以上两个谚语都是纯粹的自然天气的抽象概括，还没有更多的文学修辞的作用。而《二姑随后就到》中的谚语"东虹雾露西虹雨，南虹收白菜，北虹杀得快"则体现出民间谚语的另一番意味，莫言在写到这句谚语时用了"可怕"这个修饰词。这句谚语一方面具有传递自然天气的知识的作用，另一方面还传递了与这篇小说杀戮流血的主题相联系的神秘一面的信息。"东虹雾露西虹雨，南虹收白菜"是纯粹的自然知识，但"北虹杀得快"就比较费解，体现了民间俗谚本身的丰富性甚至神秘性。另外，这句谚语在这篇小说中还

① 莫言:《文化个性化刍议》,《用耳朵阅读》,作家出版社2012年版,第95页。
② 莫言:《细节与真实》,《用耳朵阅读》,作家出版社2012年版,第118页。

起到了预叙的作用，暗示着杀戮的即将到来。

莫言小说中描述生产经验的俗谚也不太多，比较典型的如"打井怕沙，割锯怕疤""泥瓦匠怕沙，木匠怕疤""马无夜草不肥，人无外财不发""寸草铡三刀，无料也上膘""北风响，蟹脚痒"等。前两个谚语和瓦匠、木匠有关系，这让我们想起莫言的爷爷就是一个瓦匠和木匠能手。后面两个是与喂养牲畜相关的谚语，这些谚语的获得应该是和莫言小时候放牧牛羊的经历有关。"北风响，蟹脚痒"是他儿时跟随大人抓螃蟹时听说的吧。

还有几个与生产相关但又蕴含其他意味的俗谚，比如"杀倒秫黍闪出狼""扳倒葫芦流光油""拔了萝卜地面宽"等。"杀倒秫黍闪出狼"是《丰乳肥臀》中徐瞎子在审判大会上对上官家申诉时所用到的谚语，"秫黍"即高粱，整句谚语的表面意思是将秫黍砍倒后田野无从遮蔽而使原先躲藏在秫黍地里的狼显现出来，这句谚语在小说中的深层意思是让上官家现出罪恶的原形。"扳倒葫芦流光油""拔了萝卜地面宽"是《高粱酒》中两句俗谚，前者是余占鳌杀死单扁郎后干脆一不做二不休又将单廷秀杀死；后者的意思是刘罗汉猜测正是戴凤莲勾结奸夫杀死单家父子扫除障碍从而霸占单家家产。这三个俗谚表面意思很形象，而其比喻意义又很深刻，更为重要的是赋予了作品浓郁的民间色彩。

（二）总结人生经验与人性分析的俚谚俗语

农村中与人生经验相关的俚谚俗语极为丰富，莫言小说中这一类型的俚谚俗语也比较多。比如：

> 路边说话，草窠里有人。
>
> 啄木鸟死在树洞里——吃亏就在嘴上。
>
> 没有弯弯肚子，别吞镰头刀子。
>
> 种瓜者得瓜，种豆者得豆，种下了蒺藜就不要怕扎手。
>
> 脱了壳的知了，见风就硬。
>
> 冻不破咸菜瓮，冻不坏孩子腚。
>
> 打不瘸的狗腿，戳不瞎的牛眼。

有枣无枣打三竿，死马当成活马医。

疖子不出脓，早晚都是病。

　　这些俚语俗谚体现出民间的处事智慧和对生活中人生经验的总结。"路边说话，草窠里有人"是说人们在说话特别是说一些秘密的话时要注意周围的环境，防止被别人听到；"啄木鸟死在树洞里——吃亏就在嘴上"告诫人们不要随便乱说话以免祸从口出；"没有弯弯肚子，别吞镰头刀子"是说没有真本事不要乱逞能，和"没有金刚钻，别揽瓷器活"同义；"种瓜者得瓜，种豆者得豆，种下了蒺藜就不要怕扎手"比较常用，我们往往只用前两句，但莫言别出心裁，加入了自己的创造；"脱了壳的知了，见风就硬"是说做事只要达到一定程度，具备一定条件就会成功；"冻不破咸菜瓮，冻不坏孩子腚""打不瘸的狗腿，戳不瞎的牛眼"，体现出农民照顾孩子的经验和对于牲畜生理特征的认识。"疖子不出脓，早晚都是病"也比较形象生动，体现出说话人态度的坚定。

　　莫言的小说主张"贴着人写"，揭示出复杂的"人性"是他创作的根本目标，所以他小说中分析人性的俚谚俗语也更为丰富。比较典型的有：

狼走遍天下吃肉，狗走遍天下吃屎。

鸡走鸡道，狗走狗道。

毒不过黄蜂针，狠不过郎中心。

人敬有钱的，狗咬提篮的。

媒婆的八哥嘴，报丧的兔子腿。

杂种出好汉，十有九个都不善。

四月的婆娘，拿不动根草棒。

黄眼绿珠，不认亲属。

　　这些俚谚俗语意蕴深厚，特别是和作品联系起来考虑时更是如此。"四月的婆娘，拿不动根草棒"其实表明了莫言对女性的性需

莫言与当代中国文学创新经验研究

求合理性的辩护，也以此谴责了男女在性权利上的不平等。"杂种出好汉，十有九个都不善"中"不善"是强梁能干的意思，这句谚语以及前面两个谚语都表明了莫言对于人的种性的理解，肯定"杂种"也体现出他肯定民间野性生命力的道德观。

（三）反映亲情关系和生活理念的俚谚俗语

亲情关系是考验人类感情的一种至为重要的关系，家庭伦理一直是我们道德观念中的核心伦理，在莫言的小说中有很多俚谚俗语反映了民间这种伦理关系的特征。比如：

> 无仇不结母子，无恩不结母子。
> 闺女大了不可留，留来留去结冤仇。
> 多年的父子成兄弟，多年的婆媳成姐妹。
> 秤杆不离秤砣，老汉不离老婆。
> 好汉子无好妻，丑八怪娶花枝。
> 独眼嫁哑巴，弯刀对着瓢切菜。
> 大风刮不了多日，亲人恼不了多时。

母女关系、母子关系或者说父女关系、父子关系是莫言小说中人物之间的极为重要的关系，他的小说很多都涉及这层关系，而且莫言小说更注重反映母女关系和父女关系。莫言小说中反映母女关系的最重要的小说是《丰乳肥臀》，讲述了一个母亲上官鲁氏和她的八个女儿的关系，同时也包括上官鲁氏和上官金童之间的母子关系。上官鲁氏曾经用尽各种办法试图阻止她的几个女儿的婚姻，甚至不惜撕破脸皮，大动干戈，但她的那些个性坚强、独立的女儿还是违背了她的意愿各自走上了不归路。当上官鲁氏觉得自己对不住女儿的时候，或者说当她作出连自己也不忍心去做而又不得不做，又或者说自己也不能说服自己要这样做的时候，她就会说"无仇不结母子，无恩不结母子——你恨我吧"。初读起来好像很难理解这种强词夺理，好像母亲天生有管控女儿的权力，仔细分析才会发现上官鲁氏的苦心。而且莫言小说中不止一次出现类似的话，可以是母女之间也可以是父子之间关系的解释。《红高粱家族》中戴凤莲的父母将她嫁给一个麻风病人的时候，也是用这句话安慰自己的良心，他们也用这句话安慰戴凤莲痛苦的心。这句谚语被莫言多次运用，几乎成了上一辈和下一辈关系的概括。尽管长辈有管束下一辈的权力和责任，但由于特殊的社会的或者人性的原因，还是反映了辈分之间关系的难以理喻的一面，而"闺女大了不可留，留来留去结冤仇"这句俗语也对这种关系作了巧妙的阐释。

婆媳关系在莫言的小说中也有精彩的表现。在中国，婆媳关系是最为微妙的关系之一，而且在传统的婆媳关系中，最为典型的几乎就是婆婆对儿媳的压迫。从《丰乳肥臀》和《门牙》中可以看到这种关系的反映，但最后却是"多年的父子成兄弟，多年的婆媳成姐妹"。我们可以从这句俗谚中看到婆媳关系的微妙和转化。

莫言小说中也有描述夫妻关系的谚语，这些谚语形象生动地传达了中国的夫妇伦理观念。比如用"秤杆不离秤砣，老汉不离老婆"来比喻夫妻之间的亲密关系，他们有时候也相信"好汉子无好妻，丑八怪娶花枝"的俗谚。当然，他们更喜欢"独眼嫁哑巴，弯刀对着瓢切菜"之类的平衡搭配。

"大风刮不了多日，亲人恼不了多时"的俗谚则反映了亲人间斩不断的血缘和情感联系，也给千疮百孔的亲情关系赋予了温暖的保护。

莫言的小说中有些俚谚俗语表达了对世界、信仰、生活的看法，这些民间俗语以简洁生动的语言表达了乡土民间的人情世故和生活理念。

花生花生花花生，有男有女阴阳平。

千买卖，万买卖，不如下地耪土块。

穷到要饭不再穷，虱子多了不痒痒。

老实常常在，刚强惹事端。

只叫一人寒，不叫二人单。

树怕屎尿浇根，人怕酒肉灌心。

身正不怕影子斜，干屎抹不到墙皮上。

"花生花生花花生，有男有女阴阳平"这句俗语是《丰乳肥臀》中上官鲁氏的婆婆上官吕氏给她说的话。当时上官鲁氏难产，她们家的黑驴也要生产，但是她的家人忙着照看黑驴而置她于不顾。对于她的难产，她的婆婆坚持认为"瓜熟蒂落"，顺其自然，塞到她手里几颗花生并教她祷念这句俗语。这句俗语自然不会产生神奇的力量，只是体现了民间的美好愿望并反映了人们对于男女性别比例的朴素看法。不过这句俗语却掩盖了民间男女不平等的观念，在他们心目中更加关心的应该是"不孝有三，无后为大"，而且这个"后"往往只指男丁，这也是导致上官鲁氏为了生个儿子而跟不同男子发生关系遭受诸多屈辱的原因。"只叫一人寒，不叫二人单"是《白狗秋千架》中暖给回乡的青年教师"我"说的一句俗谚。暖在当时因为从秋千架上摔下来破了相觉得配不上"我"而拒绝了"我"的追求，"我"给她写了几封信也从来不回，这句俗谚体现了民间的宽容博爱精神。从"千买卖，万买卖，不如下地榜土块"这句谚语我们能够看到农民对土地的感情，"穷到要饭不再穷，虱子多了不痒痒"也是对民间阿Q精神的反映，"身正不怕影子斜，干屎抹不到墙皮上"则体现出小说中人物的光明磊落。这些谚语充分反映出民间的文化观念和人生态度。

（四）粗鄙、骂人的俚谚俗语

有的论者认为莫言小说的语言粗鄙，这从他对俚谚俗语的运用上也能体现出来。比如：

腚眼里拉玻璃，明（名）屎（诗）不少。

腚沟里插扫帚——扎煞起来啦！

大家雀操鸽子，瞎叽喳。

鸡巴毛上的虱子，根子又粗又硬。

瘦驴拉硬屎，充好汉。

扫帚捂鳖算哪一枝子。

光棍汉打老婆觅汉打驴。

这些俚谚俗语粗俗不堪，可能会让一些青睐优雅洁净的读者极度反感。但是，作为"现实主义旗帜下的一名小喽啰"，莫言的写作个性、民间立场和希望写出原生态民间的写作理念，使他在写作时沉浸在民间的"语言场"中，将当时民间粗鄙的语言"照录"下来。不过，这些语言尽管粗野，却能够表现高密东北乡剽悍的生命本色。

一些骂人的俗语也比较富有特色：

猫头鹰报喜——坏了名头！

双黄的鸡子掉进糨糊里——大个的糊涂蛋！

狗爪子抹墙——尽道道。……吃钢丝拉弹簧——一肚子钩钩弯弯。

茶壶掉了底儿——光剩下一张嘴儿！

一网打光满河鱼。

这些俗语都是从农村常见的家禽或者生活用具中提炼出来的，比较形象生动，也体现出民间语言的幽默智慧。

马林诺夫斯基说过："语言是文化整体中的一部分，但是它并不是一个工具的体系，而是一套发音的风俗及精神文化的一部分。"[1]美国人类学家兼语言学家萨丕尔也认为："语言不脱离文化而存在，不脱离那种代代相传地决定着我们生活面貌的风俗和信仰的总体。"[2]莫言小说中的俚谚俗语既有其独特的修辞功能，同时也体现出高密东北乡人民的民俗特征、生命信仰与文化精神。

---

[1] （英）马林诺夫斯基:《文化论》，费孝通等译，中国民间文艺出版社1987年版，第7页。

[2] （美）爱德华·萨丕尔:《语言论》，陆卓元译，商务印书馆1985年版，第186页。

172

二、俚谚俗语的运用与莫言小说语言的狂欢风格

莫言小说中的俚谚俗语除了种类繁多之外，其运用方法也极为夸张，有时即使是人物之间的对话也是俗语连篇累牍，体现出莫言小说语言的狂欢风格。

"母亲说：你一桩一件地说出来，我倒要听听他什么地方对不起你！父亲说：他什么地方对不起我，你难道还不知道吗？母亲脸色骤红，眼睛放着凶光说：你们干屎抹不到人身上！父亲说：无风不起浪。母亲说：我心中无闲事，不怕鬼叫门！"[1]这是《四十一炮》中罗通和杨桂珍之间的对话，罗通用谚语表示杨桂珍和村支书之间不清白的传言不是空穴来风，杨桂珍用谚语为自己辩护。这几个谚语连着用，但依然能够让人觉得自然贴切，没有人为的痕迹。在《十三步》中也有一对满口"俗话说"的夫妇，就是张赤球和李玉婵两人，他们在这部小说中的谚语的使用就极为夸张，让人甚至觉得过于啰嗦。比如：

> 本想清晨晚起，又撞上这死鬼！她想：俗话说"远亲不如近邻，三世修成对门"；俗话说，"得饶人处且饶人"；俗话说，"与人方便，自己方便"；俗话说，"良言一句三冬暖，恶语伤人六月寒"……

> "你怕什么？久被遮掩住眼睛的人最怕光明，我理解你，但是，俗话说，'豆腐做好了，就要卖出去；孩子生出来，就应该养活他；媳妇进了门，难免见公婆；风筝做好了，就应该放它飞'，请睁开你的眼睛！"[2]

① 莫言：《四十一炮》，作家出版社 2012 年版，第 303 页。
② 莫言：《十三步》，作家出版社 2012 年版，第 124、148 页。

其他比较典型的使用谚语比较夸张的例子如：

> 孩子，别着急，慢慢思想。俗话说，"车到山前必有路，船遇顶风也能开"；"蜂蛋入怀，解衣去赶"；"眉头一皱，计上心来"；"世上无难事，只要肯登攀"。①

> 刁小三眼睛放出绿光，牙齿咬得咯咯响，它说："猪十六，古人曰：出水才看两腿泥！咱们骑驴看账本，走着瞧！三十年河东，三十年河西！阳光轮着转，不会永远照着你的窝！"②

这几处俚谚俗语有谚语、歇后语，也有一些格言警句等惯用语，每一句话包括至少三句俗语，而且这些俗语都是比较长的，往往都由两个短句组成，这就使得这些俗语极为显著，好像满纸都是俗谚俚句。莫言的心中好像存储了海量的俚语俗谚，一有机会就冲决而出，不如此铺排就不能宣泄到极致。同时，每一句中所包含的几个俗语的意思都是一致的，可以说几个意思一致的俗谚"罗列"在一起，是极为啰唆的、不简洁的，但这正是莫言小说语言汪洋恣肆、气势磅礴的一个表征，也是莫言小说语言狂欢化的一种表现，体现出莫言小说受到说书滔滔不绝的语言风格的影响。

此外，有些俚谚俗语的使用赋予莫言小说幽默讽刺的效果，显示出民间的狡黠、诙谐和智慧。比如"吃饭多喝汤，胜过开药方"，本来是吃饭养生的一句俗语，但是在小说《牛》中这句谚语的出现却是对杜五花娘舍不得让"我"吃鸡蛋的小肚鸡肠的温和的讽刺。其他如"姥姥死了独生子——没有舅（救）了""双黄的鸡子掉进糨糊里——大个的糊涂蛋""博山的瓷盆——成套成套的"等歇后语则体现出民间的幽默和智慧。

① 莫言：《食草家族》，作家出版社 2012 年版，第 170 页。
② 莫言：《生死疲劳》，作家出版社 2012 年版，第 264 页。

莫言与当代中国文学创新经验研究

总之，莫言小说中对俗言俚语的运用有着多种叙事功能，可以用来抒发感慨，也可以用来总结评论。莫言在运用俚谚俗语时还经常使用引导词，比如"俗话说""俗话说得好""就像俗话说的那样""俗谚说""鄙谚曰""油然地想起一句俗语""正应了那句俗语"，这就使小说中的俚谚俗语更为醒目。由于口头文学传统的深入影响，使得莫言在小说中汲取了大量的俚谚俗语，一方面显示出莫言创作的民间立场，另一方面在莫言小说的语言上体现出鲜明的民间特征。

三、莫言小说中的方言土语

　　对于莫言小说中的方言土语不妨也做一些补充。

　　莫言的作品汲取了许多具有山东胶东风味的字词，管谟贤在其著作《大哥说莫言》中择取了 59 处字词进行了解释说明。这些字词比如腷应（硌硬）、奇俊、烧包、嘎咕等。尽管某些具有鲜明方言特色的字词较为难懂，要想明白其具体意思需要了解当地的语言习惯，但是莫言的小说中，大多数方言土语还是能够让读者看到字形而知其字意的。这和古典白话小说韩庆邦的《海上花列传》有所不同。《海上花列传》的对白皆用吴语，许多方言土语给读者的阅读造成了障碍。莫言关于小说中如何使用方言土语的主张是："对今天的小说家而言，普通话写作应该是主要的，作品的主体结构一定是大家熟悉的语言。至于个别细节和表述语言，为了增强小说的表现效果，可以适当地加入一些有表现力的方言，如我们家乡形容甜叫'甘甜'，形容刀的锋利叫'锋快'，形容一个人美叫'奇俊'，这些方言起到的效果，是普通话所没有的，写作时可以吸收。不过，方言运用也必须以读者能够懂为前提。方言太多了，不会给作品增色，本土化不能变成地方主义。"[①]所以，我们看莫言的小说，既能体验他小说的鲜明的民间特点，又不会有难以读懂的困难。

　　莫言小说中的方言土语各具特色，笔者更感兴趣的是莫言小说

---

① 　莫言、杨扬:《小说是越来越难写了》,《南方文坛》, 2004 年第 1 期。

中与劳动有关的方言土语。这些方言土语一方面赋予莫言小说典型的民间特色，另一方面又显示出莫言对于民间口语精心的选择，也体现出农村民间语言的无穷魅力。兹抄录几例如下：

> 三月扶犁，四月播种，五月割麦，六月栽瓜，七月锄豆，八月杀麻，九月掐谷，十月翻地，寒冬腊月里我也不恋热炕头，天麻麻亮就撅着个粪筐子去捡狗屎。[①]

这是一句描写农业劳动的极为经典的句子，四字句句型简单，但充满了表现力，将农业劳动的季节性变化充分体现出来。而且其中的用字很是用心，比如"扶犁""杀麻""掐谷"等。"杀麻"就是用镰刀收割黄麻或者苘，用来制作麻绳。莫言的小说中不仅使用了"杀麻"，对于伐树也使用了"杀树"这一词语，体现出山东胶东的用词特点。而农村收割"谷子"的时候用了"掐谷"这一词语，如果没有农村经历的读者可能也不好理解，因为谷子的茎比较细，收获时可以直接用手将之掐断，当然也可以用镰刀或者剪刀收割，而"掐谷"更形象，也能体现出劳动的愉快。

再看几个关于瓜果及其他农作物的用词：

> 开春之后，我们有一半时间泡在西瓜地里，眼见着西瓜爬蔓、开花、坐果。

> 五一期间，桃花盛开，小麦灌浆，春风拂煦，夜里刚下了一场小雨，空气新鲜，地面无尘，正是比赛的好时节。

> 棉花开白了地，一起风甩了鞭就没法弄了。

> 麦秀双穗，马下双驹，兔子一窝生一百，吃不完的粮

① 莫言：《生死疲劳》，作家出版社 2012 年版，第 11 页。

食吃不完的肉，搞什么计划生育！^①

这里的"灌浆""坐果""甩了鞭""秀穗""马下双驹"都是极为准确又极富地方特色的方言口语。其中的"甩了鞭"如果在农村没有摘过棉花的读者应该也很难知道其意思。棉花开花时，一朵棉花往往四瓣，如果不遇刮风下雨，是很好摘拾的，但是如果风比较大，特别是碰上淋雨，棉花的瓣就会拉长纠结在一起而很难摘拾，颜色也变得难看，农村称之为"甩了鞭"。

再看两个关于劳动的句子：

> 在鞭炮声中，我揎拳捋袖，跳到牲口圈里，将积攒了一个冬天的几十车子粪撅了出来。
>
> 开弓没有回头箭，任何事，只要开了头就要干到底，不能半途而废，出了一半的圈，不能再回填。
>
> 白氏，你好好想想，西门闹已经死了，金银财宝埋在地下也没有用，起出来，可以为我们合作社增添力量。^②

这里的"撅""出圈""起出来"也是当地的比较形象的口头用语。

再比如：

> 蓝脸，要给毛驴去势吗？
> ……
>
> 她的乳汁很好，她的奶好，她的奶发孩子，两个孩子都吃不完，有的女人的奶有毒，好孩子也会被她毒死。

> 父亲说：沤他一年半载看看，也算尽了心，天开眼让

---

① 以上引语节选自 2012 版莫言文集《与大师约会》《师傅越来越幽默》《怀抱鲜花的女人》《食草家族》。
② 以上引语节选自莫言小说《生死疲劳》。

他有一星半点子出息，也不枉您疼他一场。^①

"去势"即"阉割"的方言用法，"发孩子"也体现出民间语言的生动性。"沤"字在农村可以用在"沤粪""沤麻"等民间词语中，意思是将一些植物置入水中存放一段时间使之变为可以施肥的肥料，使黄麻纤维可以和麻秆剥离。此处"沤他一年半载看看"是一种形象的说法，是让他在学校里再复习一年的意思。其他几处也因为方言口语的应用而使莫言的小说具有了鲜明的民间色彩，由于这些词句的准确，还显示出一种如话家常的轻松和气度。

鲁迅曾经说过："方言土语里，很有些意味深长的话，我们那里叫'炼话'，用起来是很有意思的，恰如文言的用古典，听者也觉得趣味津津。各就各处的方言，将语法和词汇更加提炼，使它们发达上去的，就是转化。这于文学，是很有益处的，它可以做得比仅用泛泛的话头的文章更加有意思。"^②莫言精心提炼高密东北乡人民常用的方言土语，准确、生动、传神，而且具有鲜明的地域色彩，增强了他的小说创作的民间性。

第二节　民间歌谣

"民间歌谣是人民集体的口头诗歌创作，属于民间文学中可以歌唱和吟诵的韵文部分。"^③民间歌谣是非常重要的民间口头文学，也是民间极为重要的娱乐形式，和俚谚俗语相比，它具有鲜明的音乐性，形式更自由、多样，同时，民间歌谣具有一定的篇幅，可以表达更深刻、更细腻的感情。民间歌谣在民间喜闻乐见，莫言受到这种口头文学潜移默化的影响，在自己的小说中充分利用各种民间

---

① 以上引语节选自莫言小说《生死疲劳》《梦境与杂种》。
② 鲁迅：《门外文谈》，《鲁迅全集》（第6卷），人民文学出版社2005年版，第100页。
③ 钟敬文主编：《民间文学概论》，高等教育出版社2010年版，第173页。

歌谣塑造人物，表达对社会人生的思考，展示独特的民情风俗，讴歌男女之间真挚野性的爱情，营建小说神秘的气氛，揭示狂欢的精神和生命，也用民谣构建出一个独特的儿童世界。莫言对中国口头文学传统的挖掘也赋予他的小说以鲜明的地域色彩。

一、民间歌谣作为民间风格的体现与民间情感的抒发

《丑兵》《白鸥前导在春船》和《黑沙滩》是莫言最早期的作品，但在这几部小说中都有民间歌谣点缀其中。由此可见，莫言在一开始登上文坛时就有从民间歌谣汲取创作养分的意识，但我们也可以看出莫言在刚开始采用或者创作民谣时有不太成熟的地方，或者说他当时还没有创建高密东北乡这一文学王国的意识，所以出现了与自己创作的地域性特色不太吻合的民间歌谣。

《丑兵》是莫言的第二篇短篇小说，发表于《莲池》1982年第1期。在这篇小说里，莫言以民间常见的"四季歌"的形式创作了他文学生涯中的第一首民间歌谣——《丑娃娃》：

> 春天里苦菜花开遍了山洼洼，
> 丑爹丑妈生了个丑娃娃。
> 大男小女全都不理他，
> 丑娃娃放牛羊独自在山崖。
>
> 夏天里金银花漫山遍野开，
> 八路军开进呀山村来。
> 丑娃娃当上了儿童团，
> 站岗放哨还把地雷埋。
>
> 秋天里山菊花开得黄澄澄，
> 丑娃娃抓汉奸立了一大功。
> 王营长刘区长齐声把他夸，

男伙伴女伙伴围着他一窝蜂。

冬季里雪花飘飘一片白，
丑娃娃当上了八路军。
从此后无人嫌他丑，
哎哟哟，我的个妈妈。①

　　这是"丑兵"王三社在上前线送别会上所唱的一首民谣。王三社是来自山东的一位战士，因为长相太丑被他的战友们嫌弃，经常受他们嘲笑，以至于后来变得十分孤僻，但是他在自己的工作岗位上表现出色，而且在工作之余勤奋读书，并尝试着写小说。在对越自卫反击战征调老战士上前线时，王三社积极请战获得批准，在送别会上他唱了这首"四季歌"。这首民谣韵律优美，民间色彩浓厚，内容上也符合"丑兵"王三社的身份。尽管这是莫言在小说中创作的第一首民谣，但却和他后来所创造的高密东北乡这一文学王国的地域色彩相契合。不过，《白鸥前导在春船》中的《劳动歌》则给人异样的感觉。

哎——
梨木扁担三尺三，
大宝俺挑水淹棉田。
怕老天不是男子汉，
河里有水地不干。

哎——
桑木扁担四尺四，
梨花俺担水浇旱地。
老天怕女不怕男，

---

① 莫言:《丑兵》,《白狗秋千架》,作家出版社 2012 年版，第 20—21 页。

晒不干河水俺挑干。

……①

这是小说中的一对青年男女在浇棉田时所唱的民谣，在内容上和小说浑融无间，但是这种"对歌"的形式让人觉得和莫言笔下的高密东北乡这一地域不太协调，这则"对歌"给人不太舒服的感觉。"对歌"更多的是山区或者江南水乡才流行的民谣形式，从歌词方面也让人觉得这应该是中国南方经常采用的方式。莫言在这里之所以大胆采用，只是充分说明了莫言希望自己的作品具有浓厚的民间色彩，但是却没能顾及这种民谣的形式以及风格。

《黑沙滩》中的民谣《一头黄牛一匹马》，却又显得恰切和成熟：

一头黄牛一匹马
大轱辘车呀轱辘转呀
转到了我的家②

《黑沙滩》是描写军队题材的小说，但是因为民谣《一头黄牛一匹马》的多次出现，使得小说的主题更为复杂。这首民谣表达了人们对民间美好幸福生活的向往，反衬的是当时那个饥饿、不可理喻的年代。同时，民谣在作品中多次出现，使得小说笼罩着浓厚的悲伤氛围，对于"黑沙滩"场长这一人物的塑造也起着重要作用。

《红高粱家族》之《高粱殡》中豆官在母亲出殡时所唱的《指

---

① 莫言：《白鸥前导在春船》，《白狗秋千架》，作家出版社 2012 年版，第 38—39 页。

② 这是莫言小说《黑沙滩》中的一位民间歌唱家和"黑沙滩"农场场长喜欢唱的民歌，其实应该为作曲家时乐蒙的作品《三套黄牛一套马》，歌词为"三套哪黄牛一呀哪一套马，不由得我赶车的人儿笑呀哪笑哈哈。往年这个车呀咱穷人哪配用呀，今年一呀哈，大轱辘车呀骨碌碌转呀；大轱辘车呀骨碌碌转呀，转呀转呀转呀转呀，嘚儿，打起，转到了咱们的家，喔，转到了咱们的家"。这应该是莫言小时候非常熟悉的民歌，在创作小说时信手拈来，为我所用，只是歌词要么是记不全，要么是故意作了修改。

路歌》表达出生命的苍凉，直抵人们的情感深处和心灵深处。

　　　娘——娘——上西南——宽宽的大路——长长的宝
　　船——溜溜的骏马——足足的盘缠——娘——娘——你甜
　　处安身，苦处花钱——①

　　这首凄凉而又温暖的《指路歌》一方面反映了山东高密殡葬仪
式和独特的民俗风情，使读者看到高密东北乡如何对待已经逝去的
生命；另一方面这首歌谣又由不谙世事、丧失母爱的豆官用他那尚
显稚嫩的童音唱出，让人想起戴凤莲辉煌的一生，也让人对当时战
争的残酷和生命的无常生出无限喟叹。相信这首歌谣会打动不少读
者，让人深刻地体会到小说中透露出的悲凉。

　　此外，像《祖母的门牙》中那位祖母控诉父亲的"山老鸹，尾
巴长，娶了媳妇忘了娘！把娘扔到山沟里，把媳妇背到热炕上"的
古老的民间歌谣，应该也能够勾起很多具有农村经历的读者的回忆。

二、民间歌谣中神秘的生命世界与小说神秘氛围的渲染

　　莫言小说中有几首貌似意味深长，但又似乎毫无深意的歌谣，
它们本身即具有神秘性，当它们穿插在同时具有神秘意味的小说之
中时，也就更加增强了小说的神秘氛围。比如《秋水》中的民间歌
谣，这篇小说讲述了高密东北乡的开辟，小说中的爷爷与奶奶杀人
放火后逃到高密东北乡开辟了自己的领地。小说写到大雨滂沱、洪
水漫延、奶奶生产，神秘的紫衣女人用奇特的方法帮奶奶生下孩
子，随后又在洪水中漂来一釉彩大瓮，瓮中一白衣盲女，旁有一黑
衣持枪的男人守卫，再后来紫衣女人用枪打死黑衣男人复仇。故事
本来就具有神秘性，每一个人物都神秘莫测，而那个神秘的白衣盲
女又唱起了一首神秘的歌谣：

---

　　① 莫言：《红高粱家族》，作家出版社 2012 年版，第 245 页。

绿蚂蚱。紫蟋蟀。红蜻蜓。

白老鸹。蓝燕子。黄鹌鸽。

绿蚂蚱吃绿草梗。红蜻蜓吃红虫虫。

紫蟋蟀吃紫荞麦。

白老鸹吃紫蟋蟀。蓝燕子吃绿蚂蚱。

黄鹌鸽吃红蜻蜓。

绿蚂蚱吃白老鸹。紫蟋蟀吃蓝燕子。

红蜻蜓吃黄鹌鸽。

来了一只大公鸡，伸着脖子叫"哽哽哽——噢——"①

这首民间歌谣经由白衣盲女一边弹着三弦一边唱着，颇有几分诡异。民谣好像说了生物链中一物降一物的规律，每一种生物都有天生的敌人，而每一种生物又是另外一种生物的敌人，最后来的大公鸡到底又有何寓意呢？大概隐喻大自然操控一切的力量，颇有些神秘莫测。同时，歌谣中的这些生物又由看似常见的农村比较弱小的生物构成，但却又好像说明了自然万物相生相克、相辅相成的大道理，体现出莫言小说的怪异之处。而这首神秘的歌谣既可以烘托盲女的神奇，营造小说的神秘氛围，同时其寓意也与小说相契合。黑衣男子阴鸷凶狠，枪法如神，自然是个强者，但他却又被貌似柔弱的紫衣女子枪杀，体现了强大与弱小的相对性。

《夜渔》写小男孩"我"与"九叔"月夜下河道中捉螃蟹遇一漂亮女郎，女郎吟完"镰刀斧头枪。葱蒜萝卜姜。得断肠时即断肠。榴莲树上结槟榔"后消失不见。这首歌谣简简单单四句，有点像偈语，到了小说的最后谜底揭开，但是前面的两句依然是莫名其妙。《高粱殡》中的骑骡郎中的出现本来就诡异神秘，当他吟出"一巴豆，二牛黄，三是斑蝥四麝香，七根葱白七个枣，七粒胡椒七片

---

① 莫言:《秋水》,《白狗秋千架》,作家出版社 2012 年版，第 218 页。

姜"的歌谣①来，就更添几分神秘。莫言在这两首歌谣中都用了生活中常见的生活用具、农作物、蔬菜、树木，将这些普普通通的东西并列起来的时候，寻常的东西好像变得奇异多解了。

再来看《马驹横穿沼泽》中的《苍狼之歌》："苍狼啊苍狼生蛋四方，鸣声如狗叫行动闪火光，此鸟非凡鸟啊此鸟是神鸟，口衔灵芝啊筑巢于龙香，得见此鸟啊避祸消殃，得见此鸟啊万寿无疆！""苍狼啊苍狼，下蛋四方——声音如狗叫飞行有火光——衔来灵芝啊筑巢于龙香——此鸟非凡鸟啊此鸟乃神鸟——得见此鸟啊万寿无疆——""……兄妹交媾啊人口不昌——手脚生蹼啊人驹同房——遇皮中兴遇羊再亡——再亡再兴仰仗苍狼……"②《苍狼之歌》无疑是神奇之歌、生命之歌，既具神秘性，又能够让人感觉到生命的悲壮。这首歌谣由一个黑衣人奇怪地唱出，唱出了整个"食草家族"的盛衰史，唱出了"种的退化"的忧虑，唱出了对生命的哀叹。《马驹横穿沼泽》本身就是一篇神话，而这首歌谣则无疑是这篇神话的主题曲。

装神弄鬼的莫言，用一首首神秘之歌，唱出了命运的神秘与生命的悲壮。

三、情歌的炽热与心灵的洞开以及忧愁

情歌在民谣中数量众多，艺术水平也比较高。莫言的小说也不例外，莫言小说中的很多情歌都很精彩，有的还被广为传唱。

在小说《岛上的风》中，莫言让一个士兵唱了一首脍炙人口的山东小调《送情郎》：

    送情郎送到大门外，

---

① 亦可看作药诀。莫言小时候学过中医，背过《药性赋》《濒湖脉诀》等，对民间药方也比较熟悉。
② 莫言：《马驹横穿沼泽》，《食草家族》，作家出版社2012年版，第338、343页。

妹妹送郎一双鞋，

　　千针万线一片心，

　　打不败老蒋你别回来。

　　送情郎送到大路边，

　　妹妹掏出两块大洋钱，

　　这一块你拿着路上做盘缠，

　　这一块你拿着去买香烟。

　　……①

　　《岛上的风》也是莫言所写的比较早的军事题材的小说，基本上是按照文学理论教材上的理论指导所写的，小说写得"严肃认真"。但是，正由于小说中这首民谣的出现，使得严酷、无聊的岛上生活充满了人间的快乐和温情，小说人物朴实生动的形象也立时鲜明起来。

　　《红高粱家族》中《妹妹你大胆地往前走》是一首炽热激昂的情歌：

　　妹妹你大胆往前走

　　铁打的牙关

　　钢铸的骨头

　　从此后高搭起绣楼

　　抛撒着绣球

　　正打着我的头

　　与你喝一壶红殷殷的高粱酒②

　　以这首歌谣为原型的歌曲在二十世纪八九十年代中国的大街小巷风行一时，这当然有张艺谋电影《红高粱》的功劳，但更根本的

莫言小说创作与中国口头文学传统

---

①　莫言：《岛上的风》，《白狗秋千架》，作家出版社2012年版，第91页。
②　莫言：《红高粱家族》，作家出版社2012年版，第83—84页。

还是作品中的这首歌表达了人们对爱情、对自由的热烈追求，契合了当时人们张扬个性、寻求自我的心理需求。

《金发婴儿》中的黄毛在耙地时唱的那首民谣则让人惆怅万端：

> 有一个大姐二十八，
> 男人闯外不在家。
> 那天她坐在窗下纺棉花，
> 头插一朵石榴花。
> 小蜜蜂飞来飞去总不落下，
> 撩得大姐心乱如麻。
> 蜜蜂，蜜蜂，要采花就采花，
> 不采花就飞去吧。[①]

这首歌谣击中了紫荆的内心，她的痛苦、她的疮疤被揭开，她的爱情的火焰也被燃起。黄毛唱这首歌，可以说是无意，也可以看作是故意，是对紫荆的撩拨和诱惑。但无论如何，正是黄毛所唱的这首民谣逐渐将他们两个的内心打开，使他们后来不顾一切地结合在一起。《金发婴儿》是一幕悲剧，不过缺乏《红高粱》和《高粱酒》的野性和传奇性。紫荆的所作所为更接近日常性，但是，她依然是独立和强大的。黄毛的这首歌真的是让人愁肠百结了，此情此景此曲，充满酸甜苦辣的"民歌"正是人物经历情感的写照，浓缩了人物坎坷的人生经历，揭示了人物的内心感情的矛盾，也为接下来的情节打下基础，具有推进故事情节发展的作用。

有些民谣，微妙、温婉，深入细致地反映了女性甚至少女的心理活动，比如《丰乳肥臀》中的《紫碗碗花儿》：

> 紫碗碗花儿，盛蓝酒，妞妞跟着女婿走。走啊走，走
> 啊走，走到黑天落日头，草窝窝里睡一宿。抱一抱，搂一

---

① 莫言:《金发婴儿》,《欢乐》,作家出版社 2012 年版，第 156 页。

搂，来年生了一窝小花狗。^①

这首民谣，亦为儿歌，是对小女孩儿将来成为母亲的启蒙教育，但当经历了人生痛苦的上官鲁氏心中响起这首歌时，就让人心痛流泪了，这首歌的美好憧憬和生活对她的残酷折磨形成了对照。上官鲁氏嫁给了一代不如一代的上官寿喜，上官寿喜没有生育能力但是又理所当然地将不能生育的责任推到上官鲁氏身上，理由是"母鸡不下蛋怎能埋怨公鸡"。上官寿喜对上官鲁氏非打即骂，加上婆婆上官吕氏的不满和责骂，上官鲁氏无可奈何，为了生子只能四处"借种"，但是更为不幸的是她一连生了七个女儿之后才生下了一对龙凤胎。这八女一子来自不同的父亲，有上官鲁氏的姑父，有江湖郎中，有赊小鸭的，有村中的无赖、庙里的和尚，有逃兵，也有教堂里的传教士。上官鲁氏为了生下一个儿子，真是受尽了屈辱。当这首朴素美丽的童谣在她耳边响起时，该激起多少读者心中无限的感慨。

莫言的小说中有三首独特的民谣，分别是《姑妈的宝刀》中的"娘啊娘，娘／把我嫁给什么人都行／千万别把我嫁给铁匠／他的指甲缝里有灰／他的眼里泪汪汪"^②；《丰乳肥臀》中的"娘啊娘，狠心肠，把我嫁给卖油郎……"^③；《鱼市》中的"奇怪奇怪真奇怪，仙姑嫁了个丑八怪，眼睛瞎，鼻子歪。腋下挟根木头拐"^④。如何理解这三首民谣呢？莫言对《姑妈的宝刀》中的民谣做过如下分析："直到现在，我还是搞不清楚这段民歌里包含的意义。'把我嫁给什么人都行'，嫁个庄稼汉行，嫁个叫花子也行，嫁个杀人越货的土匪也行吗？好像也行。就是不能嫁给个铁匠。铁匠，在小生产的乡村经济中，应该是具有超出一般庄户人的地位的，他们的技术既

---

① 莫言：《丰乳肥臀》，作家出版社 2012 年版，第 592 页。
② 莫言：《姑妈的宝刀》，《与大师约会》，作家出版社 2012 年版，第 142 页。
③ 莫言：《丰乳肥臀》，作家出版社 2012 年版，第 23 页。
④ 莫言：《鱼市》，《道神嫖》(《莫言文集》卷 5)，作家出版社 1996 年版，第 402 页。(该民谣在 2012 版被取消。)

可以使他们得到高于庄稼汉的经济收入，又能使他们赢得庄稼人的尊敬。在讲究实际的乡村，首先唱出了这支歌的她，为什么会对铁匠如此恐惧——当然也不一定是恐惧，'他的指甲缝里有灰'好像是她嫌铁匠不讲卫生；'他的眼里泪汪汪'，这一句就颇费解了，一般地说，男子汉的眼里——一个与钢铁打交道的男人眼里泪汪汪，是一种很文学的表现，可以让人产生许多联想，眼泪汪汪的男人可以博得女人们的怜悯甚至是爱。可首唱此歌的女人竟将此作为她不愿嫁铁匠的理由。所以，我总是感到这首民歌后面一定有一个很曲折很浪漫的故事。"①

　　既然连莫言至今也"搞不清楚这段民歌里包含的意义"，我们也不能断然说自己就能彻底理解这首民谣的含义。但是，如果将这三首民谣联系起来看，并且联系民间"哭嫁"风俗的话，也许能够找到理解这些民谣的比较好的角度。中国许多地方都有"哭嫁"的风俗，姑娘在出嫁时要一边哭一边唱"哭嫁歌"。这些哭嫁歌既可以表达对父母的感恩留恋之情，但更多的是表达对父母或者媒婆的不满。"据说一个女子一生中唱歌最自由，并且能在公开场合指责父母，就是唱哭嫁歌的时刻。"②在四川也有这样的一首哭嫁歌："我的爹呀我的娘，爹娘都是狠心肠，自从女儿生下地，没有穿件好衣裳。……我的爹呀我的娘，你不该错听媒人讲，媒人是个油嘴狗，走东去西乱扯诳……媒人只管受财礼，哪管别人死和亡。"③出嫁的少女所唱哭嫁歌，主要表达了她们既忧且喜的复杂心理。忧，可能源于对父母或者媒婆的不满，也可能是因为对未来婚姻的担忧；喜，源于人生新的历程的开始，虽然未来是不可知的，但毕竟是值得憧憬的。所以，一些民歌中虽然貌似表达的是幽怨，但有的地方却可称之为"开心歌"④。所以，联系民间的"哭嫁歌"，这三首民谣都

①　莫言：《姑妈的宝刀》，《与大师约会》，作家出版社 2012 年版，第142—143 页。
②　张紫晨：《民间文学基本知识》，上海文艺出版社 1979 年版，第 80 页。
③　张紫晨：《民间文学基本知识》，上海文艺出版社 1979 年版，第 82 页。
④　万建中：《民间文学引论》，北京大学出版社 2006 年版，第 251 页。

可以看作是歌唱未嫁少女的心情的，是为她们前途未卜的婚姻恋爱生活担心不安的心理的写照。莫言的这三首歌谣温婉柔和，显示出莫言创作的另一面，就是说莫言小说中的男女特别是女性并不是都像戴凤莲、上官鲁氏那样野性、泼辣。莫言的作品由于这种类型民谣的插入，有时也显示出"淡淡的忧愁"的氛围。

莫言小说中的民间歌谣和小说有机地联系在一起，可以引起人们对爱情、亲情和人生的想象。可以说，正是民间歌谣这种口头文学样式的采用而使得莫言小说的民间色彩得到了加强，同时小说情感的厚度也得以增强。

四、儿歌中温暖、快乐而又感伤的童年世界的营造

我们知道莫言小说中的童年世界主要是悲惨的、无声的。比如《透明的红萝卜》中饱尝人情冷暖的小黑孩的世界，《枯河》中为了抗争而投河自杀的小虎的世界，《大嘴》中备受凌辱的大嘴的世界，《铁孩》中受到饥饿和孤独折磨的铁孩的世界，《拇指铐》中无缘无故被铐住无法脱身的孝子阿义的世界……在这些作品中，儿童的世界是冷漠、孤独、压抑的无声的世界。其实，莫言小说中的儿童还有另外一个世界，这个世界因为有了儿歌的点缀而充满温暖，快乐而又感伤。

莫言小说中的几首儿歌别具特色。《球状闪电》中的儿歌让人感到心酸和伤感，让人对茧儿充满同情之心；《筑路》和《十三步》中的儿歌让人感到好玩好笑；《姑妈的宝刀》中的儿歌简单，但说明了几个女孩的特征，说唱起来让人觉得温暖，好像能感知到农村乡下的朴素特征。

《养兔手册》中有一首儿歌或者说是谜语：

女孩腻在母亲怀里，拱动着。江秀英搂住女孩，说："小狗小猫，上南山偷桃，什么桃？""毛桃。"女孩答道。"上北山，偷杏。什么杏？""酸杏！"女孩高兴地说。

然后，母子二人眉开眼笑地同时说："毛桃，酸杏，一偷偷了一瓮……"①

《养兔手册》主要是说在军队提干后的"我"荣归故里，兴冲冲去新华书店看望自己喜欢的女同学，结果这个女同学对他视若无睹，一脸冷漠。这是一段伤心的回忆，后来我也比较落魄，成了个皮匠，却在客车上看到这个同样比较落魄的女同学和她女儿猜谜的温馨的一幕。这篇小说和《初恋》一样，是写"我"的情感挫折的，但《养兔手册》中儿歌的出现使得这篇写"失恋"的小说增添了几分温暖，而且意蕴也深厚了许多。

《球状闪电》中蝈蝈的妻子茧儿给自己的女儿蛐蛐唱了首儿歌或者说是摇篮曲："蛐蛐不哭，蛐蛐不叫，蛐蛐她爹买回牛，一条二条三条，八条七条五条……②"这首儿歌温暖悠长，简洁质朴，民间色彩浓厚。但是联系到蝈蝈与女同学毛艳复杂的关系，备受冷落的茧儿的遭遇，这首温暖的民谣又不免让人产生几分伤感。

也有几首和台湾相关的童谣体现出童稚的快乐。比如"嘀嘀嗒，嘀嘀嗒，北京来电话，要我去当兵，我还没长大，等我长大啦，台湾解放啦"③，"妈妈大，爸爸小，爸爸被打跑 / 跑到台湾岛 / 爸爸回来了 / 穿皮鞋，戴手表，/ 提着一串青香蕉"④。这是二十世纪五六十年代流行一时的童谣，体现出孩子当时轻松愉快的心情，这些孩子好像并没有受到家庭有海外关系的负面影响。

也有一些孩子们随口编造的儿歌甚至反映了当时的狂欢心理，比如《飞艇》中在寒冬时节出去讨饭时他们所唱的：

冷冷冷，操你的亲娘，
飞艇扎在河堤上！

① 莫言：《养兔手册》，《与大师约会》，作家出版社2012年版，第528页。
② 莫言：《球状闪电》，《欢乐》，作家出版社2012年版，第97页。
③ 莫言：《筑路》，《怀抱鲜花的女人》，作家出版社2012年版，第28页。
④ 莫言：《十三步》，《怀抱鲜花的女人》，作家出版社2012年版，第57页。

莫言与当代中国文学创新经验研究

> 热热热，操你的亲爹，
>
> 飞艇扎在河堤上！
>
> 飞艇扎在河堤上，
>
> 烧死了一片白皮桑。
>
> 飞艇扎在河堤上，
>
> 方家七老妈好心伤，
>
> 一块瓦灰铁，
>
> 打死了怀中的小儿郎，
>
> 流了半斤红血，
>
> 淌了半斤白脑浆，
>
> 七老妈好心伤！
>
> 飞艇飞艇，操你的亲娘！①

　　莫言小说中的很多孩子多才多艺，他们往往能够脱口而出，即兴编出一些顺口溜或者快板。这些儿歌或者说顺口溜充分体现出孩子世界的狂欢与快乐。《飞艇》中的这首儿歌，还反映出这些孩子的没心没肺，对于七老妈的孩子的死亡没有任何理性认识，更不用说什么伤感了。这些无知的孩子，无感情地乱吼乱唱，也说明当时生活环境的残酷和恶劣。正如方家七老爷所说的："你还站在这儿干什么？抱回家去找块席片卷卷埋了吧。一岁两岁的孩子，原本就不算个孩子。"

　　莫言小说中也有很多简单但又韵味深长的童谣，比如《姑妈的宝刀》中的一首。

> 从北走到南
>
> 孙家三枝兰
>
> 大兰爱哭
>
> 二兰嘴馋

---

① 莫言:《飞艇》,《白狗秋千架》,作家出版社 2012 年版，第 364 页。

三兰不开言①

这首儿歌极为简洁，意识简单明了，但却充分体现出民间儿歌的神韵来。

此外，就像莫言的小说中插入了一些荤故事一样，他的小说中也插入了一些荤歌谣。比如《白棉花》中的《十八摸》，《你的行为使我们恐惧》中摘棉花的女人所唱的荤歌谣，《司令的女人》中顽童们编的顺口溜等。这些荤歌谣正如作者所说的那样，"三唱两唱就唱到裤裆里去了"。这类民谣的歌唱者有男有女，有老有少。荤歌谣的"普及"反映了莫言小说中的人物粗鄙、粗野的一面，但也能说明为什么他的小说里可以出现戴凤莲、余占鳌等这些蔑视和反抗封建礼教的人物和故事。

莫言真的是"曰得诗，念得词"。从传统到现代，从高雅到鄙俗，显示出莫言深厚的口头文学传统的修养。可以说，民间歌谣的采撷是莫言小说丰富性的一大体现，民间口头文学的汪洋大海使得莫言的创作多姿多彩，体现出自己作品独特的民间的美的同时也见出鲜明的地域性和民族性。

第三节　民间小戏

陶宗仪在考镜杂剧源流时说："唐有传奇。宋有戏曲、唱诨、词说。金有院本、杂剧、诸公（宫）调。院本、杂剧，其实一也。国朝（元朝）院本、杂剧，始厘而二之。"②由此，可以看出小说与戏曲以及说唱艺术之间的密切关系。明末清初的戏剧大家李渔，径直将自己的白话小说集命名为《无声戏》，而晚清蒋瑞藻则认为："戏剧与小说，

---

①　莫言：《姑妈的宝刀》，《与大师约会》，作家出版社2012年版，第144页。
②　陶宗仪：《南村辍耕录》（卷二十五），中华书局1959年版，第306页。

异流同源，殊途同归者也。"① "作为中国古代叙事文学的两个重要组成部分，小说与戏曲具有'同源而异派'的密切关系，两者交互影响，相辅相成，这大概已成为研究者的共识。"②中国古典小说充分汲取戏剧的创作理念与创作技巧，两者互相影响，互相渗透，这从《红楼梦》《金瓶梅》《三国演义》《水浒传》《西游记》等小说中的戏剧因素可见一斑。作为深受中国古典章回小说与民间小戏影响的当代作家莫言，他小说中的戏剧因素随处可见，对于他小说中的人物塑造、心理揭示、氛围营造、语言风格的形成等起着极为重要的作用。

"我小时候经常跟随着村里的大孩子追逐着闪闪烁烁的鬼火去邻村听戏，……听戏多了，许多戏文都能背诵，背不过的地方就随口添词加句。"③莫言在小时候不仅经常看戏、听戏，他还有演戏的天赋，曾经凑热闹参与演戏，他说："'猫腔'的旋律伴随着我度过了青少年时期，在农闲的季节里，村子里搭班子唱戏时，我也曾经登台演出，当然我扮演的都是那些插科打诨的丑角，连化装都不用。"④不仅演戏，莫言还参与了家乡戏的编写，他曾经在小学老师的帮助下与其他人合作编写了茂腔《檀香刑》。在过去的农村，没有现在如此众多的娱乐媒体和途径，民间小戏就成为农民重要的娱乐形式，而山东的小戏形式多样，特色鲜明。首届在济南举行的山东地方戏创作展演，报送的小戏就有"吕剧、柳子、山东梆子、莱芜梆子、茂腔、柳琴戏、四音戏、周姑戏、两夹弦、四平调、聊斋俚曲、渔鼓戏、扽腔、枣梆、五音戏、蛤蟆翁、北词两夹弦已17个山东地方戏剧种"⑤。莫言虽然没有听过所有的这些被提到的小

① 蒋瑞藻：《小说考证》附录《戏剧考证》，上海古籍出版社1984年版，第337页。
② 潘建国：《古代小说中的戏曲因子及其功能》，《北京大学学报》（哲学社会科学版），2012年第3期。
③ 莫言：《大踏步撤退——〈檀香刑〉·后记》，《北京秋天下午的我：散文随笔集》，海天出版社2007年版，第386页。
④ 莫言：《用耳朵阅读》，《用耳朵阅读》，作家出版社2012年版，第58页。
⑤ 《首届山东地方戏新创作小戏展演在济南举行》，《戏剧丛刊》，2012年第2期。

戏剧种，但是对于茂腔、吕剧、柳琴戏等山东比较流行的小戏，莫言的确非常熟悉，这些民间小戏的形式和精神内涵已经化为他生命中的一部分，一旦意识到要高举高密东北乡文学王国的旗帜时，民间小戏在他小说中的出现也就是自然不过的了。

由于莫言的小说受到民间小戏的影响极大，他小说中这种口头文学样式出现的次数也比较多，这里拟从它对高密东北乡民间生命的意义、戏中戏的结构特征以及《檀香刑》中的茂腔作出论述。

一、民间小戏中民间生命的混沌苍茫与英勇悲壮

高密东北乡的乡民酷爱茂腔及其他一些说不出名字的民间小戏，这些民间小戏成为他们生活中必不可少的精神食粮，他们经常会在各种各样的场合演唱。有的时候甚至不知他们唱的是什么剧种，唱的戏文也是莫名其妙，但是却能够反映出生命的混沌苍茫与英勇悲壮。

> 一匹马踏破了铁甲连环
> 一杆枪杀败了天下好汉
> 一碗酒消解了三代的冤情
> 一文钱难住了盖世的英雄
> 一声笑颠倒了满朝文武
> 一句话失去了半壁江山[①]

这是莫言的短篇小说《大风》中爷爷的一段唱词。爷爷是一个普普通通的农村老人，劳动能手，他在和孙子一起到野地割草的路上唱出了这几句"歌子"，虽然爷爷不知道唱的什么，说是"瞎唱"，但却唱出了苍凉中的豪壮，凸显出爷爷身上的英雄之气。这一方面是由于口头文学的影响，即使是老实巴交、平凡朴实的乡民也对传

① 莫言：《大风》，《白狗秋千架》，作家出版社 2012 年版，第 167 页。

统戏剧或者章回小说里的英雄人物充满崇拜之情；另一方面，由于当时自然环境的恶劣，生存条件的严酷，使得"高密东北乡"乡民坚韧勇野，粗豪顽强。正如海明威《老人与海》中的"老人"，《大风》中的"爷爷"也是一个"硬汉"，一个英雄。面对只剩下一副大鱼的骨架，《老人与海》中的"老人"没有气馁；面对大风肆虐下只剩下车板缝中一棵枯草，《大风》中的"爷爷"也没有屈服。大自然的狂暴和强大常常使人显得渺小，面对大自然的残酷，人们有时甚至会感到无可奈何，但是无论如何，人类之所以能够延续生存下来，就在于这种永不放弃、永不屈服的精神，而《大风》中爷爷的唱词更显其勇气与豪气，这位平凡的老人也焕发出更为绚丽的光彩。

《透明的红萝卜》里的老铁匠也哼唱过几句戏文：

> 恋着你刀马娴熟通晓诗书少年英武，跟着你闯荡江湖风餐露宿吃尽了世上千般苦——

> ……你全不念三载共枕，如云如雨，一片恩情，当作粪土。奴为你夏夜打扇，冬夜暖足，怀中的香瓜，腹中的火炉……你骏马高官，良田万亩，丢弃奴家招赘相府，我我我是苦命的奴呀……①

这几句戏文在《透明的红萝卜》中共出现两次。第一次老铁匠只唱了第一句，情景是小铁匠用脏水泼了小石匠，小石匠要找小铁匠算账，老铁匠对小石匠不满，撞了小石匠一下，并唱出"恋着你刀马娴熟通晓诗书少年英武，跟着你闯荡江湖风餐露宿吃尽了世上千般苦"。这句戏文好像"说不出什么味道"，实际上表达了老铁匠对于铁匠生涯的充满辛酸的理解，同时也能看出老铁匠对小铁匠的维护和感情。老铁匠第二次唱这几句戏文时他的处境已经发生了变化，小铁匠冒着被戳伤手臂的危险获得了淬火的秘密，小铁匠已经

① 莫言：《透明的红萝卜》，《欢乐》，作家出版社 2012 年版，第 34 页。

195

具备了自立门户的能力，并且信誓旦旦地说要收黑孩做徒弟。老铁匠的地位不保，小铁匠的话也许是这个老铁匠以前曾经对小铁匠说过的话。接下来老铁匠的唱词反映了对小铁匠的谴责，对自己地位的逆转以及被背叛的悲哀。而且，从老铁匠手臂上的伤疤也能够看出他也曾经背叛过他的师父，这正是历史的循环，小铁匠不久前熟练的挥锤已经预示了悲剧的即将上演。那个时候，老铁匠也许已经想到这一天迟早会到来。新老循环是以痛苦为代价的，但又是不可阻挡的。这几句戏文苍凉悲远，既表达了老铁匠的命运悲苦与哀伤之情，也喻示着芸芸众生悲剧命运的不可避免。当然，即使是再炽热、再海誓山盟的爱情也会遭遇难以逾越的阻碍，这就难怪当时处于热恋之中的菊子姑娘听到之后满腹惆怅。

莫言还让他笔下的人物"胡编乱唱"来表达难以言喻的感情，显示出高密东北乡奇特的风情民俗。这些唱词都比较短，比较怪异但又能体现出鲜明的地域特色及无穷的韵味。比如：

> 六叔说完就站起来，大声唱道："骂一声刘表你好大的头，你爹十五你娘十六，一宿熬了半灯油，弄出了你这块穷骨头……"①

> 高粱地里悠长的哭声里，夹杂着疙疙瘩瘩的字眼：青天哟——蓝天哟——花花绿绿的天哟——棒槌哟亲哥哟你死了——可就塌了妹妹的天哟——②

> 曾外祖父一定是心中得意，在驴后哼起流行于高密东北乡的"海茂子腔"，曾外祖父胡编瞎唱：武大郎喝毒药心中难过……七根肠子八叶肺上下哆嗦……丑男儿娶俊妻家门大祸……啊——呀——呀——肚子痛煞了俺武大

① 莫言：《草鞋窨子》，《白狗秋千架》，作家出版社2012年版，第282页。
② 莫言：《红高粱家族》，作家出版社2012年版，第39页。

了——只盼着二兄弟公事罢了……回家来为兄伸冤杀他个乜斜……[1]

　　莫言的小说中有很多"无名"的农人出其不意地唱出一些意思莫名的戏文来，我们只能从这些戏文中感觉到一种气氛而难以捕捉具体的意旨。《草鞋窨子》中六叔的戏文没有什么"出处"，含义模糊，文词粗野不堪，但却能够传达出乡村的贫穷、无奈以及和自己兄弟"共用"一个妻子的苦闷。《红高粱家族》中哭丧女人的哭腔让人如见其人，如闻其声，词语的怪异也让人看到高密东北乡丧夫女人的感情特征和这一民情风俗的独特。戴凤莲父亲胡编乱唱的"海茂子腔"别有一番风味，联系小说的具体内容会发现其实戴凤莲的父亲是有感而发，词有所指。戴凤莲一个鲜花一样的二八娇女嫁给一个麻风病人，宛如潘金莲嫁给武大郎一样也是心有不甘，貌似毫无深意的"丑男儿娶俊妻家门大祸"则为单家父子的死亡埋下了伏笔。无论戴凤莲之父所唱的具体内容如何，他那种奇怪的唱法和怪异的唱词给小说平添一种混沌苍茫的感觉，乡村原野的辽阔苍凉、乡村农民情感思维的朴陋悠远，一种莫名的悲剧氛围也由此而生。

　　此外，莫言还喜欢利用戏文"画外音"的形式来表达人物的内心感情。

　　　　李二嫂在我女儿手提的那个绿色长方形小收音机里哭哭啼啼唱起来：麦场上拉完碌碡再把场翻，满肚子苦水能对谁言。
　　　　……
　　　　十七岁到李家挨打受骂，第二年丈夫死指望全断，靠娘家并无有兄弟姐妹，靠婆家无丈夫孤孤单单。

①　莫言:《红高粱家族》，作家出版社 2012 年版，第 82 页。

　　　　这碌碡滚滚绕场旋转，我的命和碌碡一般，转过来转过去何时算了，这样的苦光景无头无边。①

　　这是莫言中篇小说《爆炸》所引用的几句唱词，唱词出自山东吕剧《李二嫂改嫁》。《爆炸》讲述一位部队军官的妻子因为违犯计划生育政策怀孕而被检举，军官从部队回到老家动员妻子到乡医院流产。军官的妻子本来已经生了一个女孩，但是军官的父母和妻子本人都盼望家中有个男孩来传递香火。军官来到家里的打麦场，被愤怒的父亲打了一巴掌，妻子哭哭啼啼，此时收音机传来李二嫂悲悲切切的戏文，无论戏文还是场景都契合小说的具体情节。军官的妻子将自己想象成苦命的李二嫂。莫言利用戏文衬托了悲哀的环境，抒发了小说人物的痛苦心情，戏剧的真实与生活的真实在此契合无间。

　　与此类似的还有《天堂蒜薹之歌》。小说中金菊怀孕即将生产，她的母亲因为冲击县政府被捕，她在送别母亲后步履艰难地往家走。在回家的路上，就听到扶犁老汉所唱的戏文：

　　　　想起了你的娘早去了那黄泉路上，
　　　　撇下了你众姐妹凄凄惶惶。
　　　　没娘的孩子就像那马儿无缰，
　　　　你十四岁离家门青楼卖唱。
　　　　自古笑贫不笑娼，
　　　　你不该当了婊子硬立牌坊，
　　　　闹出了这血案一场！②

　　这几句唱词也正契合了金菊此时的境遇和心情。金菊的命运充满了曲折和痛苦。金菊为了给瘸腿的哥哥"换"一个老婆必须嫁给一个比自己大了很多的男人，但是金菊被同村男青年高马热烈追求

莫言与当代中国文学创新经验研究

---

①　莫言：《爆炸》，《欢乐》，作家出版社2012年版，第206、209页。
②　莫言：《天堂蒜薹之歌》，作家出版社2012年版，第134页。

并产生了感情，两人曾经谋划私奔，计划失败后遭到毒打。经历过各种磨难，金菊的父亲才最终答应了金菊的婚事。而现在金菊的父亲被乡镇书记的车撞死，母亲和丈夫被捕入狱，自己肚中的孩子即将出世，生活充满了不测和磨难。这段唱词正是金菊痛苦遭际的写照，也预示了她不祥的未来。

莫言小说中巧用民间小戏的戏文并使之以"画外音"的形式出现，让人想到《红楼梦》第二十三回《西厢记妙词通戏语　牡丹亭艳曲警芳心》，该回中林黛玉无意中听到梨香院戏子所唱"原来是姹紫嫣红开遍，似这般都付与断井颓垣"等戏文时不觉"心痛神驰，眼中落泪"，产生出无限惆怅之情。莫言小说中戏文的"画外音"形式，无疑与《红楼梦》中戏文的插入有异曲同工之妙。

"民间小戏是整个文化系统中最具有民族特色和地域色彩的民间文化内容，其源起、艺术特征的形成与嬗变，及其文化社会功能的实现，都蕴含着丰富的人类性质素，和应对生存挑战，张扬生命意识的一系列文化内涵。"[1]我们通过莫言小说中颇具特色的戏文唱词可以充分体会高密东北乡地域性文化以及对生命的独特理解，同时又可以更为深刻地理解小说中人物的悲剧命运。

二、戏中戏的结构特征及叙事功能

在《红楼梦》《水浒传》《说岳全传》等传统章回体小说中都有戏中戏的情形，作者巧妙地将戏剧这种形式运用到小说中。这些戏中戏既能体现戏剧本身的特色，也起到塑造人物的作用，而且还能带来小说情节的变化，也就是说，戏中戏成了小说情节必不可少的一个环节。

由于传统说书体小说的影响，以及说书和民间小戏这种口头艺术的巨大影响，莫言在自己的小说创作中也多次采用了这种戏中戏

① 董斌、魏建林:《民间小戏起源与艺术特征的人类学解读》,《社科纵横》，2006 年第 3 期。

的形式。莫言小说中的戏中戏有的独立性较强，有的则推动了故事情节的发展，成为整个小说情节链条中不可缺少的一环。

《四十一炮》中有一出名为《肉孩成仙记》的戏中戏，戏种为胶东小戏——柳腔。这部小说有两条叙事线索，主线索是五通神庙中"炮孩子"罗小通面对着庙里的兰大和尚讲述他的过去，副线索就是罗小通在现实中的所见所感。这段戏中戏就是罗小通在讲故事时所看到的在小庙院子里新搭戏台上上演的一场戏。这场戏是胶东民间小戏——柳腔，唱的是《肉孩成仙记》，它只是《四十一炮》主线索之外的另一条线索中的一个场景，看起来和主线索的关系并不是很紧密。但是，由于罗小通以擅长吃肉闻名，后来更是被尊为肉神，这样一来，《肉孩成仙记》就与主线索有了联系，戏中的肉孩是现实中罗小通的影子。而且，这场戏本身也具有一定的象征意义，象征着对那个物欲横流的世界的批判。戏中"卖婆子"的出场滑稽幽默，整段戏中戏比较充分地体现出民间小戏的鲜明的地域特征，增强了莫言小说的民间色彩。

莫言笔下有一些流浪的民间艺人，他对这些艺人的表演充满兴趣，对他们的命运深表同情。在这些民间艺人中，有的就是在乡村、集市上经常出现的耍猴艺人，莫言在他的小说《罪过》《幽默与趣味》和《生死疲劳》中各插入了一段"猴戏"。《罪过》中的猴戏体现出饱受孤独和歧视的大福子对美好生活的向往，热闹有趣的猴戏给他的悲惨境遇带来一丝慰藉。《幽默与趣味》中的耍猴人是故事的主人公，猴戏与小说的情节有承续关系。至于《生死疲劳》中的猴戏则让人嘘唏不已，作者让两个不思进取的富二代最后成了穷困潦倒的民间耍猴艺人。这两个人曾经锦衣玉食，现在竟能安于穷愁潦倒的生活，的确符合小说篇首语所说的"生死疲劳，从贪欲起。少欲无为，身心自在"。这场戏对于小说结构的设置、小说人物形象的塑造和主题意蕴的升华起着重要的作用。此外，从这些猴戏的唱词中，比如"你玩一个二郎担山追明月／再玩一个凤凰展翅赶太阳／玩一个花和尚倒拔垂杨柳／再玩一个武松打虎景阳冈……"也能够看出民间艺人对章回小说中英雄人物的崇拜之情。

《丰乳肥臀》中也有一段戏中戏：

> 俺本是窈窕一娇娘——哪——在放声歌唱的袅袅余音里，我二姐上官招弟头戴一朵红绒花，身穿蓝士林偏襟褂，扫腿裤子蓝绣鞋，左手挎竹篮，右手提棒槌，迈着流水般的小碎步，从司马家大门里流出来，流到耀眼瓦斯灯光下，在席地上煞住浪头，亮了一个相。……二姐绕场旋转一周，气不喘，神不乱，顿喉唱出第二句：嫁给了司马库英雄儿郎——这一句平稳过渡，尾腔没有往上扬，但引起的反响如石破天惊。
>
> ——儿的夫他本是毁桥专家，洒烧酒布火阵在蛟龙桥上。……①

这也是一场比较完整的戏中戏，接下来的表演比较详细地重现了司马库毁桥抗敌的英雄行为。这场戏中戏出现在司马库率人火烧蛟龙桥、毁坏铁路桥、颠覆日本军列之后。为了庆祝辉煌战绩，司马库请来了戏班子搬演他的英雄行为。从这场戏里我们看到高密东北乡民间小戏——茂腔的表演过程，看到了胡琴、琵琶、横笛、鼓、锣、钹、镲等民间乐器，听到了茂腔表演的声腔特征，认识到民间小戏在民间生活中的重要地位。民间小戏"是民间语言、民间智慧和民间艺术的充分展现，是劳动人民生存方式、生活境遇以及喜怒哀乐的最淳朴的反映方式"②，"从某种程度上讲，猫腔③是高密东北乡农民所能参与的唯一抒情方式，是充满魔力并诱发快感的精神慰藉"④。这场戏中戏的演出让我们对茂腔有一个比较充分的

---

① 莫言:《生死疲劳》，作家出版社 2012 年版，第 108—109 页。
② 杨红梅:《〈檀香刑〉的民间叙事及其英译》，《宁夏社会科学》，2015 年第 5 期。
③ 莫言在《檀香刑》中将高密地方戏"茂腔"称作"猫腔"。
④ 韩琛:《历史的挽歌与生命的绝唱——论莫言长篇新作〈檀香刑〉》，《小说评论》，2002 年第 1 期。

了解。"高密东北乡的茂腔，俗称'拴老婆的树橛子'，茂腔一唱，乱了三纲五常；茂腔一听，忘了亲爹亲娘。"①高密东北乡人爱听戏，茂腔是他们生活中不可缺少的一部分，听戏是他们的生活方式，更是他们精神生活最重要的方式。他们爱听戏，爱演戏，并且希望自己能够成为戏中的人物。这段戏中戏是小说中的一个插曲，体现了高密东北乡人对茂腔的热爱。同时因为是重要人物上官招弟和司马库在演戏，又体现了人物之间的关系，推进了故事情节的发展，二姐就是通过这场戏表达了她对司马库的迷恋，促使她后来义无反顾地嫁给了他。

《檀香刑》里的戏中戏更是一出千古绝唱，这出千古绝唱是义猫们在孙丙被执行檀香刑的升天台对面的戏台上上演的。将高密"猫腔"发扬光大的猫主孙丙在升天台上奄奄一息，他的徒子徒孙们决定在他临死前为他演一场大戏。且看这些英勇悲壮的唱词：

> 猫主啊——你头戴金羽翅身披紫霞衣手持着赤金的棍子坐骑长毛狮子打遍了天下无人敌——你是千人敌你是万人敌你是岳武穆转世关云长再世你是天下第一——咪呜——咪呜——

> 某乃猫主孙丙是也……某妻小桃红美貌贤惠，育有一男一女心肝儿郎。可恨那洋鬼子入侵中华，修铁道坏风水恁的猖狂。更有那小汉奸狗仗人势，抢男儿霸女子施恶逞强。某妻子大集上遭受凌辱，从此就晴天里打雷起了祸殃。某哭哭哭哭哭断了肝肠——某恨恨恨恨恨破了胸膛——

> 哎哟爹来哎哟娘——哎哟俺的小儿郎——小爪子给俺搔痒痒——小模样长得实在是强——可怜可怜啊把命

① 莫言：《生死疲劳》，作家出版社 2012 年版，第 108 页。

丧——眼睛里流血两行行——^①

孙丙希望自己死后被写入戏里歌唱的愿望终于达成了，他的事迹在他还没死亡之前已经被义猫们传唱。义猫在这出戏中戏里对他们的猫主——抗德的英雄进行了歌颂，又以念白的形式重新复述交代了小说中故事情节的产生、发展和经过，也抒发了对德军暴行的愤怒。最后一段戏文则体现了民间小戏的狂欢色彩。当德军士兵用他们手中的毛瑟枪向这些正在演戏的，处在癫狂之中、悲伤之中、愤怒之中的义猫们射击的时候，《檀香刑》整部小说也被这出戏中戏推向了高潮。从《檀香刑》中的戏中戏可以看出高密茂腔已经深入当地人的日常生活和精神世界，而义猫的演出则使袁世凯和德国人对高密东北乡"暴民"赶尽杀绝的阴谋得逞，最后义猫们果真死在乱枪之下，但这段戏中戏也成全了他们的义勇，完成了他们的千古绝唱。

此外，《蛙》中也有戏中戏的插入，而且小说最后一部分的戏中戏还是小说极为重要的组成部分，但这部分戏中戏是现代话剧的形式，已经超出了民间小戏的范畴，此处不再赘述。

三、《檀香刑》与茂腔

上面已经提到《檀香刑》中的"戏中戏"，但由于《檀香刑》是一部"戏剧化的小说，或者说是一部小说化的戏剧"^②，茂腔在这部小说中所起的作用举足轻重，需要在文本细读的基础上继续深入探讨。

莫言的《天堂蒜薹之歌》和《檀香刑》在小说章节开篇时分别使用了民间说书唱词和茂腔唱词。《天堂蒜薹之歌》共21章，除了最后一章，每一章的章首都有民间说书艺人瞎子张扣的一段唱词，

① 莫言:《檀香刑》，作家出版社2012年版，第494、499、501页。
② 莫言:《说不尽的鲁迅》,《莫言对话新录》，文化艺术出版社2010年版，第203页。

《檀香刑》除了猪肚部外，凤头部和豹尾部每一章的开篇都是一段高密茂腔的唱词。这些唱词的存在使得这两部小说被赋予鲜明的说唱特色，同时对于小说结构的构建、内容的揭示、人物的塑造、小说的议论与抒情等具有重要的作用。这里先对《檀香刑》的章首戏文的特点作出阐释。

《檀香刑》章首的唱词和《天堂蒜薹之歌》章首的唱词的叙事功能具有不同之处，《檀香刑》中的唱词或曰戏文除了与《天堂蒜薹之歌》中的唱词一样具有交代故事的起因、经过、议论、抒情的叙事功能之外，还具有揭示人物性格的作用。《天堂蒜薹之歌》中的唱词是由瞎子张扣一个人演唱的，只与他一个人的性格相关，而《檀香刑》中的各章章首戏文是由不同人物唱出，又因为整部小说是戏剧化的，小说的人物具有脸谱化的特征，戏文的风格与人物的性格是有关联的，这就构成了《檀香刑》中戏文与《天堂蒜薹之歌》中唱词的不同特点。"就人物来说，如果说被杀的孙丙有黑头的风范，刽子手赵甲应该就是二花脸，高密知县钱丁是老生，妩媚的孙眉娘是花旦，赵小甲是小丑，那么，凛然就义的钱雄飞则是英俊的小生，老奸巨猾的袁世凯就是纯粹的白脸了。各色人物性格鲜明突出，具有明显的戏剧化特征。"[1]《檀香刑》中章首唱词的存在，正如戏曲中人物的"亮相"，不同类型的戏剧化、脸谱化人物的性格特征也由不同人物在"亮相"时所唱的不同风格的戏文反映出来。

比如第二章《赵甲狂言》章首的唱词：

> 常言道，南斗主死北斗司生，人随王法草随风。人心似铁那个官法如炉，石头再硬也怕铁锤崩。（到了家的大实话！）俺本是大清第一刽子手，刑部大堂有威名。（去打听打听吧！）刑部天官年年换，好似一台走马灯。只有俺老赵坐得稳，为国杀人立大功。（砍头好似刀切菜，剥

① 王恒升：《文化的盛宴——论〈檀香刑〉的文化意蕴》，《山东师范大学学报》（人文社会科学版），2014 年第 6 期。

皮好似剥大葱）棉花里边包不住火，雪地里难埋死人形。
捅开窗户说亮话，小的们竖耳朵听分明。[1]

　　这段章首戏文就交代了赵甲作为清王朝第一刽子手的身份，并
且表明了他对王朝法律的崇拜以及他本人飞扬跋扈、目中无人、贪
婪残忍的性格。这些戏文正如戏剧中一个人物出场时作的自我介
绍，揭示了人物的性格特征。而第十四章《赵甲道白》章首的唱词
则借赵甲之口又将小说故事的情节和内容讲述了一遍，同时揭示了
作为国家机器代表的赵甲对民间抗德的观点。
　　从内容上来说，《檀香刑》章首中的戏文和《天堂蒜薹之歌》
章首中的唱词不同的是前者的戏文和各自章节的内容有联系，基本
上是概括了各自章节的内容，而后者各章章首的唱词不一定是该章
的内容的概括。比如小说的第一章《眉娘浪语》章首的戏文既是第
一章内容的概括，也是对整部小说内容的概括。第十五章《眉娘诉
说》的章首唱词还起着交代故事情节和引出下文的作用。这段唱词
是说孙眉娘要到县衙找知县钱丁说情，希望钱丁施以援手救出关在
牢中的父亲。但是衙门戒备森严，除了袁世凯的武卫队，还有德国
兵共同把守，此时闯县衙只能是凶多吉少。但是，孙眉娘"为了救
爹一条命，女儿要，豁出个破头撞金钟。抖擞精神往前闯，就听
到，身后一片吵闹声"[2]。身后的吵闹声正是源于高密县叫花子的
游行，他们借助八月十四日叫花子节的游行巧妙地挽救了孙眉娘的
性命。这段章首的唱词和正文的内容衔接得天衣无缝。
　　第十六章《孙丙说戏》章首的唱词则说明了孙丙决心赴死的决心：

　　好好好好好好好啊！好戏开场了啊——有孙丙站囚笼
大街游行，中秋节艳阳照天地光明。站在那囚车上举目四
望，但见得众乡亲伫立在大街两旁。但见得车前头衙役们

────────────

① 莫言:《檀香刑》，作家出版社 2012 年版，第 41 页。
② 莫言:《檀香刑》，作家出版社 2012 年版，第 379 页。

鸣锣开道，但见得车后头兵马猖狂。刀出鞘箭上弦子弹上膛，德国鬼中国兵个个紧张。都因为昨夜晚朱八率众劫了牢房，设巧计出奇谋换柱偷梁。若不是俺打定主意要上刑场，此时刻，神不知，鬼不晓，只有那小山站在这囚车上。朱八哥哥呀，俺孙丙辜负了你和众弟兄一片心意，害得你们命丧黄泉，首级挂在了衙墙上。但愿得姓名早上封神榜，猫腔戏里把名扬。①

　　这段戏文自然有交代故事情节的作用，说明了孙丙本来可以逃脱因牢，但是他故意不与拯救他性命的朱八配合，这反映了他一方面受到自己凄惨遭遇的痛苦的影响，另一方面更为重要的是受到传统戏剧中戏剧的影响，特别是戏剧中英雄人物的影响，想要自己也被写入戏文而故意这么做。结果是不仅使朱八等人丧了命，自己也受了檀香刑。"猫腔是高密东北乡广大农民精神、情感寄居的寓所，这里人民的生活热情、艺术感受、生命理想均寄托在猫腔那声情并茂的唱腔之中"②，《檀香刑》所发出的声音"包含了许多非理性的成分，它包含了把生活看成表演的仪式的成分，即使无价值也要把生命延续下去的成分，这些东西可能愚昧却是任性的、狂欢的、坚韧的，它在民间戏剧中藏身，但也正是这种声音使忍受了内忧外患、压抑的惨痛、饥馑的折磨、专制的苦难的民族得以延续下来"③。这篇戏文是对于整部小说中孙丙行为的原因的解释，是对中国国民受到戏剧影响的揭示。当然，这篇戏文也体现了孙丙生死不惧的英雄豪气。

　　这些章首的唱词根据不同人物的角色和性格，分别采用了不同的唱腔。眉娘的大悲调、赵甲的走马调、小甲的娃娃腔、钱丁的雅调等。从这些不同的腔调可以看出眉娘的多情与悲哀、赵甲的冷酷

---

① 莫言:《檀香刑》，作家出版社 2012 年版，第 415 页。
② 韩琛:《历史的挽歌与生命的绝唱——论莫言长篇新作〈檀香刑〉》，《小说评论》，2002 年第 1 期。
③ 郜元宝、葛红兵:《语言、声音、方块字与小说——从莫言、贾平凹、阎连科、李锐等说开去》，《大家》，2002 年第 4 期。

莫言与当代中国文学创新经验研究

与贪婪、小甲的痴傻与野蛮、钱丁的义愤与动摇以及孙丙的豪气与慷慨。这些不同的唱腔也体现出莫言对茂腔的熟悉以及将小戏的特点充分纳入小说的良苦用心。

《檀香刑》中的戏文当然不只是存在于各章的章首，小说更多的是将茂腔运用到正文的各个部分，这些戏文起着以戏代言、以戏叙事、以戏抒情的作用，从而使整部小说都激荡着民间小戏的旋律。

以戏代言是民间小戏也是一般戏曲中常用的方式，莫言的小说也借鉴了这种方式，他在《檀香刑》中多次运用戏文进行人物之间的对话。比如德国技师调戏孙丙的妻子而被孙丙失手打死，德国兵随后血洗了孙丙所在的马桑镇，孙丙的妻子儿女在这次大屠杀中不幸遇难，孙丙陷入极大的悲痛和愤怒之中，乡亲们七嘴八舌地开导并规劝他去曹州府搬来义和拳复仇。当村民们劝解安慰孙丙的时候使用戏文，孙丙决定到曹州请来义和拳复仇道别时用的话语也是采用戏文的形式。本来就是一般的对话，但是由于小说整体的戏剧氛围，使得小说多处对话都使用了戏文。在现实生活中，即使高密东北乡人民深受民间小戏的影响，也不至于产生这种完全以戏代言的现象，但由于《檀香刑》整体营造的戏剧氛围，才使得这种行为的出现具有了充分的理由。

《檀香刑》不仅以戏代言，还以戏叙事。在叙事时，小说可能直接运用整段的戏文叙事。比如赵甲在从家中走到通德书院的经过以及戏台和升天台的具体情境都是由赵甲的戏文唱出。孙眉娘则用所唱的戏文交代了孙丙的出场：

> 这时，就听到县街内锣鼓喧天军号鸣，咕咚咚大炮放三声，县衙的大门隆隆开，闪出了仪门前面好阵营。俺不去看护卫的士兵如狼虎，也不去看当官的仪仗多威风。俺只看，队伍中间一囚车，囚车上边两站笼，笼中各站着人一个，一个是俺爹爹老孙丙，一个是山子假孙丙。[1]

① 莫言:《檀香刑》，作家出版社 2012 年版，第 413—419 页。

在小说中，莫言有时还将戏文穿插在叙述的语流里，或者使用戏文式的语言叙事，此时叙述语言已经戏文化了。在《檀香刑》中，一些戏文经常混入叙述的语流中。莫言在小时候演过戏，后来写过戏，他也一直都喜欢听戏，对家乡的地方戏茂腔怀有深厚的感情，他之所以要写《檀香刑》也是出于茂腔的感召和蛊惑。而莫言在写作这部小说时，"小戏的旋律始终在我的耳边回响"[①]。莫言在写作时就陷入一种戏剧的氛围中，当他找到了小戏的语感，他在写作中不自觉地使用戏文也就顺理成章。即使不是使用戏文，小说的语言也具有戏文的韵律。《檀香刑》的叙述语言多用三字句、四字句和七字句，节奏分明，合辙押韵，朗朗上口。同时，这些叙述语言在句式上也多处使用了戏剧语言的句式，比如"众位花子伸手把俺的屁股托""已有那侯小七把俺接"等，充分体现了小说语言的戏剧化。所以我们看到他在小说中有时候大段地使用戏文唱词，有时候将戏文穿插进叙事语言的洪流，又有时候使用戏剧性的语言叙述事件，充分体现了莫言对小戏的痴迷和运用的娴熟。

作为戏剧化的小说，《檀香刑》更是喜欢用戏文来抒发感情。在感情强烈的时候，一些戏文总是从小说人物的口中唱出。比如孙丙，他在高兴的时候要唱。孙丙在作为东北乡乡民代表向知县钱丁敬献万民伞的时候，本来因为之前与知县"比须"失败并被拔光了胡须，此次刚到县衙的时候还是怀着羞愧和愤恨的心情，等到钱丁设宴款待之后，心中顿时高兴起来，不知不觉中唱出"孤王稳坐在桃花宫，想起了赵家美蓉好面容……"[②]。他在忧虑不安时要唱。他因为德国技师调戏妻子而失手将其打死，第二天心中愁绪满怀，惴惴不安，于是放开喉咙唱起了茂腔："望家乡去路遥遥，想妻子将谁依靠，俺这里吉凶未可知，哦呵她，她在那里生死应难

① 莫言:《京都大学会馆演讲》,《用耳朵阅读》, 作家出版社 2012 年版, 第 88 页。
② 莫言:《檀香刑》, 作家出版社 2012 年版, 第 179 页。

莫言与当代中国文学创新经验研究

料。呀！吓得俺汗津津身上似汤浇，急煎煎心内热油熬……①这些凄婉苍凉的唱词正是他心中恐惧的体现。后来德国兵来报复，孙丙躲在马桑镇不远处的树林里看到马桑镇房屋被烧，居民被枪杀，妻子儿女也惨遭毒手。由于过度的痛苦，他若癫若狂，悲哀愤慨的唱词在他心中回旋："有孙丙俺举目北望家园，半空里火熊熊滚滚黑烟。我的妻她她她遭了毒手葬身鱼腹，我的儿啊——惨惨惨哪！一双小儿女也命丧黄泉——可恨这洋鬼子白毛绿眼，心如蛇蝎、丧尽天良。枉杀无辜，害得俺家破人亡、形只影单，俺俺俺——惨惨惨啊。……德国鬼子啊！你你你杀妻灭子好凶残——这血海深仇一定要报……"②他用茂腔表达对德国杀戮者的愤慨，抒发自己内心的悲伤，表达报仇雪恨的决心。

《檀香刑》中还经常使用戏文将已经发生、已经叙述过的故事再重新演唱一遍，而这种"重复"在小说中出现并不让人觉得累赘，富有特色的戏文唱段还给人以陌生化的感觉，同时可以调节小说叙事的节奏，所以《檀香刑》中的戏文随处可见。这样就使得整部《檀香刑》回荡着小戏的旋律，达成"戏剧化的小说，小说化的戏剧"的效果。有的论者甚至认为在《檀香刑》中，"莫言将山东高密的小戏曲调——猫腔，富有音律性的自我倾诉，大量的俗语、俚语、民谣、谚语以及众多的韵文和散曲作为叙事的话语基调，使得小说仿佛是一部民间艺人的唱词或乡间流传的戏谱本"③。

综上所述，茂腔戏对高密东北乡人的影响深入骨髓，他们过的是戏如人生、人生如戏的生活，茂腔戏已经成为他们生活的一部分，也是他们生命的一部分。所以，才会有孙丙本可得救但他仍然不惜葬送拯救他的人的性命而慷慨赴死。他以戏中的英雄自居，"前呼后拥威风浩——俺穿一件蟒龙袍，戴一顶金花帽——俺可也摆摆摇摇，玉带围腰——"，"……俺本是英灵转世，举义旗替天行

莫言小说创作与中国口头文学传统

---

① 莫言:《檀香刑》，作家出版社 2012 年版，第 195 页。
② 莫言:《檀香刑》，作家出版社 2012 年版，第 205—206 页。
③ 杨经建:《"戏剧化"生存:〈檀香刑〉的叙事策略》,《文艺争鸣》, 2002 年第 5 期。

道……要保我中华江山，不让洋鬼子修成铁道……"。①由于民间小戏的影响，高密东北乡乡民对戏中的英雄人物烂熟于心，崇拜戏中的英雄人物，甚至有的还有一种死后被编入戏文的愿望。《丰乳肥臀》中的司马库、沙月亮如此，《檀香刑》中的孙丙、孙眉娘也是如此。所以，他们平日所唱的戏文中也往往充满英雄之气，这些戏文赋予莫言的小说一种英勇悲壮、壮怀激烈的粗砺雄豪之美。

① 莫言:《檀香刑》，作家出版社 2012 年版，第 434 页。

第五章　向中国口头文学传统回归中的
变与不变

　　自 1981 年发表《春夜雨霏霏》登上文坛，1985 年发表《透明的红萝卜》引起关注，1986 年发表《红高粱》大放异彩，1995 年发表《丰乳肥臀》引起轩然大波，2001 年发表《檀香刑》宣称"大踏步撤退"，2006 年发表《生死疲劳》掀起中国魔幻风，2009 年发表《蛙》痛铸忏悔录，至 2012 年获诺贝尔文学奖，为自己和中国的文学立一界碑，莫言的创作生涯已然走过三十余年的历史。三十余年来，莫言的创作一直处于探索之中，他"不断地舍弃自己运用起来得心应手的技巧和熟悉的题材，努力进行着多样化的探索"[①]。不重复别人也不重复自己的文体意识使莫言的创作充满变数，任何貌似严谨的阐释似乎都显得牵强附会，但我们还是希望能够从他的创作中总结出某些"规律"，概括出他的创作在向口头文学传统回归的过程中"大致"经历了哪些变化。

　　莫言在谈到他的长篇小说《丰乳肥臀》时曾经说，《丰乳肥臀》"实际上是一个没有结构的结构，我想五十万字的作品，如果玩弄过多叙述和结构的技巧的话，会更加让读者难以卒读，只能老老实实地写，然后在结构上有大块创意，玩大结构，写大块文章，不玩小把戏"[②]。这里的"小把戏"是指莫言在前期小说创作中热衷于形式实验时所使用的诸种技巧，他用各种让人眼花缭乱、惊叹不已的小说技巧宣告了自己创作的先锋性和现代性。"大结构"主要是

①　莫言：《我抵抗成熟——日文版中短篇小说集〈幸福时光〉后记》，《北京秋天下午的我：散文随笔集》，海天出版社 2007 年版，第 373 页。
②　莫言：《用自己的腔调说话——〈新京报〉记者采访录》，《碎语文学》，作家出版社 2012 年版，第 153 页。

指莫言在宣布"大踏步撤退"之后自觉地向中国口头文学传统回归，向古典小说致敬时所运用的方式方法，他以"玩大结构，写大块文章"的决然态度宣告了自己创作的本土性和传统性。可以说，莫言的创作经历了从"小把戏"向"大结构"的转变，但即使转变之后，"大结构"中依然包含很多"小把戏"，本土性的张扬并未放弃世界性的追求。

第一节　形式实验的探险与"小把戏"

自觉的文体意识加上天马行空的想象力，莫言的小说总是充满纷至沓来的奇思妙想和新颖独特的外在形式，以至于他被称为怪才、鬼才、天才、奇才、文学魔术师甚至是大闹文学天宫的孙悟空。[①]一些文学史也乐于将他称为"寻根派""现代派""新历史主义""魔幻现实主义"等流派的代表作家。[②]而莫言本人则不无得意地说："我曾经被文学评论家贴上许多的文学标签，他们时而说我是'新感觉派'，时而说我是'寻根派'，时而又把我划到'先锋派'的阵营里。对此我既不反对也不赞同。"[③]"我不停地变化，使他们的定义都变得以偏概全。我是一条不愿意被他们网住的鱼。"[④]莫言对小说的叙事艺术极为痴迷，他是形式实验的探险家、技巧革新的急先锋，他小说中的"小把戏"花样迭出，层出不穷。

在莫言的诸多"小把戏"之中，叙事人称的选择和频繁转换作

---

① 以上称谓可见贺立华、杨守森等著《怪才莫言》、李洁非《鬼才写鬼事》、张云龙《艺术的叛逆——评十三步》、房福贤《全国首届莫言创作研讨会纪实》、刘再复《说不尽的莫言——答〈南方都市报〉记者陈晓勤问》。
② 以上观点可见金汉、冯宪光等主编《新编中国当代文学史》、孔范今主编《二十世纪中国文学史》、朱栋霖主编《中国现代文学史》。
③ 莫言:《自述》,《小说评论》, 2002 年第 6 期。
④ 莫言:《我的文学历程》,《用耳朵阅读》, 作家出版社 2012 年版, 第 196 页。

为外显形式是最为引人注目的，这些技巧有的成为经典被人仿效，有的则让人望而生畏退避三舍。在叙事人称的选择和运用上，莫言小说的特点在于一是第一人称的大量运用，二是"我爷爷""我奶奶"复合人称的发明，三是第二人称的巧妙运用，四是叙事人称的频繁转换。华莱士·马丁认为"叙事视点不是作为一种传送情节给读者的附属物后加上去的，相反，在绝大多数现代叙事作品中，正是叙事视点创造了兴趣、冲突、悬念、乃至情节本身"，"在很多情况中，如果视点被改变，一个故事就会变得面目全非甚至无影无踪"。①莫言对叙事人称的实验性运用，充分体现了他对此叙事技巧的重视。我们知道莫言的小说创作喜欢使用第一人称视角，其中一个主要原因是因为莫言受到了中国口头文学传统的深入影响，中国民间故事的讲述就多用这一视角，那么他在创作时使用这一视角也就不足为奇。此外，莫言对第一人称叙事视角的青睐还与莫言小说多为历史—家族的叙事模式有关，与第一人称视角的独特叙事功能有关。乔纳森·雷班认为："用第一人称来叙述的手法当然是有用的，特别是在故事里的事件发生在遥远的过去而其可能性又微乎其微的情况下。在这种情况下，作者就会感到有必要虚构出一个亲眼看到这一切的目击者。"②莫言小说中的"我"无论是故事的亲历者还是旁观者，总是以追忆的视角叙述自己的或者家族的过往的历史，而且第一人称有利于表达在叙述祖先英勇事迹时的自豪之感和抒发作者的浪漫情怀。同时，时空颠倒这一叙事技巧的需要，也使得第一人称在莫言的小说中频频出现成为必要，因为"第一人称会把一篇不连贯的、支离破碎的故事联结起来，使它显得像一个单一整体的形式"③。由于莫言小说中的线索多为复线交织缠绕，而且

---

① （美）华莱士·马丁：《当代叙事学》，伍晓明译，北京大学出版社2005年版，第130页。

② （英）乔纳森·雷班：《现代小说写作技巧——实用文艺批评集》，戈木译，陕西人民出版社1984年版，第4页。

③ （英）珀·卢伯克：《小说技巧》，《小说美学经典三种》，方土人等译，上海文艺出版社1990年版，第94页。

时空颠倒交错，而第一人称的使用有利于将小说整合为一个有机的整体。此外，使用第一人称"有助于使读者产生对故事的亲切感，从而使读者进入人物的情感生活之中，同故事中人物共命运，分享主人公的忧虑和欢乐"①。莫言对第一人称的情有独钟引起了很多批评家的关注并进行了深入的分析，王西强称之为"我向思维"，认为"莫言无论在创作心理还是在文化皈依上都习惯性地选择第一人称'我'作为小说的叙事切入点，在'我向思维'叙事语境中，他感到了叙事情感上的亲近和飞扬想象的便利"②。莫言尤为得意的是对"我爷爷""我奶奶"复合视角的发明，"二十多年过去，我对《红高粱》仍然比较满意的地方是小说的叙述视角，过去的小说里有第一人称、第二人称、第三人称，而《红高粱》一开头就是'我奶奶''我爷爷'，既是第一人称视角又是全知的视角"。③"我爷爷""我奶奶"这样的复合视角集第一人称的亲切真实性和第三人称的全知全能性于一身，使得故事的叙述者能够方便地在过去和现在之间自由穿越，将叙事人称的叙事功能发挥得淋漓尽致。

对于第二人称，在过去的小说创作中比较少见，但由于它特殊的叙事功能已引起许多作家和批评家的注意。高行健在他的《现代小说技巧初探》中曾经提到过："第二人称'你'在现代小说的叙述语言中用得越来越广泛了，因为作者在叙述时一旦用上了第二人称，便立刻可以同读者直接进行感情上的交流，较之用第三人称一个劲地叙述更容易打动读者，比用第一人称自说自话也来得更有效力。"④第三人称叙事是叙事人讲述别人的故事，即"他"的故事，是转述，而第二人称叙事将叙述者和读者置于同一平面上直接和受述者"你"进行交流，更易于抒发感情，更有感染力。不同的

---

① （美）利昂·塞米利安：《现代小说美学》，宋协立译，陕西人民出版社1987年版，第55页。

② 王西强：《论1985年以后莫言中短篇小说的"我向思维"叙事和虚构家族传奇》，《当代文坛》，2011年第5期。

③ 毕飞宇：《关于〈红高粱〉的写作情况》，《南方文坛》，2006年第5期。

④ 高行健：《现代小说技巧初探》，花城出版社1981年版，第13页。

叙事人称具有不同的叙事功能，第一人称更容易制造真实的幻觉，第三人称又往往具有全知功能，叙述者可以深入到任何一个人物的心灵深处同时又能为故事结构的调控提供方便和自由，我们在实际阅读中接触的多为这两种叙事方式。对于第二人称，我们在阅读中有时也会遇到，但对它的特殊性则关注不够。当叙述者以"你"来称呼故事中的人物时，一种"面对面"的直接的精神联系就容易产生。在莫言的小说中，我们能够看到他对第二人称运用的独到之处。"第二人称'你'比第一、三人称'我'和'他'更能把读者带进小说描写的环境中去，而作品的优劣在第二人称'你'这个放大镜下，也更难逃读者的眼睛。因此，作者在用第二人称的时候，事先又要特别考虑到是否对小说中的人物的情感作了真实而充分的描绘。作者如果没有把握能引起读者的共鸣，最好不要用第二人称。第二人称是一种非常强烈的表现手段，一般用在画龙点睛之处。"①莫言小说纯粹地使用第二人称视角的比较少，最为典型的是中篇《欢乐》，其他的往往是以第一人称或第三人称叙事为主，只有在感情最强烈之时才转换为第二人称。比如《丰乳肥臀》里对于上官金童的"八姐"上官玉女投河自尽的一段描写："八姐的美是未经雕琢、自然天成的，她不懂得梳妆打扮，更不解搔首弄姿，她是南极最高峰上未被污染的一块雪。雪肌玉肤，冰清玉洁，真正的，不掺假的。然后她就哼唱着小调，一步步地向河水深处走去。河水渐渐淹没了你的腿，淹没了你的脐，淹没了你的双乳，鱼儿欢快又感动地啄着你的乳头，你的双乳照亮了幽暗的水面。水淹没了你的双肩，缭乱了你的长发，你继续往前走，然后你就突然华丽地消逝了。在水下你看到了人世间难见的奇景，披红挂彩的鱼群为迎接你的到来翩翩起舞，繁茂的水草款款摇摆，河底摆开了十里长的盛宴，琼浆玉液，山珍海馐，香气一直流到海洋，海洋一片馥郁富饶的香气。现在我才明白，我青年时期痴恋过的娜塔莎，正是八姐

① 高行健:《现代小说技巧初探》，花城出版社 1981 年版，第 13—14 页。

莫言小说创作与中国口头文学传统

的影子。"①这里既有以"我"为视点称呼"八姐"的第一人称，但当以"她"为视点称呼"八姐"时当是第三人称，到了描写八姐被河水渐渐淹没时就转换成了第二人称"你"，这是因为情到浓时必须与八姐面对面诉说，非如此不能表达出内心强烈的感情。

　　一般来讲，第三人称叙事视角的小说，它的叙述人超然于故事之外，君临一切，对所有的人物、事件等无所不知，这就是我们常说的全知角度，传统小说大多使用的是这种叙事视角。但如果叙事的视点聚焦于某一个人物，只通过这一人物的所作所为、所看所想来推动故事的进展时，即使是采用第三人称视角，这时候也必须遵循限知的叙事角度。莫言的以第三人称视角叙事的小说有全知叙事的，如《透明的红萝卜》《民间音乐》《三匹马》等，也有采用限知叙事的，如《售棉大道》《白狗秋千架》《怀抱鲜花的女人》等。《售棉大道》的视点紧紧跟随着几个焦灼辛苦地排着长队卖棉花的青年男女，《白狗秋千架》的视点集中在一个回家探亲与小姑相遇的知识分子，《怀抱鲜花的女人》的视点则没有脱离被怀抱鲜花的女人如影随形纠缠的年轻的上尉。在莫言的小说中，不同叙事视角交相辉映，丰富着小说创作的无限可能。

　　莫言小说中的叙事视角灵活多样，视角之间频繁地自由转换，这些视角转换有时发生在章与章之间，有时发生在一章各段落之间，有时即使是在同一个段落里也会频频发生。不同的叙事视角具有不同的叙事功能，叙事视角的自由转换，使得莫言能够自如地控制叙事节奏，自由地在叙事对象之间出入，既有利于叙述者和叙述对象的抒情和叙述者对叙述对象的评论，同时也形成了独特的蒙太奇效果。但是，如果叙事视角的转换只是为了炫技而不无节制的话，不免显得故弄玄虚以致带来理解的困难。

　　莫言的以第一人称书写的中短篇小说特别是短篇小说，大都有一个贯穿始终的"我"，这个"我"指的是同一个人，"我"的身份没有变化，"我"依然是"我"。如《红高粱》中的"我"是个回

　　①　莫言:《丰乳肥臀》，作家出版社 2012 年版，第 620—621 页。

故乡为"我"的家族树碑立传的"我爷爷"余占鳌的孙子,《奇遇》里的"我"是一个回老家探亲的军人,《大风》《五个饽饽》《草鞋窨子》《麻风的儿子》《屠户的女儿》《姑妈的宝刀》等小说里的"我"都是一个视点统一的顽童或少年。这些小说,从人称转换的角度来说是比较"传统"的,作者没有给读者的阅读设置障碍,只要了解了初次接触的叙述者"我"的身份,接下来用不着担心在其他章节中"我"的身份。

但是,莫言的以第一人称书写的中长篇小说特别是长篇小说,随着故事的发展,叙述者"我"的身份频频转换,"我"常常不再是原来的"我"。比如《檀香刑》的"凤头部"和"豹尾部"共九章,标题分别为《眉娘浪语》《赵甲狂言》《小甲傻话》《钱丁恨声》《赵甲道白》《眉娘诉说》《孙丙说戏》《小甲放歌》和《知县绝唱》。这九章均为第一人称叙事,从标题就能看出不同章节里的叙述者"我"的人物身份的不同。与《檀香刑》叙事视角转换相似的是长篇小说《生死疲劳》,这部长达四十三万字的小说里的叙述者有三个人物,即蓝千岁、蓝解放和"莫言",他们均以第一人称"我"来讲述故事。但是前四部分五十三章的叙述者在蓝千岁和蓝解放之间转换,第五部分的叙述者为"莫言"。《生死疲劳》里的人称转换的频率要比《檀香刑》里人称转换的频率高得多,有时一章一换,有时一章数换,更有甚者在一个段落里就多次转换。这无疑给阅读理解造成极大的障碍,读者有时很难把握故事叙述者的身份。再比如中篇小说《马驹横穿沼泽》里的一段话:"草地上……油蚂蚱蹦来蹦去,我稚嫩的皮肤被油蚂蚱弹打得生痛……我苍老枯槁的皮肤上站着一只油蚂蚱,火红鲜亮颜色,油润有光泽,如同玉石雕就,活脱脱一个宝贝物儿,它脚上的吸盘弄得我皮痒痒,抬手擦掉了它……爷爷,蚂蚱碰得我肉痛,孙子哭咧咧地说着。我们到三棵柳树那儿去吧,那里草少蚂蚱也少。"①这段话是"我"给我的孙子讲我爷爷

---

① 莫言:《马驹横穿沼泽》,《食草家族》,作家出版社2012年版,第337页。

给我讲过的故事，这里的第一个"我"可能是少年时听爷爷讲故事的"我"，也可能是正在听"我"讲故事的"我的孙子"，第二个"我"是讲故事的"我"，第三个"我"是正在听故事的"我的孙子"。莫言很多小说里类似的情形并不少见，所以，读者在欣赏莫言小说的时候，一方面会有全新的不同于阅读传统小说的感受，另一方面又要全力参与，否则，稍不留神就可能不知道"我"是谁。

　　莫言笔下叙事人称的频繁转换给读者带来新奇感的同时也给阅读带来了挑战，甚至有些篇目叙事人称的转换由于过度频繁而令某些读者望而却步。最为典型的自然要数莫言的长篇小说《十三步》。正是由于实验性的极致化导致《十三步》发表后批评家们响应者寥寥，这和莫言之前的作品无论是褒是贬总是引起轰动的效应形成极大反差。这也难怪普通读者和专业批评家的漠然，因为要将这部小说读懂已属不易，更遑论作出精准的批评。马悦然作为瑞典皇家学院的终身院士，作为享有诺贝尔文学奖审议权和投票权的汉学家，应该对东西方的文学艺术具有深入的了解，但他对《十三步》的反应竟是"看不懂"①。一般的读者要想读懂这部小说，就需要花费更多的努力。让人感到惊讶的是，就连莫言本人如果重读《十三步》，要想读懂竟然也非易事："《十三步》是一部复杂的作品，去年我在法国巴黎的一所大学演讲，一个法国读者对我说，她用了五种颜色的笔记做着记号，才把这本书读懂。我告诉她，如果让我重读《十三步》，需要用六种颜色的笔做记号。"②莫言甚至感叹："《十三步》这部小说我想真正看懂的人并不太多，确实写得太前卫了，把汉语里面所有的人称都实验了一遍。"③《十三步》难以读懂的重要原因之一是叙事人称的频繁转变，而转换时对转换标志的省略更是增加了阅读的难度。小说中的叙事视角的转换有时是在一个章节中进行，由于转换频率较低，阅读障碍不算太大，但有时

　　① 刘再复：《说不尽的莫言——答〈南方都市报〉记者陈晓勤问》，《当代作家评论》，2013 年第 4 期。
　　② 莫言：《自述》，《小说评论》，2002 年第 6 期。
　　③ 莫言：《与王尧长谈》，《碎语文学》，作家出版社 2012 年版，第 134 页。

莫言与当代中国文学创新经验研究

在某一个段落甚至某一句话之内频繁转换时，读者如果想搞清楚"你""我""他"的叙述指向就要费一番脑筋。比如："他说你叫张赤球。你对我们说他叫张赤球。这些话都是他挂在笼中横杆上对我们说的。"第一个"他"和第三个"他"指笼中人，第一个"你"指张赤球，第二个"你"指笼中人。由于转述或多重转述技巧的运用，每一句的受述者都不同，特别是第三句的受述者，既可能是张赤球，也可能是普通读者。而"甜甜的、暖洋洋的乳汁灌满我的口腔，流入我的咽喉。你像一个小狗崽子，贪婪地吮吸着，你的喉咙里发出呼噜噜的声音。他的手与脚勾挠着，像闭着眼吃奶的婴儿习惯的动作"里的"我""你""他"均指"方富贵"同一个人。

　　莫言小说中的"小把戏"还体现在小说结构的时空交错和多条线索缠绕交织的复杂性上。当代先锋派代表作家格非说过："总的来说，现代主义小说在讲述故事的方式上情况极为复杂，但是我们似乎可以感觉到它们之间有一个共同的特征，即线性的、历时性的故事结构为全景式的、共时性的故事结构所取代。"[①]造成莫言小说共时性结构的一个原因是上面所提到的叙事人称的频繁转换，伴随着叙事人称的转换，小说中故事切入的时空也发生了改变，由于时空交错和颠倒的情景频频出现，传统小说的历时性结构也因此被打破。

　　借助第一人称追忆视角，莫言小说的故事在过去未来之间自由穿梭，而通过借鉴电影艺术的蒙太奇技巧，则使得莫言的小说不仅可以在过去未来之间自由转换，也可以在同一时间内不同空间之间频频切换。在电影中，不同空间的场景频繁切换能够形成快速的叙述节奏，促进观众将不同场景联系起来想象，从而加深对故事的理解，同时还能形成紧张的氛围，使电影具有更强烈的震撼力。贝拉·巴拉兹如此解读电影《圣彼得堡的末日》："在普多夫金的影片《圣彼得堡的末日》里，我们看到描写战争和证券交易所的镜头交替出现。证券交易所、战场，证券交易所、战场，证券交易所、战

---

① 格非：《小说叙事研究》，清华大学出版社 2002 年版，第 43 页。

场——在证券交易所里的黑板上，股票是在不断地往上涨，而战场上的兵士则在不断地倒下去。股票上涨，兵士倒下，股票上涨，兵士倒下——观众不可能看不出这两个段落的因果关系，这当然也符合导演的意图。"[①] 而莫言的小说结构与此类蒙太奇结构有很多相同之处，比如长篇小说《生死疲劳》的第五十二章——《解放春苗假戏真唱，泰岳金龙同归于尽》。这一章有两个叙事空间，一个叙事空间是有妇之夫蓝解放和庞春苗私奔到西安，因生活艰难不得不参演一部土匪因母病亡回家奔丧的电视剧；另一个叙事空间是蓝解放的亲生母亲在家乡去世正在举行葬礼。小说中这两个葬礼场景经过了多次切换：剧场、家乡，剧场、家乡，剧场、家乡，剧场、家乡，剧场、家乡。一个是电视剧中的葬礼，一个是真实的葬礼，但正是通过这两个场景的多次切换，叙事节奏的快速增强了小说的叙事张力，使读者能够自然而然地将两个场景联系起来，从而更能够体会蓝解放为了真正的爱情付出的代价之沉重和欲做孝子而不得的沉痛，极大地强化了作品的悲剧力量。

多条线索缠绕交织是造成小说共时性结构的另一个重要原因，同时也是莫言小说结构的另一个重要特征。《酒国》被莫言称为"它是我迄今为止最完美的长篇，我为它感到骄傲"[②]，对于莫言评价如此之高的一部长篇，在发表之后竟然鲜有批评家评论，也许是叙事艺术的曲高和寡，也许是作品对社会批评的尖锐激烈使批评家集体失语。不过现在已经有一些批评家对之进行重读并作出了独到的探析。在本书的第三章第二节笔者从叙事分层的角度对《酒国》结构作了分析，我们也可以从叙事线索的角度分析《酒国》的叙事特点。《酒国》共有三条叙事线索，主线索是省级侦查员丁钩儿到酒国调查红烧婴儿案件，副线是作家莫言和酒国文学爱好者李一斗的通信以及李一斗寄给莫言的九篇小说。线索好像很明了，其实它们之间的关系则错综复杂。丁钩儿调查红烧婴儿案件恰是莫言正在写

---

① （匈牙利）贝拉·巴拉兹：《电影美学》，何力译，中国电影出版社1979年版，第129—130页。

② 莫言：《自述》，《小说评论》，2002年第6期。

的一部长篇小说，而且该案件中的人物如红衣小妖精和鱼鳞少年与李一斗寄给莫言的小说中的人物两者之间互相穿越，最后莫言到酒国去考察，小说中的人物和现实中的人物融为一体，诸条线索合而为一。整部作品真真假假，虚虚实实，迷离恍惚，奇诡荒诞，成为人们在困境中徒然挣扎的寓言。《酒国》的结构盘根错节，含蓄蕴藉，也传达了莫言"结构就是政治"的写作理念。

莫言小说中的"小把戏"还有通感、戏仿、狂欢、魔幻、审丑、酷虐、怪诞、反讽、复调、元小说、隐喻、意识流、文不加点等，正是这些"雕虫小技"加上叙事人称的频繁转换和结构的复杂多变使得莫言的小说形式先锋性十足。莫言在这一时期的形式实验是与二十世纪八十年代中期先锋派的产生和崛起分不开的，马原、洪峰、余华、苏童、格非、孙甘露等人都在这个时期写出了自己的先锋性作品，莫言生逢其时，自然不能免俗。莫言此时就像一个"武痴"，对各种武功秘籍都感兴趣，对各门各派的武术招数都想操练一番，可以说，这也为莫言后来成为"大侠"打下了基础，这是一个不可或缺的阶段。

第二节　形式实验的反思与"大结构"

莫言在做形式实验的时候，有得有失，特别是形式实验达到极致而拒读者于千里之外的时候，其缺陷也暴露了出来。关于《十三步》刘再复认为："太重叙事技巧，重到压迫'现实幅度'与'想象视野'，更让人读后不知去向。这也说明，莫言一旦刻意追求'叙事技巧'，就削弱了思想情感的力度和开掘现实的深度。"[1]雷达对此也深有同感，认为"有相当一段时间，莫言过于沉迷于超验的感觉，极端的变形夸张，搭配最能诉诸感官冲击力的语词，形式的

---

① 刘再复：《莫言的震撼与启迪——从李欧梵的〈人文六讲〉谈起》，《读书》，2013 年第 5 期。

因素明显压倒了精神的探求"①。幸运的是莫言对此危险的认识是比较清醒的，意识到"在文学创作上，完全的自由也是没有的。写小说还是要遵循一些小说的基本规则，哪怕你是一个崭新的突破，但是你的前提是必能够让人看懂，哪怕是多数人看不懂，也要让少数人看懂"②。莫言作出这种反思并且对自己的创作作出调整，恐怕与他大哥管谟贤的话有关，管谟贤曾经对他说："我支持你探索创新，形成你独特的风格。但也要注意不要探索得连我这样的人也看不懂了。"③有些批评家的话也许可以不听，但大哥的话还是让莫言三思而后行的。管谟贤是莫言许多小说的第一位读者，既能够代表一个普通的读者，也有较高的理论眼光，更重要的是他对莫言的建议纯粹出于善意的提醒与爱护。对形式实验的反思加上要苦练"内功"，从中国口头文学传统中汲取营养，这正是莫言后来决定要"玩大结构"的缘起。

　　莫言作品中的"大结构"首先表现为由原来的多条线索交织缠绕的共时性结构转变为古典白话章回小说的历时性结构，以线性顺序为主。这种转变始于对形式实验的反思和宣称"逃离"之时，并不是从《檀香刑》宣称"撤退"时才开始的，《檀香刑》只是他"撤退"得比较大的一步，由无意识的不自觉的撤退走向了有意识的和自觉的撤退，而即使在现在他的撤退还远未完结，还在继续探索之中。如黄万华所说："《生死疲劳》向章回体形式的'回归'被视为作者向中国叙事传统表达的敬意，但如同莫言向拉美魔幻现实主义致敬的同时'告别'魔幻现实主义一样，莫言在成功起用中国章回体后，也'告别'了章回体。"④莫言不断在"敬意中告别"的探索也正说明了中国口头文学传统资源的丰富性及其在当代小说中无限生成的可能性。

　　在此我们不妨先从《檀香刑》之前的《丰乳肥臀》说起，程

①　雷达：《莫言：中国传统与世界新潮的浑融》，《小说评论》，2013 年第 1 期。
②　莫言：《与王尧长谈》，《碎语文学》，作家出版社 2012 年版，第 215 页。
③　贺立华：《莫言文学创作背后的人——莫言的长兄学者管谟贤先生（代序言）》，《大哥说莫言》，山东人民出版社 2013 年版，第 8 页。
④　黄万华：《自由的诉说：莫言叙事的天籁之声：莫言新世纪 10 年的小说》，《东岳论丛》，2012 年第 10 期。

光炜认为这部作品是莫言"创作转向'本土'时所发出的最明确的信号"①。这部小说的前六卷从上官鲁氏的生产开始。伴随着家中黑驴的生产和大掌柜司马亭"日本鬼子就要来了"的警告，伴随着日本马队的铁蹄声和枪炮声，上官鲁氏产下了上官玉女和上官金童这一对双胞胎，这是上官鲁氏的第八个女儿和她唯一的儿子。接下来以时间为顺序讲述了从二十世纪三十年代到九十年代发生在中国大地上的和一位中国母亲身上的艰苦卓绝的苦难史。伴随着上官金童的成长的依次是他的三姐领弟、二姐招弟、六姐念弟、大姐来弟、七姐求弟、八姐玉女、五姐盼弟、四姐想弟的惨死。小说的第七卷则从 1900 年讲起，以倒叙的形式交代上官鲁氏和她的七个女儿的来历，而小说的《卷外卷·拾遗补缺》则补叙了几个关键人物的结局和原因。整部小说从上官金童的出生开始，以上官金童葬母结束。莫言在提到《丰乳肥臀》时曾说，长篇小说"如果玩得太花哨的话，势必影响阅读。所以这部小说前边还是按部就班，按照顺时针的方向叙述"②。小说除了单线历时性的叙述线索外，从叙事视角上来说，基本上也是比较统一。第一卷和第七卷是第三人称全知视角，第二卷至第四卷是第一人称上官金童的视角，第五卷、第六卷和卷外卷的视角稍有转换。《生死疲劳》被认为是"向着中国古典小说和民间叙事之伟大传统的致敬之书，是小说艺术精神的一次'认祖归宗'"③。这部长篇写的是土改时被枪毙的地主西门闹在阴间喊冤被阎王处以六世轮回的故事，他依次托生为驴、牛、猪、狗、猴和大头儿，以时间为序反映了二十世纪中期以后中国所经历的土改、互助组、合作社、"文革"、改革开放一直到 2000 年新千年的开端共半个世纪的历史。伴随着六世轮回的发展，小说虽不时插入西门闹对过去的回忆，但总体架构的单线性和历时性，使得小

① 程光炜：《魔幻化、本土化与民间资源——莫言与文学批评》，《当代作家评论》，2006 年第 6 期。
② 莫言：《与王尧长谈》，《碎语文学》，作家出版社 2012 年版，第 150 页。
③ 李敬泽：《"大我"与"大声"——〈生死疲劳〉笔记之一》，《当代文坛》，2006 年第 2 期。

莫言小说创作与中国口头文学传统

说结构简洁明朗,脉络清晰。再加上莫言大胆起用中国古典小说的章回体,有回目内容概要,更便于读者掌握小说的内容和叙事线索。《蛙》采用书信体,讲述的是剧作家蝌蚪的姑姑万心的故事。小说的主体从姑姑的光荣出身讲起,讲她小时候在抗日战争时期大闹平度城,从五十年代开始做了乡卫生所的接生员,六十年代做了公社卫生院妇产科主任兼计划生育小组副组长,七十年代在"文革"时期遭到残酷批斗,"文革"后继续疯狂地执行党的计划生育政策,先后导致了计划外怀孕的耿秀莲、王仁美和王胆的悲惨死亡,退休之后对以前在自己手中引流的两千八百个婴儿深感歉疚以致精神抑郁。整部小说以蝌蚪给日本文人杉谷义人写信讲故事的方式进行,主要以姑姑的人生经历为线索,其间杂以蝌蚪和王仁美及小狮子的故事,以历时性叙述了中国历史上计划生育政策和生命尊严的悖谬之处以及对人们灵魂的拷问。

莫言小说中的"大结构"还可以用"块状结构"这种结构形式来分析,当然,这并不与历时性结构冲突。"评书的结构基本上是线形结构和块状结构的结合。"①传统长篇评书是由一个个的"柁子"串联而成,每个"柁子"由不同的回目组成,从莫言小说结构与评书体结构的相似性来看,也可以说莫言正是中国传统说书艺术的传人。莫言小说中运用"块状结构"最为明显的作品是《檀香刑》,小说由传统的"凤头""猪肚"和"豹尾"三部分内容构成。有的论者认为:"《檀香刑》是典型的块状结构,'凤头部''豹尾部'两部分是人物独白,'浪语''狂言''傻话''恨声'这些修饰性词语都是作者声音的流露,'猪肚部'则是叙述者使用全知视角的传统叙述。这三部分——'凤头部''猪肚部''豹尾部'的情节是互相补足的,尽管也有重合,由不同的功能者(指不同的人物或叙述者)道出却有不同的效果。"②"凤头部"用第一人称叙述了不同人物对民间艺人孙丙被施以"檀香刑"的不同立场和看法;"猪肚部"

① 汪景寿、王决、曾惠杰:《中国评书艺术论》,经济日报出版社 1997 年版,第 154 页。
② 樊保玲:《莫言小说叙事分析》,《泉州师范学院学报》,2007 年第 5 期。

莫言与当代中国文学创新经验研究

以第三人称全知角度叙述了故事的来龙去脉；"豹尾部"再次以第一人称的角度叙述了受刑人、施刑人和观刑人的不同感受。这种结构的好处是一方面比较符合传统的阅读视野，另一方面还能形成现代的复调景观。其实《生死疲劳》和《蛙》也可以看作是"块状结构"，《生死疲劳》分为"驴折腾""牛犟劲""猪撒欢""狗精神"和"结局与开端"五部分，每部分的内容相对独立，而五部分又组成一个有机的整体。对于读者来讲，能够更容易掌握故事的内容和线索。对于《蛙》而言，就是由五封信组成，每一封信交代了"姑姑"的一段人生经历，五封信比较完整地展现了姑姑的一生及其心灵的痛苦与挣扎。

　　莫言小说的叙事艺术由"玩小把戏"到"玩大结构"的转向，还涉及其他叙事艺术的转化。比如魔幻现实主义的本土化和叙事语言的口头化、质朴化。莫言认为他的《金发婴儿》《球状闪电》和《爆炸》是受到马尔克斯魔幻现实主义影响较大的作品，有着西方魔幻现实主义的痕迹。到了他想要"逃离"和向传统"撤退"之后，要么有意识地摆脱魔幻色彩，要么充分利用中国的魔幻资源，使魔幻现实主义东方化、本土化。这从他后来的创作实践甚至对原先作品的修改上体现出来。他在谈到《檀香刑》的创作时曾经指出："1996年秋天，我开始写《檀香刑》。围绕着有关火车和铁路的神奇传说，写了大概有五万字，放了一段时间回头看，明显地带着魔幻现实主义的味道，于是推倒重来，许多精彩的细节，因为很容易魔幻气，也就舍弃不用。"①在写作《生死疲劳》时认为："魔幻是西方的资源，佛教是东方的魔幻资源，六道轮回是中国特色的魔幻资源，我们应该写一部有中国特色的魔幻小说。"②在谈到对《丰乳肥臀》的修改时说："最近我把《丰乳肥臀》润色了一下，做了一些技术性的删节，当时写得太仓促了。"③对于小说中的一些"鬼神的

①　莫言：《耳朵的盛宴——答〈亚洲周刊〉记者问》，《碎语文学》，作家出版社2012年版，第298页。
②　莫言：《李敬泽与莫言对话〈生死疲劳〉》，《碎语文学》，作家出版社2012年版，第277页。
③　莫言：《与王尧长谈》，《碎语文学》，作家出版社2012年版，第159页。

情节"，"最近修改时删掉一些，因为它使小说显得不协调"①。莫言所作的这些改变，自然使他的作品的本土性和民族性加强了，使得中国的读者更感亲切，同时也有利于西方读者的理解和接受。在语言上，莫言早期的语言被公认为汪洋恣肆、铺排夸饰甚至漫无节制，随着向民间的自觉回归，语言面貌也发生了改变。"他的九十年代的作品的语言风格开始转向平实，在平实中呈一种成熟的审美意趣。"②我们能够看到《蛙》的语言的确简洁明了，质朴平实得多了。自然，《生死疲劳》的语言依然具有狂欢和铺张的特点。南帆认为："或许由于太快的写作速度，或许由于无法控制纵情挥洒的快感，《生死疲劳》的叙述语言略显粗糙。"③这也体现出莫言既是由原来的莫言转变而来的莫言，也是一个崭新的莫言。这都是向民间回归、向口头文学传统写作理念靠拢的必然趋势和结果。

第三节　从"小把戏"到"大结构"的变与不变

从以上分析中我们好像看到莫言一直在"变"，从原先按照教科书上的理论指导写作变为在西方文学影响下的先锋性写作，从西方文学影响下的先锋性写作变为逃离西方影响向传统回归的写作，但是在这些变化之中也有一些东西一直没有变化，比如追求变化的先锋心态，比如向口头文学传统回归以后一些西方现代技巧的更为完美的使用。莫言是一个生活在现代的经受了西方文学洗礼的现代人，做不成纯粹的传统人；莫言又是一个受中国口头文学传统影响极深的人，他从一开始就难以做一个纯粹的现代人。从较早有的论者认为莫言"用最典型的现代派手法表现最民族化的生活"④，

①　莫言：《与王尧长谈》，《碎语文学》，作家出版社 2012 年版，第 185 页。
②　黄发有：《莫言的"变形记"》，《当代作家评论》，2006 年第 6 期。
③　南帆：《魔幻与现实的寓言》，《当代作家评论》，2013 年第 1 期。
④　灌林：《近年莫言小说评论漫述》，《福建论坛》（人文社会科学版），1987 年第 2 期。

莫言与当代中国文学创新经验研究

到后来有的论者认为他"在最传统的形式中表达最当代的理念"[①]，这既体现了莫言创作的变化，也体现了莫言创作的复杂性。那么，我们应该如何评价莫言呢？他是一个比较传统的现代型作家，还是一个比较现代的传统型作家？

在从"小把戏"向"大结构"的转向中，我们会发现"大结构"中包含很多"小把戏"，可以说，莫言在向口头文学传统回归的过程中作品的先锋性一直都没有变。他在运用口头文学传统的创作形式时也会怀念现代技巧，而在运用现代技巧时会反思对技巧的过度运用以防止作品"读不懂"。莫言后期的创作在寻求着传统与现代的完美融合。比如《四十一炮》，它是在《檀香刑》向传统"撤退"之后发表的，但是结构却比较复杂，为了减少阅读的障碍，第一个版本甚至采用了不同的字体来提示视角的转换。这部小说共有三条叙事线索，主线索是"炮孩子"罗小通对五通神庙中的老和尚追忆自己的往事，另外两条线索是双城市的肉食节的活动和老兰三叔的相关事件。三条线索缠绕交织，时空交错加上没有标志的视角的频繁转换，要把小说的线索搞清楚是一件比较困难的事。从读者阅读的难度上来讲《四十一炮》仅次于《十三步》。《生死疲劳》使用了中国的魔幻资源和中国古典小说的章回体裁，但是现代小说的技巧也比较明显。小说是由三个叙述者的叙述构成，第一部驴折腾和第三部猪撒欢的叙述者是大头儿蓝千岁，第二部牛犟劲的叙述者为蓝解放，第四部狗精神的叙述人在蓝解放和蓝千岁之间转换，第五部结局与开端的叙述者是莫言。其中第四部分从第三十七章至五十三章，叙事视角频繁转换，有时章与章之间进行转换，有时一章之内多次转换，最为突出的是第五十二章，短短的一章但是叙事视角的转换的次数与《十三步》相比也毫不逊色。黄发有认为："即使在向中国民间文化和古典文学致敬的《檀香刑》和《生死疲劳》中，作家也炉火纯青地运用内心独白、时空颠倒和'元小说'叙述

莫言小说创作与中国口头文学传统

[①] 朱向前等：《横看成岭侧成峰——关于莫言〈生死疲劳〉的对话》，《艺术广角》，2007年第1期。

等源自西方的叙事技巧。"①元小说作为一种写作技巧，中国的古典小说早在唐传奇时期就使用过，在话本小说和章回小说中也时有发现。但是元小说作为一种现代小说技巧形成影响始于西方十九世纪七十年代，中国当代小说中最先使用元小说技巧的是马原。迷恋叙事艺术的莫言也勇于探索，为元小说技巧在当代小说中的发展作出了贡献。"莫言在《生死疲劳》中并不是在与读者玩这种已经陈旧的叙事游戏，他是希望利用这种插科打诨来缝合叙事的裂隙，在动物的目光无法触及的地方，在轮回经验无法到达的地方，莫言采用这种方式来加以补充，进而丰富叙述的肌理。"②在《生死疲劳》中，"莫言"既是小说中的人物，也是故事的叙述者，可以交代故事的来龙去脉，也可以对小说的叙事技巧进行探讨和评论。由于莫言对元小说技巧独具匠心的运用，"莫言"也被塑造成了一个性格鲜明的人物，这与其他的元小说技巧相比自有其高明之处。

　　《蛙》的结构开始时并不是书信体，它的写作经历了一个推倒重来的过程。"早在 2002 年我已经写出了十五万字的初稿，当时的大体构思是主人公坐在舞台下观看舞台上正在上演他创作的话剧，其间不断穿插着主人公的回忆、联想，同时腾出笔墨描写舞台上演员的表现和剧场中其他观众的反应，用三种字体标示出三种不同线条的叙事。写到后来，我自己都感觉有点混乱，料想读者阅读这样的小说肯定是一场折磨。""到 2007 年，我又重新把原稿拿出来，按照现在的结构开始创作，前面部分是书信体，后一部分是话剧。书信体部分是用很平实、朴素的语言进行创作，话剧部分则把超现实主义、大量的想象放了进去。这就使得两部分形成一个对比，用学术语言名之曰'互文'。"③《蛙》的结构在写作过程中的调整，正表明莫言创作心态的矛盾性和复杂性：一方面向中国口头文学传

①　黄发有：《莫言的启示》，《东岳论丛》，2012 年第 12 期。
②　刘伟：《"轮回"叙述中的历史"魅影"——论莫言〈生死疲劳〉的文本策略》，《文艺评论》，2007 年第 1 期。
③　莫言、童庆炳、赵勇、张清华、梁振华：《对话：在人文关怀与历史理性之间》，《南方文坛》，2010 年第 3 期。

统回归，追求古典小说的传统性，在一定程度上降低阅读的难度；另一方面又对写作技巧念念不忘，希望在小说的形式上作进一步的探索。从莫言的写作理念和创作实践上来看，莫言是要找到小说的传统性和现代性的最佳结合点，然后将二者完美地结合起来。

莫言小说叙事艺术的转向实际上是对盛行于二十世纪八十年代中期先锋派小说热衷于形式实验的拨乱反正。毫无疑问，先锋派小说的出现曾经使当代小说的面貌为之一变，它使人们意识到小说形式本身所具有的审美意义及其多种可能性。但是，对于这种炫技表演式的写作，读者在惊叹作家创造力之余很快就陷入不知所云的苦恼和审美疲劳之中。只是关注表面技巧、放逐感情、取消深度的写作注定是走不长久的。风光了三五载之后，走火入魔的先锋派小说很快就陷入窘境，一些先锋作家也不得不另辟蹊径，别寻他途。就连先锋派小说的先行者马原也作出反思，认识到"一生遵循伟大的古典小说传统"的作家的伟大之处，认为"除了在文学史教科书上他们吃了一点亏，他们并没有被读者和历史抛弃"，"他们恪守了小说中最基本的恒定不变的规则，他们因此成了不会过时的小说家"。①明乎此，我们就不会对后来众多先锋派小说家集体转向的现象困惑不解了，而莫言是这些转向的作家中最为成功的一个。"最基本的恒定不变的规则"之一就是讲故事，小说本来是要讲故事的，只是进入现代之后，故事在小说中备受冷落。一些向内转、反情节的散文化、意识流小说大行其道，占据了文学的重镇。而先锋派小说并不是不要故事，它只是过于关注形式玩弄叙事圈套才走向了末路。伟大的小说家总是富于独立性和创造性，莫言就是在中国文学盲目向西方学习的时候转过身来向民族叙事传统汲取营养的，而同时并未摒弃西方的于他相宜的创作技巧。莫言是比较成功地做到了外来文学民族化和民族文学现代化的，为中国当代文学的未来发展提供了有益的启示。

在莫言小说叙事艺术向中国口头传统的转向中，我们应该理性看待西方文学的影响和合理评价中国小说的叙事传统。在过去甚至现在人们会认为，特别是在强调莫言创作的现代性时会过于重视莫言受到的西方的影响。而现在特别是莫言获诺奖后，人们又表现出强烈的民族自信心，过于认同莫言所受到的传统小说的影响而相应忽略了莫言创作的现代性。有的论者曾经一度认为："无疑，莫言小说借用了许多西方现代小说的叙事技巧，这是当年许多被称为先锋小说家的普遍特征。"①甚至认为："莫言的小说创作在横向借鉴与纵向继承的天平上，更加偏重于前者。"②现在，当论及莫言受到传统叙事艺术的影响时，则认为："莫言将画鬼绘妖、亦兽亦人的奇特想象和章回小说艺术形式融为一体，用以包容当代社会生活，在20世纪将中国传统长篇小说构思形式和以聊斋为代表的魔幻概念理念推向世界。……莫言是站在中国前辈作家的肩上。""你们很乐意学习外国作家的魔幻现实主义、意识流、潜意识等，其实，所谓魔幻现实主义、意识流、潜意识，中国17世纪《聊斋志异》都采用过，后来又由曹雪芹的《红楼梦》发扬光大。"③对于何为魔幻现实主义，现在依然是言人人殊，以至于理论界有的将此作为西方小说技巧，有的将此作为中国小说的固有传统，魔幻现实主义这一小说概念竟然成了关乎民族自信心和自豪感的剪不断理还乱的理论术语。而这一吊诡的现象对莫言的小说创作也一度造成困惑，以至于莫言在写作《檀香刑》时"许多精彩的细节，因为很容易魔幻气，也就舍弃不用"，对于《丰乳肥臀》中的"鬼神情节"在修改时也"删掉一些"，只是在写作《生死疲劳》时由于使用了"中国特色的魔幻资源"而显得理直气壮起来。如果将魔幻现实主义作为一种创作手法来看待的话，实在没有必要斤斤计较它到底源于哪一国度，只要是出于作品的审美需要都可以拿来运用。不然的话，如果在某种程

---

① 郭冰茹：《寻找一种叙述方式——论莫言长篇小说对传统叙述方式的创造性吸纳》，《当代作家评论》，2006年第6期。

② 王冲、石挺：《融合与超越》，《外国文学研究》，1987年第4期。

③ 马瑞芳：《诺贝尔文学奖和〈聊斋志异〉》，《光明日报》，2013年4月8日。

度上由于过于追求民族性，或者为了摆脱西方的影响而强制自己作出某些改变，也有可能会伤害到自己的创作，限制自己的想象力。

第四节　与赵树理"新评书体"创作的同与不同

在向中国口头文学传统回归的创作道路上，莫言并不是一个特例，也有其他一些作家回归的理念甚至更为坚决，取得的成就也令人瞩目。这些作家中最为典型的代表就是赵树理。

二十世纪三四十年代，赵树理对当时文坛脱离大众审美趣味的创作现状极为不满，从而立志于做一个"文摊文学家"，[①]由此出发，他对中国传统说书艺术一直予以高度评价，认为"评书是正经地道的小说。……我一开始写小说就是要它成为能说的，这个主意我至今不变，如果我能在艺术上有所进步，能进步到评书的程度就不错"[②]。赵树理在自己的创作中自觉地汲取了传统说书的叙事技巧，而他的小说也被论者称为"新评书体"。如今，赵树理的文学观念和创作实践在莫言的小说创作中得到了进一步的回应，莫言也以当代说书人自居并创作出了极富口头文学传统特色的作品。赵树理和莫言这两位作家，一个是现代文学解放区作家中的旗帜性作家，一个是当代文学中诺贝尔文学奖的获得者，但两者都是农民出身，都对民间文艺具有浓厚的兴趣，都在创作中回归了传统，都从说书艺术里汲取养分并创作出了在各自时代堪称典范的文学作品。不过，赵树理和莫言也有着诸多不同，一个生活在民族危机严重、政治意识形态禁锢严密的战争年代和"文革"时期，一个虽然经历了充满饥饿和贫穷的童年，但毕竟主要生长在思想解放、写作自由的太平盛世，加上各自不同的创作禀赋和艺术个性，他们的创作观念、写

----

① 李普：《赵树理印象记》，黄修己编：《赵树理研究资料》，北岳文艺出版社 1985 年版，第 19 页。
② 赵树理：《我们要在思想上跃进》，《赵树理文集》（第 4 卷），人民文学出版社 2005 年版，第 48 页。

作手法以及与外国文学的联系等都体现出很大的区别。

我们希望通过分析两者创作中说书艺术的同与不同，使我们可以更为客观公正地评价两者的创作艺术和成就，更为清晰地看出莫言在向口头文学传统回归中的变与不变。而且，通过对两者创作的比较分析，有助于我们思考究竟应该如何看待他们的回归，如何认识中国小说的传统资源和世界经验，以及中国当代小说的创作应该走怎样的民族化道路等问题。

一、讲故事的人和故事的讲法

传统说书作为一种说唱艺术，是指说书艺人在勾栏瓦舍或集市街头等说书场所面向听众讲唱故事的民间伎艺，而在此基础上创作的话本小说或章回小说则遗留了很多说书痕迹，其最为典型的叙事特征是有一个半隐半显的叙述者"说书的"面向叙述接受者"列位听众"讲述故事，并由此形成了独特的"类书场"结构。赵树理和莫言的创作由于受到说书艺术的影响，在他们的小说里总是有一种"类书场"的存在，小说里的叙述者总是以说书人即讲故事的人的身份讲述故事。例如赵树理的小说《登记》——"诸位朋友们：今天让我来说个新故事。这个故事题目叫《登记》，要从一个罗汉钱说起"。这是这篇小说的第一句话，这句话透露出他是将小说当作评书来写的，他以说书口吻"给读者讲故事听"。赵树理的创作越是到后来，他小说里"类书场"的特色越是明显，从故事的结构到讲故事的口吻都能体现出说书艺术的特征。莫言在小说创作中也具有说书心态和说书范式，这不仅体现在他对自己创作理念的阐释，而且在他的小说中，我们也时时发现"各位看官，不才小子今天就给诸位讲两个关于茂腔的故事"，"花开两朵，先正一枝。一群白衣人把逃亡的男孩捉回特别饲养室里"，"有话即慢，无话即快，简短截说"等说书程式用语。赵树理和莫言的小说创作都取法于说书艺术，重视故事，都以讲故事的人自居，但两者讲故事的方法有相同之处也有着很大的差异。

赵树理为了"照顾"农民群众对小说的欣赏习惯，较为严格地采用了传统小说讲述故事的方法。故事往往"从头说起，接上去说"，故事的进程呈时间顺序单线发展，在结构上做到有头有尾。赵树理的小说不想让读者"猜谜"，一开始就让读者明白大致要讲一个什么故事，所以小说的开头往往从某地某人某事说起，交代人物和事件的来龙去脉。同时，在故事的展开过程中讲究故事的连续性，不跳跃，不断裂，免得农民读者摸不着头脑。如他所说："农村读者的习惯则是要求故事连贯到底，中间不要跳得接不上气。我在布局上虽然也爱用大家通常惯用的办法，但是为了照顾农村读者，总想设法在这种办法上再加上点衔接。"①所以我们在他的小说里会看到"以前的事已经交代清楚，再回头来接着说今年正月十五夜里的事吧"，"这里我们再回头来谈谈金虎和小兰"，"闲话少说，咱们还是接着听老李洪的话吧"等故事场景过渡中的一些衔接的话。农村的读者喜欢刨根问底，赵树理的小说也就保持了有头有尾的结构，在故事终了时总是对主要人物的结局有个交代。为了迎合农村读者的审美趣味，赵树理的小说没有大篇幅的心理和景物描写，如果有，他也总是将心理描写和景物描写穿插到人物的行动当中，采用"领路人"的写法，总是将景物在人物的眼睛里表现出来。对此，他说"我写小说总想使农民喜欢读，所以我避免静止地介绍人物和风景"②，《小二黑结婚》《李有才板话》《李家庄的变迁》等里面，不仅没有单独的心理描写，连单独的一般描写也没有。这也是为了照顾农民读者。因为农民读者不习惯读单独的描写文字，你要是写几页风景，他们怕你在写什么地理书哩"③。这种讲故事的方法，使赵树理的小说获得了广大农民读者的喜爱，他的作品在当时被广

莫言小说创作与中国口头文学传统

---

① 赵树理:《〈三里湾〉写作前后》，《赵树理文集》（第4卷），人民文学出版社2005年版，第119页。
② 赵树理:《谈〈花好月圆〉》，《赵树理文集》（第4卷），人民文学出版社2005年版，第192页。
③ 赵树理:《做生活的主人》，《赵树理文集》（第4卷），人民文学出版社2005年版，第295页。

为传阅，并很快被改编成剧本搬上舞台。在当时，他被称为拥有农民读者最多的作家，甚至被认为是"共产党地区除了毛泽东、朱德之外最出名的人了"[①]。他可以说是中国现代小说作家中做到小说民族化的同时也做到了大众化的第一人，如孙犁所说，"他的小说，突破了前此一直很难解决的、文学大众化的难关"[②]。

作为同样对中国传统说书艺术情有独钟的作家，莫言正是以"讲故事的人"的身份荣膺诺贝尔文学奖的。从故事的讲法上来说，与赵树理相比，莫言讲述故事的方法要复杂得多，而且是有一个从繁复错综到渐趋简洁的转变的过程。通过上文分析，我们知道莫言的某些热衷于形式实验的小说，如《球状闪电》《十三步》《酒国》等小说，往往是时空颠倒、碎片拼贴式的结构。后来，莫言对他的形式试验进行了反思，自觉地汲取说书传统的叙事方式，小说大致上是采用时间顺序进行叙述的。但是，从故事线索来说，莫言的小说大多有多个线索缠绕，叙述者身份不断变换，而且在由一个线索过渡到另一个线索，从一个场景转换到另一个场景时没有语言的提示和交代。这和赵树理"就怕接不上，二条线三条线地跳，跳来跳去把农民跳糊涂了""我的小说不跳，大概我是死顽固吧！老不愿意学新的东西"[③]的创作有着明显的区别。从心理描写和景物描写方面来看，莫言的小说不乏细腻深入的心理描写和充满主观色彩的景物描写，特别是景物描写，它们在莫言的小说中则不仅仅是风景画的自然描摹，更是抒发主观情思、表现他独特审美意蕴和创作观念的道具和手段。

此外，赵树理和莫言小说中的说书人在故事中的身份和作用也有所不同。赵树理比较严格地接受了传统说书人超然的说书地位，

---

① （美）贝尔登：《中国震撼世界》，荻野修二等：《赵树理研究文集》（下卷），中国文联出版公司1998年版，第4页。

② 孙犁：《谈赵树理》，高捷编：《回忆赵树理》，山西人民出版社1985年版，第31页。

③ 赵树理：《谈〈花好月圆〉》，《赵树理文集》（第4卷），人民文学出版社2005年版，第194页。

在他的小说中，说书人往往是超然于故事之外，尽管说书人有时也以"我"的身份出现，但他只是一个单纯的说书人，讲述的是别人的故事，所采用的也是上帝般的全知视角。而莫言小说中的说书人"我"则大多讲述的是与己有关的故事，甚至是自己的故事，"我"可能是故事的主人公，而不仅仅是一个旁观者和见证人。这和莫言所在的时代以及莫言本人的艺术探索有关，此处不再赘述。

二、有用的和无用的

赵树理和莫言为什么要重新起用说书艺术？他们在起用说书艺术的同时为什么在具体写法上又有如此大的差异？这与他们对文学功能的不同认识有关，与他们不同的创作目的、创作立场有关。

"我们搞创作的目的，是为了叫它能够起点作用。"[①]对赵树理来讲，他从事写作是因为它"有用"，这和赵树理走上写作道路的特殊性有关。赵树理本来就是在农村做宣传工作的，他成为专业作家，也是"领导"有意的"安排"。他说："刚刚参加革命工作时，我不是搞创作的。起初，跟随部队到农村去，写些演唱材料，向群众作宣传"，"后来，领导有意教我写些长篇，在太行山区党委宣传部的领导下，一九四三年五月，我写了《小二黑结婚》。五个月之后，又写了《李有才板话》。写了这两篇，领导上叫我专业化了"。[②]曾经和赵树理一起在河北农村下乡的康濯认为，赵树理"首先是共产党员，其次才是作家和文艺工作者"[③]。可以说，赵树理走上创作之路的特殊性，使他的创作观带有强烈的"有用论"的特点。在他看来，写作只是革命工作的一部分，写作与其他的工作也

莫言小说创作与中国口头文学传统

---

① 赵树理:《当前创作中的几个问题》,《赵树理文集》(第4卷),人民文学出版社 2005 年版,第 31 页。

② 赵树理:《生活·主题·人物·语言》,《赵树理文集》(第4卷),人民文学出版社 2005 年版,第 282—283 页。

③ 康濯:《写在〈赵树理文集续编〉前面》,陈荒煤等编:《赵树理研究文集》(上卷),中国文联出版公司 1998 年版,第 147 页。

没有什么本质区别。有次赵树理和别的作家一起下乡，有的作家认为下乡工作耽误了写作，他说："写一篇小说，还不定受不受农民欢迎；做一天农村工作，就准有一天的效果，这不是更有意义么？可惜我这个人没有组织才能，不会做行政工作，组织上又非叫我搞创作；要不然，我还真想搞一辈子农村工作呢！只怕那样我能起的作用，至少，也不会比搞写作小！"①出于这种"有用论"，他在创作时着眼于解决农村中出现的实际难题也就在情理之中了。他称自己的小说为"问题小说"，"为什么叫这个名字，就是因为我写的小说，都是我下乡工作时在工作中所碰到的问题，感到那个问题不解决会妨碍我们工作的进展，应该把它提出来"。②赵树理的小说具有鲜明的功利目的，他写小说为的就是解决农村问题和教育农村群众，为的就是让农村读者读得懂，喜欢读。这种为工农兵服务的自觉性，使他的写作具有明确的读者意识和自觉的方法要求。可以说，正是源于小说的"有用论"，正是由于考虑农村读者的文化水平和欣赏习惯，赵树理才选择了说书这种民间文艺形式。

　　相对于赵树理的小说"有用论"，莫言有自己的一套理念。莫言创作近四十年，其创作动机和创作理念有几度变化。说起莫言"为什么创作"，根据莫言自己有点戏谑的说法，他最初的创作动机一点都不高尚。莫言最初的创作动机具有很大的功利性，很世俗，说是为了"一天吃三顿饺子"，为了"跳出农村"，为了"买一双皮鞋"，"买一只手表"，为了"提干"。③等到他真正走上创作道路，生存的基本需求得到满足，并且在文坛上崭露头角，逐渐占有了一席之地之后，对创作的目的进行了更为深入的思考。此时他之所以还要写作下去，是因为他"有话要说"，是因为"对小说艺术

<hr />

① 康濯：《写在〈赵树理文集续编〉前面》，陈荒煤等编：《赵树理研究文集》（上卷），中国文联出版公司 1998 年版，第 147 页。

② 赵树理：《当前创作中的几个问题》，《赵树理文集》（第 4 卷），人民文学出版社 2005 年版，第 25 页。

③ 见莫言《我的离经叛道》《我认为我是必要的》《从〈莲池〉到〈湖海〉》《在京都大学的演讲》《我的文学历程》等访谈录与演讲录。

莫言与当代中国文学创新经验研究

的喜爱和痴迷"。① "有话要说"，一是要敢于说"真话"，二是要"发出独特的声音"，不人云亦云，由此他写出了《天堂蒜薹之歌》为农民鸣不平的作品，写出了《酒国》抨击社会的黑暗腐败。由于"对小说艺术的喜爱和痴迷"，他热衷于小说创作技巧的实验，写出了《十三步》等形式实验之作。由于对传统的革命历史主义小说不满，从小说的人类性出发，他写出了新历史主义的典范之作《丰乳肥臀》。再后来，等到《檀香刑》的写作之后，他是越来越自觉地回到民族口头传统之中，此时他"想恢复作家的说书人的身份，另外一个还是要向鲁迅学习"②。在莫言对创作动机的不同思考中，创作"无用论"的观念越来越凸显。《透明的红萝卜》之前我写的很多小说实际上都是很'革命'的，是一种主题先行的小说。当时我认为小说能够配合我们的政策，能够配合我们某项运动是一件非常光荣、了不起的事情。"③但随着莫言的创作观念发生了逆转，认为"用小说替农民说话，希望借助小说来帮助农民解决问题，这基本上是童话。小说没有这种功能"④，"没有任何一项政策是因为哪一个作家的小说而产生的，所以作家要用自己的小说来解决社会问题的想法，是非常天真和比较幼稚的"⑤，他甚至认为九十年代以来的"文学不再为社会负责或负有为人民说话的责任"⑥。这些听起来大逆不道的小说"无用论"，一方面说明莫言认识到文学创作的审美特质和个性特征，另一方面说明莫言对当代文学中出现的

① 莫言：《上海大学演讲》，《用耳朵阅读》，作家出版社2012年版，第158页。
② 莫言：《我为什么写作》，《用耳朵阅读》，作家出版社2012年版，第291页。
③ 莫言：《我为什么写作》，《用耳朵阅读》，作家出版社2012年版，第277页。
④ 莫言：《莫言八大关键词》，《碎语文学》，作家出版社2012年版，第293页。
⑤ 莫言：《我为什么写作》，《用耳朵阅读》，作家出版社2012年版，第279页。
⑥ 莫言：《中国当代文学边缘》，《莫言对话新录》，文化艺术出版社2010年版，第249—250页。

"伪道德""伪思想"的反感，对那些充满优越感、高高在上的"为老百姓写作"的写作姿态的反思。当然，小说"无用论"这种对文学无功利性的强调并不是莫言的多么独到的见解，它几乎是现在文艺审美的"常识"，但是，在赵树理创作的时代，这种"无用论"的论调则是不可理喻甚至不可原谅的。无论如何，和赵树理相比，小说"无用论"给予莫言创作以极大的自由，使他既继承传统又能够摆脱传统小说模式化的窠臼，无所禁忌，不拘一格，使得他的作品既有浓郁的传统性，也具有鲜明的现代性，也使得他的作品和赵树理的作品有了根本上的区别。

相对于赵树理的"问题小说"，莫言的创作则寻求"站在全人类的高度和立场上，思考人类的前途和命运，并发出自己的声音"[①]，同时，他的创作也是拷问人类心灵的"灵魂小说"。莫言的小说在"写人"方面比赵树理的小说有了很大的进步，他认为："好的小说家也从来不把眼睛盯在某些社会问题上。好的小说家关注的是社会生活中的人和人的难以摆脱的欲望，以及人类试图摆脱欲望控制的艰难挣扎。"[②]赵树理的小说由于其功利观念的影响，有时为了"赶任务"，导致了他在写作中"重事轻人"的缺憾。"他对于故事情节只是进行白描，人物常常是贴上姓名标签的苍白模型，不具特色，性格得不到充分的展开。最大的缺点是，作品中所描写的都是些事件的梗概，而不是实在的感受。我亲眼看到，整个中国农村为激情所震撼，而赵树理的作品中却没有反映出来。"[③]确乎如此，赵树理的作品很少深入到人物的内心，也缺少细腻的心理描绘，而与此相关的则是他的鲜明的阶级立场，使得他笔下的人物不太丰富，刻画人物不够深入。加上赵树理不仅要提出问题，还要解

① 莫言:《我的文学历程》,《用耳朵阅读》,作家出版社 2012 年版,第 197 页。
② 莫言:《小说与社会生活》,《用耳朵阅读》,作家出版社 2012 年版,第 146 页。
③ （美）贝尔登:《中国震撼世界》,荻野脩二等:《赵树理研究文集》(下卷),中国文联出版公司 1998 年版,第 12 页。

决问题，而其解决问题的方式又过于简单，就使得他小说中的人物性格还没有充分展开故事就匆匆收尾了。同时，赵树理在写作中强调："对向上的、向幸福方向发展的社会负责，对党负责，对人民负责。'咱的江山，咱的社稷'，遇上了尚未达到理想的事物，只能打积极改进的主意，不许乱踢摊子。"①这种强烈的为政治服务的写作观念导致了他作品中被人所诟病的"大团圆主义"。和赵树理的"问题小说"相比，莫言的小说理念则是"重人"，他以能否塑造出典型的人物形象为判断小说成功与否的最重要标准。因为对"重事轻人"创作观念的反叛，同时摒弃对人物进行阶级分析的创作方法，他"将好人当坏人写，坏人当好人写，自己当罪人写"②。叛逆的写作理念和对现代人"种的退化"的深沉忧虑，使莫言敢于和能够正视人的弱点，深入描写人物最为隐秘的朦胧地带，写出人物的矛盾性、复杂性，写出人物在极端情境下的坚韧和挣扎、扭曲和痛苦。毫不过誉地说，莫言的小说是真正揭示出人类灵魂之"美"、之"深"、之"痛"的灵魂小说。莫言对人性弱点的揭示使得他的作品比传统说书文学要深刻得多，真正体现出当代文学的现代品格。毋庸置疑，莫言的创作在民族化的道路上，比赵树理的创作又前进了一大步。

但我们应该客观评价赵树理的"问题小说"，当我们以历史的眼光看待赵树理的小说创作的时候，就能发现赵树理的可贵之处和高明之处。赵树理注重"问题"，但他比较严格地遵循现实主义的写作方法，而且所写的都是他在农村工作中真正见过的生活，很少凭空虚构，这种坚持说真话的精神令人敬仰。而且，由于他对农村和农民的熟悉，他笔下的农村生活也自有其丰富性和生动性，加上他对民间说书艺术的发掘和利用，自然朴素、朗朗上口的语言，使得"过时"的说书艺术在现代小说里又焕发出生机。

①　赵树理：《做生活的主人》，《赵树理文集》（第4卷），人民文学出版社2005年版，第294页。
②　莫言：《我的文学经验》，《用耳朵阅读》，作家出版社2012年版，第255页。

三、本土的和世界的

这是赵树理和莫言的创作贴近说书而又互不相同的另一个原因。

按照赵树理的理解，中国文学有三个传统，即：中国古代士大夫阶级的传统、五四以来的文化界传统和民间传统。中国古代士大夫阶级的传统也即中国古典文学的传统；五四以来的文化界传统也即所谓新文学传统，是外国的传统、欧化的传统。他认为五四新文学传统在当时无形中被定为正统，但这样不符合毛泽东"在普及基础上提高，在提高指导下普及"的讲话精神，而"以民间传统为主则无上述之弊，至于认为它低级那也不公平。民间传统有很多使他们相形见绌的部分"①。具体到小说创作，则认为"评话硬是我们传统的小说，如果把它作为正统来发展，也一点不吃亏"②。而他的《小二黑结婚》《李有才板话》等作品的大获成功，加上他对毛泽东《在延安文艺座谈会上的讲话》文艺理论的信仰，对文学艺术为工农兵服务方针的遵循，也就愈发坚定了民间文学为正统的文学思想。正如陈思和所说："赵树理是个典型的民间文化正统论者，他始终把五四新文化传统与民间文化传统对立起来，认为新文化不及民间文化。"③

由于对民间正统的过于重视，以至于赵树理对外国文学采取了"拒绝"的态度，他认为电影可以学习外国的，"但是小说咱们有，诗歌咱们有，为什么要丢掉自己的，去学人家的"，对于曾被鲁迅批判的"团圆主义"，他认为"有人说中国人不懂悲剧，我说中国人也许是不懂悲剧，可是外国人也不懂团圆。假如团圆是中国的规

---

① 赵树理:《回忆历史，认识自己（摘录）》,《赵树理文集》(第4卷),人民文学出版社2005年版，第357页。

② 赵树理:《从曲艺中吸取养料》,《赵树理文集》(第4卷),人民文学出版社2005年版，第37页。

③ 陈思和:《民间的浮沉：从抗战到"文革"文学史的一个解释》,《鸡鸣风雨》,学林出版社1994年版，第33页。

律的话，为什么外国人不来懂懂团圆？我们应该懂得悲剧，我们也应该懂得团圆"。[①]在赵树理的心目中，"咱们的"和"人家的"，"中国的"和"外国的"的界限太分明了，他认为有些人对外国文学的偏爱形成了"关门主义"，殊不知他自己对民间文学的偏爱也形成了自己对外国文学的"关门主义"。对此，孙犁认为"赵树理对于民间文艺形式，热爱到了近于偏执的程度。对于'五四'以后发展起来的各种新的文学形式，他好像有比一比看的想法。这是不必要的"[②]。几乎每个现当代作家的背后都有几个外国作家的影响，但这个规律似乎不适用于赵树理。从现有的研究资料看，很少有谈到赵树理受到某个外国作家的影响的。王亚平倒是曾经提到赵树理对外国文学了解得不足，赵树理到他家做客时看到书架上的外国作品时说"这些世界各国的著名作家：托尔斯泰、高尔基、莎士比亚、巴尔扎克、歌德等等，我只知道个名字，没看过他们的作品，这一课我得补上"[③]。

赵树理对外国文学这一课到底有没有补上，补得怎么样，我们不得而知，因为我们没有充足的证据证明赵树理读过哪些外国书，赵树理本人也没有谈过具体哪个外国作家对自己有何影响，他主要是通过看五四新文学了解外国文学作品特点的。但正是由于对外国文学的偏见，反倒使得他小说中说书艺术的民族特色比较纯粹，这既是优点，也造成了他作品的缺憾。赵树理小说的叙事结构、描写手法、语言特点等说书特征得到了高度评价，被誉为"走向民族形式的一个里程碑"[④]。但是也有人联系赵树理对外国文学的偏见，认为这种写作方法是一种"逆流"和"倒退"，"倘从小说发展的主流着眼，则不能不指出这是一股'逆流'。它使已经内传统的单一

① 赵树理：《从曲艺中吸取养料》，《赵树理文集》（第4卷），人民文学出版社 2005 年版，第 36—37、40 页。
② 孙犁：《谈赵树理》，高捷编：《回忆赵树理》，山西人民出版社 1985年版，第 35 页。
③ 王亚平：《赵树理的创作生活》，《新文学史料》，1979 年第 5 期。
④ 茅盾：《论赵树理的小说》，黄修己编：《赵树理研究资料》，北岳文艺出版社 1985 年版，第 196 页。

故事框架逐步向多样化结构发展的现代小说重又发生逆转，向传统回归，愈来愈背离整个世界文学的发展潮流，最后走进了封闭的死胡同"①，"从文学的观念和艺术的水准上衡量，赵树理创作较之他的前辈们，是个倒退，是从鲁迅、郭沫若、茅盾等的现代文化的高层次，向农民文化的低层次的倒退"②。赵树理的创作在中国小说民族化和大众化的道路上起了开辟道路的作用，在向传统回归特别是向说书传统回归方面具有筚路蓝缕之功，但也由于他是开风气之先，存在缺点也是难免的。评论界的"向传统回归，愈来愈背离整个世界文学的发展潮流"的评价为时过早，也缺乏学术眼光，向传统回归不一定就会"背离整个世界文学的发展潮流"，关键是怎样回归，如何处理民族传统和世界经验的关系。而莫言继赵树理之后，继续向民族传统回归，并且和赵树理一样青睐于传统的说书艺术，但和赵树理不同的是，他对中国传统说书艺术作出了更大胆的改革，对外国文学形成了合理的认识，在中外文学会通的基础上，对中国文学的民族化在实践上迈出了成功的一步。

　　与赵树理相比，莫言赶上了好时候。赵树理在战争年代登上文坛，解放区环境的封闭、政治意识形态的浸染和革命宣传工作的需要拘囿了赵树理的文学眼光，而建国后的十七年也不具备学习、接受西方文学影响的条件。莫言的幸运就在于他正赶上了思想解放、国门大开的历史转折关头，西方各种文化的、文学的思潮和作品潮水般涌入中国，为莫言开阔眼界、激发创作特质提供了外部环境和条件。当莫言苦苦思索怎样写和写什么而不得要领时，正是川端康成、福克纳、马尔克斯等外国作家的小说让他豁然开朗，恍然大悟，惊呼"原来小说可以这样写"。和赵树理对外国文学的偏见不同，对莫言来说，"西方作家在文学技巧上的探索远远地把我们中国作家甩在了后面"③，可以说，当初莫言不仅没有对西方文学抱

---

① 戴光中：《关于"赵树理方向"的再认识》，《上海文论》，1988 年第 4 期。
② 郑波光：《赵树理艺术迁就的悲剧》，《文学评论》，1988 年第 5 期。
③ 莫言：《我的文学经验》，《用耳朵阅读》，作家出版社 2012 年版，第247 页。

有偏见，甚至是极度迷信和膜拜。只不过随着他写作的深入，开始反思盲目模仿西方写作的弊端。"那时候我也意识到一味地学习西方是不行的，一个作家要想成功，还是要从民间、从民族文化里吸取营养，创作出有中国气派的作品。"①莫言的"大踏步撤退""作为老百姓写作""耳朵的阅读""向古典小说致敬"等演讲和创作谈高调地阐述着自己向中国口头文学传统回归的创作理念。但是，"这种回归，不是一成不变的回归，《檀香刑》和之后的小说，是继承了中国古典小说传统又借鉴了西方小说技术的混合文本"。②综观莫言向口头文学传统汲取创作灵感的作品，我们会发现他小说中的现代技巧并没有销声匿迹，我们没有必要担心莫言为了追求所谓的中国作风和中国气派削弱小说创作的现代性。与赵树理相比，莫言对小说创作中传统与现代之间关系的理解是辩证的，莫言更能科学理性地看待西方文学的影响，莫言的视野也较赵树理更为开阔，这是莫言的创作走向世界，荣膺诺贝尔文学奖的一个重要原因。

　　莫言的小说创作正是经过了西方文学的洗礼之后重新回到民族传统的怀抱，同时又不盲目地拒绝西方文学的影响，所以莫言的叙事艺术在他的小说中就表现得色彩斑斓、复杂多变，而因此引来不同的评价也就见怪不怪了。这种文学现象正体现了从赵树理到莫言，中国口头文学传统在中国现当代文学中的利用和嬗变。我们要以历史的眼光看待赵树理创作的单纯和不足，也应以发展的眼光看待莫言创作的继承与创新，他们对中国现当代文学如何走向民族化和世界化给予我们重要的启示。

莫言小说创作与中国口头文学传统

① 莫言:《与王尧长谈》,《碎语文学》, 作家出版社 2012 年版，第 125 页。
② 莫言:《讲故事的人——在诺贝尔文学奖颁奖典礼上的讲演》,《当代作家评论》, 2013 年第 1 期。

余　论

　　莫言向中国口头传统的回归使他的作品在具有鲜明本土性的同时并没有丧失世界性，而且取得了在中国也是在世界上令人瞩目的成绩。那么，他的这种回归，这种民族化路径的选择与探索对中国当代文坛的创作究竟是否具有可资借鉴的意义？

　　诚然，中国现当代文学的民族化问题是一个老问题，但也是一个充满争议，始终未能得到圆满解决的问题。莫言问鼎诺奖后，这一问题曾经再次成为人们关注的热点。事实上，进入新时期以来，中国当代文学广泛吸纳西方文学的创作经验，以诸种现代性因素的彰显而热闹不已，喧嚣之至但同时又毫无疑问地佳作迭出，精彩纷呈，中国文学与世界文学之间的距离越来越近。随着莫言的获奖，中国文学界和理论界的诺奖焦虑症得到了一定程度的缓解，此时如果说中国文学已经走向了世界，质疑的声音或者会小一些。正如有的论者所言："诺奖对莫言的承认，毫无疑问也是对于整个汉语新文学、对于中国当代文学的一个肯定，在历经了一百年的探索与成长之后，新文学从未像今天这样更接近于'中国经验'与'中国美学'本身，也从未像今天这样更接近'世界'，具有与世界文学对话的资格与能力。"[①]那么，中国当代文学如何走向世界，或者说如何更好地走向世界，也理应成为我们讨论的课题。但中国文学的世界性问题和中国文学的民族性问题一直是一个问题的两个方面，谈此必论彼，这也要求我们有必要探讨中国文学的民族化问题。正如

---

　　① 张清华：《诺奖之于莫言，莫言之于中国当代文学》，《文艺争鸣》，2012 年第 12 期。

王瑶先生所说："一个民族或一个作家的文学创作带有鲜明的民族特点，是它趋于成熟的标志。没有民族特色的作品，就谈不上有什么世界意义。"①

不妨把鲁迅和莫言放在一起看看中国文学民族化路径的可能性问题，其一是因为鲁迅和莫言是中国现代和当代文学最具代表性的作家，他们可以说代表了两个文学时代的高峰，同时，他们又和诺奖有一定的渊源，在世界上有一定的影响，这使我们的分析具有一定的典型性和说服力。其二是因为这两个作家的文学观念和文学实践又都致力于中国文学的民族化并创作出了堪称典范的具有中国民族性的作品，而且，他们的创作在走向民族化的道路上也有一定的相同之处，这就使得我们的分析具有了可行性并且能够得出带有一定规律性的认识。其三，莫言作为"与鲁迅相逢的"作家②，这两个作家的创作有一定的相承性，莫言的创作受到了鲁迅的影响，同时又发展了自己的特色，这就为中国文学的民族化提供了成功的范例。通过对他们创作道路的探讨，我们可以更为科学理性地看待外国文学的影响，并且由此希望能够总结出中国文学民族化道路的有效途径，为中国文学继续走向世界和更好地走向世界提供有益的镜鉴。

一、创作观念：世界视域下的民族化深潜

鲁迅和莫言各以自己的经典作品显示了中国现当代文学创作的"实绩"，而且两人在文学创作观念上也著述颇丰。鲁迅在文学理论上的建树自不待言，莫言也以创作谈、序跋、讲演等形式表达了自己对文学创作的见解而且成果也蔚然大观。谈及自己的文学观，鲁迅认为"我们的文化落后"，"作品的比较的薄弱，是势所必至

① 王瑶：《论现代文学与中国古典文学的历史联系》，《中国现代文学史论集》，北京大学出版社 1998 年版，第 314 页。
② 孙郁：《莫言：与鲁迅相逢的歌者》，《当代作家评论》，2006 年第 6 期。

的，而且又不能不时时取法于外国"①，他开始创作时"大约所仰仗的全在先前看过的百来篇外国作品和一点医学上的知识"②，中国现代小说的开篇《狂人日记》就受到果戈理同名小说的影响，而且"《药》的收束，也分明的留着安特莱夫（L.Andreev）式的阴冷"，但此后的一些创作则"脱离了外国作家的影响，技巧稍为圆熟，刻划也稍加深切，如《肥皂》《离婚》等"。③再看看莫言，他的创作则和鲁迅走了大致相同的路。莫言认为，"西方作家在文学技巧上的探索远远地把我们中国作家甩在了后面"④，像他"这种年纪的作家毫无疑问都受到了西方文学的影响"⑤，而他"早期的中篇《金发婴儿》《球状闪电》，就带有明显的魔幻现实主义色彩"，不过随之"意识到一味地学习西方是不行的，一个作家要想成功，还是要从民间、从民族文化里吸取营养，创作出有中国气派的作品"，⑥这就"必须逃离西方文学的影响"⑦，在接下来的十几年里，他"一直怀着叛逆之心写作……但总是留有西方文学影响的蛛丝马迹"，"一直到2000年写作《檀香刑》时，才感觉到具备了与西方文学分庭抗礼的能力"。⑧经过这一番回顾，鲁迅和莫言创作的民族化之路似乎比较清晰：先是认识到西方文学先进之处并进行借鉴，然后认识到单方面借鉴的局限性从而尝试"脱离"，继而向中国文学

----

① 鲁迅：《南腔北调集·关于翻译》，《鲁迅全集》（第4卷），人民文学出版社2005年版，第568页。

② 鲁迅：《南腔北调集·我怎么做起小说来》，《鲁迅全集》（第4卷），人民文学出版社2005年版，第526页。

③ 鲁迅：《且介亭杂文二集·〈中国新文学大系〉小说二集序》，《鲁迅全集》（第6卷），人民文学出版社2005年版，第247页。

④ 莫言：《我的文学经验》，《用耳朵阅读》，作家出版社2012年版，第247页。

⑤ 莫言：《我为什么要写〈红高粱家族〉》，《恐惧与希望：演讲创作集》，海天出版社2007年版，第342页。

⑥ 莫言：《与王尧长谈》，《碎语文学》，作家出版社2012年版，第125页。

⑦ 莫言：《向中国古典文学致敬——与〈南方周末〉记者张英谈话》《作为老百姓写作：访谈对话集》，海天出版社2007年版，第188页。

⑧ 莫言：《中国小说传统——从我的三部长篇小说谈起》，《用耳朵阅读》，作家出版社2012年版，第153页。

传统汲取经验并写出了独具特色的、具有鲜明民族性的经典之作。这是鲁迅和莫言在各自创作实践上总结出来的宝贵经验，并以创作上的"实绩"充分说明了这些经验的正确性，这也无疑为中国当代文学如何更好地走向世界指明了一条道路。在这条道路上最为关键的是如何对待西方文学的创作经验和中国文学的创作传统，如何看待"影响的焦虑""脱离"以及"脱离"之后应该怎样，要有怎样的创作的目的以及方法。

对于是否要借鉴西方文学创作的经验，鲁迅的态度是明确的，提出"没有拿来的，人不能自成为新人，没有拿来的，文艺不能自成为新文艺"①，而且认为"一切事物，虽说以独创为贵，但中国既然是在世界上的一国，则受点别国的影响，即自然难免，似乎倒也无须如此娇嫩，因而脸红。单就文艺而言，我们实在还知道得太少，吸收得太少"②。鲁迅走上文学创作的道路时，正值"向西方寻求真理"和"重估一切价值"的思想热潮，文学肩负着启蒙救国的重任，加上现代文学刚刚起步，自然主张向西方文学学习。即使是在他宣称"脱离了西方文学的影响"之后，我们还是能够看到他的作品里有西方文学的影子。比如《彷徨》里的《示众》，是最为典型的借助生活中的横截面构造小说并批判中国民众无聊的"围观"心理，《肥皂》《兄弟》对人物的隐秘心理的揭示与心理分析主义有异曲同工之妙。可以说，鲁迅在自己的创作中对西方文学技巧的借鉴是一贯的。莫言的小说创作也是如此，他是在读了福克纳和马尔克斯的小说后才恍然大悟，"原来小说可以这样写"，"早知可以如此写，我已早成大家"③。与鲁迅一样，即使是在他宣称"逃离"西方创作的影响之后，一再地向民间"大踏步撤退"之后，他的

---

① 鲁迅:《且介亭杂文·拿来主义》,《鲁迅全集》(第 6 卷)，人民文学出版社 2005 年版，第 41 页。
② 鲁迅:《集外集·附录·〈奔流〉编校后记 (二)》,《鲁迅全集》(第 7 卷)，人民文学出版社 2005 年版，第 170 页。
③ 莫言:《中国小说传统——从我的三部长篇小说谈起》,《用耳朵阅读》,作家出版社 2012 年版，第 152 页。

小说还是打着西方文学鲜明的烙印。当他提及《檀香刑》时说："当然这也不可能一下子就能与西方的东西决裂，里面大段的内心独白，时空的颠倒在中国古典小说里也是没有的。在现今，信息的交流是如此的便捷，你要搞一种纯粹的民族文学是不可能的。所谓纯粹的语言也是不存在的。"[1]即使现在的创作，莫言也没能和"西方的东西决裂"，在当今地球越来越小的时代，寻求"决裂"不可能，也没有必要。只是有些作家有的时候在创作或者谈及借鉴西方文学的经验时不那么坦然，一方面可能是对中国的写作传统比较自信，另一方面恐怕就是担心背上"模拟"或者"抄袭"的罪名。尽管莫言也一再声称"我是一个深受外国作家影响并且敢于坦率地承认自己受了外国作家影响的中国作家"[2]，但还是要对评论界的评论作出解释，"必须说明的是我的红高粱家族系列作品没有受马尔克斯的影响，因为他的最有名的作品《百年孤独》1985年春天才在中国上市，我写《红高粱》是在1984年的冬天，我在写到第三部的时候才看到《百年孤独》"[3]。莫言的确比较坦率和富有勇气，对自己早期的一些作品的阐释甚至不避讳用"模拟"的字眼，但这里的"必须说明"可能也体现出当前评论界对中国作家借鉴西方创作经验的认识误区。"借鉴"是民族文学通向现代化的必由之路，"模拟"也绝不能和"抄袭"画上等号。文人相轻的习气必须改变，现代评论家盲目苛刻的批评态度必须摒弃。

西方的创作经验要汲取，对于中国本土的文学遗产应该如何对待呢？对此，鲁迅的意见是"外之既不后于世界之思潮，内之仍弗失固有之血脉，取今复古，别立新宗"[4]，因为，"新的艺术，没有

① 莫言:《与王尧长谈》,《碎语文学》,作家出版社2012年版,第126页。
② 莫言:《饥饿和孤独是我创作的财富》,《用耳朵阅读》,作家出版社2012年版,第40页。
③ 莫言:《作为老百姓写作——2002年与大江健三郎、张艺谋对话》,《莫言对话新录》,文化艺术出版社2010年版,第527页。
④ 鲁迅:《坟·文化偏至论》,《鲁迅全集》(第1卷),人民文学出版社2005年版,第57页。

一种是无根无蒂，突然发生的，总承受着先前的遗产"①，而且认为"现在的文学也一样，有地方色彩的，倒容易成为世界的，即为别国所注意。打出世界上去，即于中国之活动有利"②。鲁迅的观点很明确，既要借鉴西方的创作经验，又要继承中国本土的创作传统。莫言结合自己的创作，提出了与鲁迅相同的观点。他说"作为一个中国作家必然地会从本土的文化里去汲取创作的营养，必然地会从民间的生活中去寻找创作的资源"③，《生死疲劳》采用了"章回体"，就是由于认识到当代作家"对我们本国小说的资源、学习、借鉴不够"，想以此"向传统的小说致敬"。④这是对中国当代文学一味向西方文学汲取创作经验所产生的弊端的反思，莫言的作品越是到后来，越是向中国文学传统的内里深潜，他的小说创作的民族性也日益凸显。

　　从鲁迅和莫言的这番言论可以看出两者对西方创作经验和本土创作经验都采取兼收并蓄的态度，所以我们有时会看到一些评论家对他们评价也是多种多样，歧见频出。有的看到了鲁迅的现代性，周作人在《阿Q正传》连载后不久即指出其笔法"据我所知道是从外国短篇小说而来的，其中以俄国的果戈理与波兰的显克微支最为显著，日本的夏目漱石、森鸥外两人的著作也留下不少的影响"⑤；有的看到了鲁迅的传统性，如苏雪林在《呐喊》出版后评论说："鲁迅好用旧小说笔法"，"他不惟在事项进行进展时，完全利用旧小说笔法，寻常叙事时，旧小说笔法也占十分之七八。但他在安排组织

---

①　鲁迅:《书信·致魏猛克》,《鲁迅全集》(第13卷)，人民文学出版社2005年版，第70页。

②　鲁迅:《书信·致陈烟桥》,《鲁迅全集》(第13卷)，人民文学出版社2005年版，第81页。

③　莫言:《关于福冈文化奖答新华社记者平悦问》,《碎语文学》，作家出版社2012年版，第280页。

④　莫言:《向中国古典文学致敬——与〈南方周末〉记者张英谈话》,《作为老百姓写作:访谈对话集》，海天出版社2007年版，第174页。

⑤　周作人:《附录一·关于〈阿Q正传〉》,《鲁迅的青年时代》，北京十月文艺出版社2013年版，第125页。

方面，运一点神通，便能给读者以新的感觉了"。[①]自然，也有看到了鲁迅小说中西结合的特点的，如茅盾认为"即以驱使笔墨的技法而言，鲁迅的文学语言同我国古典文学（文言的和白话的）作品有其一脉相通之处，然而又是完全新的文学语言。在这些新的因素中（例如句法和章法），依稀可见外来的影响，然而又确是中国气派，确是民族形式——当然，这在我国民族形式的历史上展开了新的一页"[②]。对莫言的评价也是如此，分歧却更为严重。有人认为"莫言的写作经验，主要来自于对西方小说的表面化模仿，而不是对中国'传统文学'和'口头文学'的创造性继承"[③]，也有人认为"莫言将画鬼绘妖、亦兽亦人的奇特想象和章回小说艺术形式融为一体，用以包容当代社会生活，在 20 世纪将中国传统长篇小说构思形式和以《聊斋》为代表的魔幻概念理念推向世界。……莫言是站在中国前辈作家的肩上"[④]。自然，也有的评论家看到了莫言小说中外会通的特点，认为"莫言自承他的创作受到 20 世纪 80 年代风靡中国的福克纳和加西亚·马尔克斯的影响；前者诡秘繁杂的家族传奇叙事，后者天马行空的魔幻写实技巧，在他的作品里都有迹可循。然而更值得注意的影响来自中国的文学叙事传统，从古典演义说部到晚清讽刺小说，从 20 世纪 40 年代延安流行的民间文学、说唱艺术再到 50 年代的革命历史乡土小说，构成了莫言写作最重要的资源"[⑤]。对莫言而言，尽管有的评论者看到了他对中西文学资源的融合，但由于莫言小说创作生命历程更长久，人们更多的是在他创作前期看到了他小说的现代性，而越是到后来，随着莫言

---

① 苏雪林：《〈阿Q正传〉及鲁迅创作的艺术》，《国闻周报》，1934 年 11 月 5 日。

② 茅盾：《在鲁迅先生诞生八十周年纪念大会上的报告》，《人民日报》，1961 年 9 月 26 日。

③ 李建军：《直议莫言与诺奖》，《文学自由谈》，2013 年第 1 期。

④ 马瑞芳：《诺贝尔文学奖和〈聊斋志异〉》，《光明日报》，2013 年 4 月 8 日。

⑤ 王德威：《狂言流言，巫言莫言——〈生死疲劳〉与〈巫言〉所引起的反思》，《江苏大学学报》（社会科学版），2009 年第 3 期。

"大踏步撤退"和"向古典致敬"的声明和创作实践，人们更多地关注他创作的传统性。但更客观地看，莫言的创作无论前期还是后期，都显示出中外会通融合的特点。毛泽东说"鲁迅的小说，既不同于外国的，也不同于中国古代的，它是中国现代的"[①]，这对莫言小说的评价同样有效。只是我们还要做的一件事是中西创作经验如何才能完美地融合会通，"脱离"西方影响或者说向中国本土"回归"之后如何看待西方影响，如何做到既是中国的也是世界的，这就牵涉到民族化时对传统借鉴继承的目的和方法。

鲁迅曾经提出"新的建设的理想，是一切言动的南针，倘没有这而言破坏，便如未来派，不过是破坏的同路人，而言保存，则全然是旧社会的维持者"[②]，要实现这一理想，就要注意"依傍和模仿，决不能产生真艺术"[③]，"旧形式是采取，必有所删除，既有删除，必有所增益，这结果是新形式的出现，也就是变革"[④]。对鲁迅而言，无论是对西方文学的借鉴，还是对中国传统的继承，最终的目的就是"新的建设"，要做现代文学的"开拓者和建设者"。中国的文学最终还是要走自己的路，对西方文学的创作经验要"有选择"地"拿来"并"消化"与"吸收"，也就是和民族传统做到有机"融合"。莫言对此也深有体会，他说"我想我必须写出属于我自己的，跟别人不一样的东西，不但跟外国的作家不一样，而且跟中国的作家也不一样"[⑤]，认为"高明的作家，是能够在外国文学里进出自由，……写出具有原创性的作品"，"高明的作家受影响而

① 毛泽东:《同音乐工作者的谈话》,《人民日报》, 1979 年 9 月 9 日。
② 鲁迅:《集外集拾遗·〈浮士德与城〉后记》,《鲁迅全集》(第 7 卷),人民文学出版社 2005 年版, 第 374 页。
③ 鲁迅:《且介亭杂文末编·记苏联版画展览会》,《鲁迅全集》(第 6 卷),人民文学出版社 2005 年版, 第 499 页。
④ 鲁迅:《且介亭杂文·论"旧形式的采用"》,《鲁迅全集》(第 6 卷),人民文学出版社 2005 年版, 第 25 页。
⑤ 莫言:《饥饿和孤独是我创作的财富》,《用耳朵阅读》, 作家出版社 2012 年版, 第 39 页。

不留痕迹，在于强大的'本我'"①。莫言在向传统"回归"之后，他作品的先锋性依然没有减弱，他的作品里依然有鲜明的现代性因素，但他"强大的本我"和"故乡的基础"使他创作的立足点放在了民族性上面，他致力于将现代性糅合到民族性之中，结合中国的民间精神和艺术形式，在外来文学民族化、民族文学现代化方面作出了独到的贡献。

二、乡土中国——民族化的场域与精神

"要使自己的作品获得浓郁鲜明的民族特色，就必须选择并进而深入具体地描写某一特定地域的乡土生活，从对特定地域乡土生活的描写中，提炼、升华出民族特征、民族精神。从这一点上说，越是乡土的，就越是民族的。"②中国文学的民族化自然不能只注目乡土和民间，但"中国社会的基层是乡土性的"③，农村是中国下层最为基本的结构单位，农民占中国人口的大多数，乡村的自然风光、风物民俗，农民的生存状态、生命形式和精神气质是中国民族性最为核心的因素，所以创作具有地域特色的"乡土文学"也就成了中国文学民族化的一条重要途径。

鲁迅无疑是中国现代文学史上致力于乡土文学创作的第一人，沈从文曾经说他"于乡土文学的发轫，作为领路者，使新作家群的笔，从教条观念拘束中脱出，贴近土地，挹取滋养，新文学的发展，进入一个新的领域，而描写土地人民成为近十年文学主流"。④苏雪林也认为："自从他创造了这一派文学之后，表现'地

---

① 莫言:《影响的焦虑——2008 年 10 月在中美文学论坛上的讲演》,《莫言讲演新篇》,文化艺术出版社 2010 年版，第 325—326 页。

② 金汉:《中国文学"乡土化、民族化、现代化"之我见》,《浙江师大学报》(社会科学版),1994 年第 3 期。

③ 费孝通:《乡土中国》,生活·读书·新知三联书店 1985 年版，第 1 页。

④ 沈从文:《学鲁迅》,《沈从文文集》(第 11 卷),花城出版社 1984 年版，第 233 页。

方色彩',变成新文学界口头禅,乡土文学家也彬彬辈出。"①鲁迅是中国现代乡土文学流派的开山作家,在他的影响下二十世纪二十年代的王鲁彦、许钦文、台静农、彭家煌等人写出了不同地域而乡土气息浓郁的小说,可以说,他对中国乡土小说的发生、发展的贡献厥功至伟。鲁迅的小说大多发生在自己的故乡——浙东小镇,如鲁镇、未庄、吉光屯或者S城等,这些小城镇的河流、白篷船、乌篷船、水田、一半搭在水里一半搭在陆地的社戏戏台,是典型的氤氲在水汽之中的江南水乡。那站着喝酒而穿长衫的孔乙己、新年祝福中死去的祥林嫂、守寡丧子陷入孤独空虚中的单四嫂子、永远不败最终稀里糊涂"大团圆"的阿Q、好拿"狗杀气"的豆腐西施杨二嫂、誓要给"老畜生""小畜生""难看"为自己婚姻争取权利最终败下阵来的爱姑、驼背五少爷、红眼睛阿义、蓝皮阿五、九斤老太、麻子阿四、三角脸、方头、八三等,是鲁迅小说中颇具特色的乡下人。咸亨酒店曲尺形的酒柜、一石居酒楼后园里傲雪的梅花、温一碗绍酒、来一碟茴香豆、叫上十几个油豆腐在说笑闲谈中打发着时光,而黄昏下的土场上人们摆上晚饭,伴着高大的乌桕树、农家的烟突和袅袅的炊烟,描绘出一幅"田家乐"的景象。鲁迅的小说虽为短篇,但其中的民俗描写也极为可观。魏连殳为祖母的送殓、年终的祝福礼仪、新寡妇女的忌讳、以孩子出生时的体重为孩子命名、夏天吃饭不点灯早睡的老例、迎神赛会等,都是浙东乡下民间独特的风俗习惯。鲁迅说过要"竭力使人物显出中国人的特点来,使观者一看便知道这是中国人和中国事。在现在,艺术上是要地方色彩的"②。他的创作恰是他文学观念的最好的证明,正如茅盾的评论:"我们只觉得这是中国的,这正是中国现在百分之九十九的人们的思想和生活,正是围绕在我们的小世界外的大中国的人生。"③

---

① 苏雪林:《〈阿Q正传〉及鲁迅创作的艺术》,《国闻周报》,1934年11月5日。

② 鲁迅:《书信·致何白涛》,《鲁迅全集》(第12卷),人民文学出版社2005年版,第518—519页。

③ 方璧(沈雁冰):《鲁迅论》,《小说月报》,1927年11月第18卷第11期。

"真正的民族性不在于描写农妇的无袖长衫，而在表现民族精神本身。"①鲁迅创作的民族化自然体现在浙东水乡的风景特点、人情风俗、生活状况，但鲁迅更为深刻的是写出了中国人的精神特质，也就是中国人的"国民性"。鲁迅在走上文学道路之前，早在日本留学期间就表示了对中国国民性的关注，提出"怎样才是理想的人性？中国国民性中最缺乏的是什么？它的病根何在"②的问题。登上文坛后，"改造国民性"也成了鲁迅作品一贯的主题。在鲁迅的作品里，主要揭露和批判了国民性中的"劣根性"，但也不乏对国民优秀品质的肯定和赞美。国民"劣根性"突出的表现是反映在阿Q身上的"精神胜利法"，它使中国人获得了一时的安慰但却失去了和其他民族一较高下的进取精神。此外，冷漠自私、无动于衷的"围观"恶习也被鲁迅深恶痛绝。中国人喜欢看热闹，也喜欢幸灾乐祸，喜欢在品鉴别人的痛苦中获得自我崇高的幻影，这在鲁迅"看—被看"模式的小说中得到了充分的揭示，也在散文诗《野草》中受到了愤激的批判。鲁迅对国民劣根性的批判根于他利用文学启蒙救国的创作动机，根于他"不克厥敌战则不止"的韧性战斗精神。鲁迅对国民劣根性的揭露和批判是其创作的一面，同时也对中国人身上优秀的一面作了记录和赞美。比如对少年闰土、阿发、双喜纯真的友谊，长妈妈的慈爱，"无常"的刚正不阿的斗争精神，大禹为代表的中国脊梁的埋头苦干、拼命硬干的奉献精神等进行了颂扬。可以说中国人的民族精神在鲁迅的作品里得到了充分的体现，正如郁达夫所说的："如问中国自有新文学运动以来，谁最伟大？谁最能代表这个时代？我将毫不踌躇地回答：是鲁迅。……要了解中国全面的民族精神，除了读《鲁迅全集》以外，别无捷径"③。

---

① （俄）果戈理：《关于普希金的几句话》，满涛译，《文学的战斗传统》，新文艺出版社 1953 年版，第 2—3 页。

② 许寿裳：《怀亡友鲁迅》，《鲁迅传》，国际文化出版公司 2010 年版，第 117 页。

③ 郁达夫：《鲁迅的伟大》，李宗英、张梦阳编：《六十年来鲁迅研究论文选》（上），中国社会科学出版社 1982 年版，第 201 页。

莫言与当代中国文学创新经验研究

和鲁迅相比，莫言创作的乡土特色更为明显，是被大家公认的乡土作家，尽管莫言认为他的创作已经超出了乡土文学的范围，但他的小说的乡土色彩仍然是他作品中最为重要的底色。在1985年莫言写出他的成名作《透明的红萝卜》之前，莫言发表了十多篇短篇小说，无论是《售棉大道》还是《丑兵》，《民间音乐》还是《黑沙滩》，他这一时期的小说都与乡村有着密切联系，洋溢着浓厚的乡村气息。等到莫言写出了《白狗秋千架》，在这篇小说里第一次出现了"高密东北乡"之后，"从此就像打开了一道闸门，关于故乡的记忆、故乡的生活、故乡的体验就全部复活了。此后关于故乡的小说就接二连三滚滚而出，就像喷发一样，那时候对故乡记忆的激活使我的创造力非常充沛"[1]。后来，由于福克纳、马尔克斯等外国作家的影响与启发，他明白了要高举"高密东北乡"的旗帜，"把那里的土地、河流、树木、庄稼、花鸟虫鱼、痴男浪女、地痞流氓、刁民泼妇、英雄好汉……统统写进我的小说，创建一个文学的共和国"[2]，从而加快了他创建"高密东北乡"这一文学王国的步伐。

　　鲁迅熟悉农民，是因为"我母亲的母家是农村，使我能够间或和许多农民相亲近，逐渐知道他们毕生是受着压迫"[3]，但他毕竟出生在小官僚家庭，和农民的日常生活和农业劳作终究隔了一层，所以我们看到他不得不将农民活动的场所安排在酒馆、茶馆、土场等公共场所，对于他们的生活细节和劳作场景就缺乏细致具体的描绘。莫言则不同，他本身就是一个农民，在走上文学道路之前在农村生活了二十年，放过羊牧过牛，割过麦子打过农药，摘过棉花浇过田地，浑身都洋溢着泥土气息，当莫言回过头来向农村汲取创作

---

①　莫言:《猫腔大戏——与〈南方周末〉记者夏榆对谈》,《碎语文学》,作家出版社2012年版，第7页。

②　莫言:《说说福克纳老头儿》,《北京秋天下午的我:散文随笔集》,海天出版社2007年版，第156页。

③　鲁迅:《集外集拾遗·英译本〈短篇小说选集〉自序》,《鲁迅全集》(第7卷)，人民文学出版社2005年版，第411页。

资源时就显得得心应手。先前在农村的经历都活灵活现地浮现到他的眼前，加上他汪洋恣肆、泥沙俱下的语言、丰富细腻的感觉，农民的乡村生活和劳作场景的描写就具体得多了。且看莫言对打麦场上翻场的描写："褐色的父亲，用长长的淡黄色木杈把金色麦穗挑起来——晒脱了壳的少量麦粒从杈缝里轻快地掉在因挑走麦穗而暴露出来的灰绿色的场面上——又抖抖地放下去。场面平整光滑，麦粒在上面蹦跳。父亲一杈杈翻着，原来在下边的，现在请上边来；原来在上边的，现在请下边去。满场散着炒面香，麦穗干透，是打场的时候了。"又写道："父亲感动了，说不出话，更紧张地挥杈翻场，一串串的麦穗，小金鱼般跳跃着。"没有在农村参加过农业生产的经历，是写不出这么真实的劳动场景的，对于将"麦穗"比喻成"小金鱼"的精彩恐怕也难以体会。莫言对田里施肥耕种的一套农活甚至农具都了如指掌，对农民收割庄稼的快乐与辛苦具有亲身的体验和感受。莫言也了解墨水河里各种鱼鳖虾蟹，熟悉沼泽地里的狐狸、刺猬和各色野草野花，对无边无际的黄麻地、红成洸洋的血海的红高粱充满了爱也充满了恨。对于莫言笔下的既爱到极致又痛入骨髓的乡村记忆，具有农村经历的读者会明白他写得多么生动深刻。

在乡土精神的取向上，莫言和鲁迅也具有极大的区别。由于"五四"时期特殊的时代背景和启蒙的需要，鲁迅对于中国国民性重在揭露和批判，更多的是通过透视国民精神的"劣根性""以引起疗救的注意"；莫言笔下的乡土则是"藏污纳垢"的民间，在充满矛盾复杂的国民性中，莫言更注重挖掘潜藏在农民身上的野性生命力以拯救日益孱弱腐朽的民族精神。莫言的"把好人当坏人写，坏人当好人写，把自己当罪人写"①的创作原则，使我们在他的作品里看不到完美的人，他总是将一支笔深入到人性当中的朦胧地带，将人性当中最为隐秘、复杂和矛盾的一面表达出来。在《红高粱》中莫言评判说："高密东北乡无疑是地球上最美丽最丑陋、最

---

① 莫言:《我的文学经验》,《用耳朵阅读》,作家出版社 2012 年版,第 255 页。

超脱最世俗、最圣洁最龌龊、最英雄好汉最王八蛋、最能喝酒最能爱的地方。"[1]所以我们看到了余占鳌、戴凤莲、上官鲁氏、司马库、孙眉娘、孙丙、西门闹等充满矛盾的人物形象。但无论如何，莫言还是将这些人物当作"正面人物"来歌颂的，他们身上的叛逆精神、野性力量是现在的"不肖子孙"所缺乏的，正是治疗"种的退化"的一剂良药。

三、民间艺术——民族化的形式资源

胡适认为"文学的新方式都是出于民间的"[2]，鲁迅也认为一些本为民间的创作，"偶有一点为文人所见，往往倒吃惊，吸入自己的作品中，作为新的养料。旧文学衰颓时，因为摄取民间文学或外国文学而起一个新的转变，这例子是常见于文学史上的。不识字的作家虽然不及文人细腻，但他却刚健，清新"[3]。不仅是民间的文学样式可以被文人所吸纳，就是其他文艺形式也给作家以启发并予以吸收，加以利用，创作出令人耳目一新的作品，这反成文学民族化的一条重要途径。鲁迅和莫言就从传统说书、戏剧、美术等民间文艺汲取了创作经验，使自己作品的形式具有鲜明的民族特色。中国现当代文学的民族化，既要有内容的民族化，也离不开形式的民族化，下面笔者就中国文学民族化的形式方面作出自己的阐释。

正如鲁迅在与"第三种人"论争时所说的，"我相信，从唱本说书里是可以产生托尔斯泰，弗罗培尔的"[4]，他所使用的语言是"采说书而去其油滑，听闲谈而去其散漫，博取民众的口语而存其

莫言小说创作与中国口头文学传统

① 莫言：《红高粱》，《红高粱家族》，作家出版社 2012 年版，第 3 页。
② 胡适：《〈词选〉序》，《词选》，中华书局 2007 年版，第 6 页。
③ 鲁迅：《且介亭杂文·门外文谈》，《鲁迅全集》（第 6 卷），人民文学出版社 2005 年版，第 97 页。
④ 鲁迅：《南腔北调集·论第三种人》，《鲁迅全集》（第 4 卷），人民文学出版社 2005 年版，第 453 页。

比较的大家能懂的字句，成为四不像的白话"①。鲁迅的"采说书"主要是指自己的创作受到了传统说书艺术的影响，包括"话本"小说以及在此基础上发展而来的古典章回小说，这一特点可以从他的小说的叙事结构上看出端倪。鲁迅的小说虽然"一篇有一篇的形式"，但大多数小说的传统色彩还是比较明显的，在叙事上体现为重故事，重情节，也强调故事的有头有尾，在行动和对话中刻画人物形象，不对景物和人物心理作大段的描写。在这里我们以他的《阿Q正传》为例来予以说明。《阿Q正传》的首要特征是有一个"讲故事的人"——"我"，这是中国传统说书的一个最为重要的特点，正是这个"讲故事的人"的"跳进跳出"，"有说有评"，凸显了这篇小说的说书特色。只是这个"我"有时隐，有时显，出现的频率有所变化而已。在第一章《序》里，正是"我"的出场介绍了给阿Q作传的由来及种种困难。进入"正文"之后这个"我"好像隐身了，但我们依然能感觉到他的存在，我们能够看到他经常跳出来表达自己的观点。《阿Q正传》的另一个说书特征就是对故事的重视，讲究情节的环环相扣。一般来讲，凡是故事性较强的小说就会容易转换为影视作品，而《阿Q正传》也是如此，我们从陈白尘将其改编为电影剧本时的意见可以很好地发现这一点。陈白尘认为："如果我们把阿Q的一生行动开列出来看，他由'优胜纪略'始，引入'恋爱悲剧'以及'生计问题'，只得进城谋生；一度中兴之后再陷绝境而适逢革命，由追求'革命'到'不准革命'，终于进入'大团圆'的结局，这层层发展，正是一部完整的电影故事"，"它的本身就存在着一切戏剧电影的要素，根本不需要改编！所以，从故事发展编排来说，按照原著稍加剪裁就行了"。②不仅《阿Q正传》被拍成了电影，鲁迅的《药》和《祝福》也走上了大银幕。也不仅仅只是几篇被拍成电影的小说故事性强，"即使是那几篇以截

---

① 鲁迅：《二心集·关于翻译的通信》，《鲁迅全集》（第4卷），人民文学出版社2005年版，第393页。

② 陈白尘：《〈阿Q正传〉改编者的自白》，寿永明、裘士雄主编：《鲁迅与社戏》，江西人民出版社2005年版，第262—263页。

取生活横断面为题材的作品（《风波》《离婚》等），也还是写得事件完整、人物出场和彼此间关系，了了分明。情节的发展过程，有波澜，使人读去，饶有兴味，并不悖于民族的欣赏习惯"①。当然，"采说书而去其油滑"也体现出鲁迅小说语言与传统说书的联系，此处不再赘述。

与鲁迅相比，莫言所受说书艺术的影响更大，向说书艺术汲取创作资源并致力于现代性转化的写作追求更自觉。莫言小说的说书特色在"有说有评"方面和鲁迅相似，莫言的很多小说中的叙述者和传统说书人一样经常中断故事作出评论，而且莫言小说特别重视的第一人称追忆叙事模式和闲话风格以及对书信体的巧妙使用，使得讲故事的人的评论极为自然，丝毫不会有说教训诫之感。具体表现此处不展开论述，重点谈莫言小说中说书与鲁迅小说中说书不同的一点，即"有说有听"。"作为说唱艺术，评书属于二度创作，并非单纯的我说你听、我演你看的单向活动，而应调动听众的联想，共同完成艺术创作"②。说书，无论是豆棚瓜架下的闲谈，还是勾栏瓦舍的职业说书，都是典型的"说—听"模式，这是和现代文学的"写—读"模式最大的区别。由于说书的现场表演性，说书人必须注意在场听众的反应，有时还可以根据现场的具体情形临场发挥，用说书的术语来说即"现挂"。如果说书人只顾自说自唱，观众可能不买账，说书也必然会失败，所以说书人经常会和听众交流，以引起听众的兴趣。莫言的小说往往设置了"说—听"模式，总是为讲故事的人搭配好听故事的人。莫言的小说大多如此，在"说—听"场合下展开叙事。在叙事过程中，讲故事的人要注意听故事的人的反应，不时和听故事的人交流感受，品评人物，讨论世事。莫言小说和传统说书的不同之处还在于听故事的人也可以参与讨论，表达自己的看法，或者向讲故事的人提出问题，甚至会左右

① 文心慧：《论〈呐喊〉〈彷徨〉的现实主义的革新性》，浙江鲁迅研究学会编：《鲁迅研究论文集》，浙江文艺出版社1983年版，第239页。
② 汪景寿、王决、曾惠杰：《中国评书艺术论》，经济日报出版社1997年版，第78页。

故事的走向。莫言小说中"有说有听"的叙事模式即是对传统说书"有说有听"叙事模式的继承，也有着独具匠心的创新，丰富和发展了中国古典小说的叙事传统。

此外，中国戏剧和美术等民间文艺形式也影响了鲁迅和莫言的创作。我们知道，鲁迅从小就喜欢看戏甚至演戏，他对戏剧也有比较深入的研究，对绍兴戏特别是目连戏的特点曾经作出过精彩的论述。别林斯基说过："当戏剧因素渗入到叙事作品里的时候，叙事的作品不但丝毫也不丧失其优点，并且还因此而大有裨益。"[①]对于鲁迅的创作，王瑶先生认为《故事新编》的"油滑"手段是受到了戏剧中"二丑艺术"的影响，认为由于"二丑"可以跳出剧情向观众说话而使得鲁迅的《故事新编》可以将古代的故事和现在的情节结合起来，达到对现实黑暗腐朽的讽刺效果，这种观点在很大程度上解决了《故事新编》是否是"历史小说"的性质问题。由于"油滑"手段的独特作用，以至于鲁迅认为虽然"油滑是创作的大敌，我对于自己很不满"，但以后各篇却"仍不免时有油滑之处，过了十三年，依然并无长进"[②]，而且"此后也想保持此种油腔滑调"[③]。正是民间戏剧的启发和"油滑"手段的创造性运用，《故事新编》开拓了历史小说创作的新路向。而鲁迅创作中极为重要的表现手法"白描"，一方面是受到了传统戏剧的影响，另一方面则是受到了中国绘画艺术的启发。他说："我力避行文的唠叨，只要觉得够将意思传给别人了，就宁可什么陪衬拖带也没有。中国旧戏上，没有背景，新年卖给孩子看的花纸上，只有主要的几个人（但现在的花纸却多有背景了），我深信对于我的目的，这方法是适宜的，所以我不去描写风月，对话也决不说到一大篇。"[④]又说中国的"传神的

① （俄）别林斯基：《诗歌的分类和分科》，满涛译，《别林斯基选集》（第3卷），上海译文出版社1980年版，第23页。

② 鲁迅：《故事新编·序言》，《鲁迅全集》（第2卷），人民文学出版社2005年版，第353、354页。

③ 鲁迅：《书信·致黎烈文》，《鲁迅全集》（第12卷），人民文学出版社2005年版，第402页。

④ 鲁迅：《南腔北调集·我怎么做起小说来》，《鲁迅全集》（第4卷），人民文学出版社2005年版，第526页。

莫言与当代中国文学创新经验研究

写意画，并不细画须眉，并不写上名字，不过寥寥几笔，而神情毕肖"①。这也就启发他在文学创作中使用"白描"手法，对人物的行动、肖像等从不繁复夸饰，往往粗笔勾勒，寥寥几笔就将人物的风神描绘出来。鲁迅是对中国美术有强烈的兴趣和深湛研究的人，他从小就喜欢"描画"带有图像的书籍，后来又对汉魏古碑上的文字画像、木刻、版画等深入研究并鼓励后学继承发展中国的传统美术艺术。真心的喜欢，有心的取用，使他的文学创作自觉地将戏剧和美术的创作手法借用了来并作出了创新，取得了卓越的成就。

高密东北乡的地方戏、民谣、剪纸、扑灰年画和泥塑等民间文艺也都滋养了莫言的创作。单就戏剧而言，正如鲁迅的故乡绍兴有"目连戏"，莫言的故乡高密则有"茂腔"。两人都对戏剧充满喜爱，鲁迅"扮过鬼卒"，莫言在小时候"也曾经登台演出"，虽然"扮演的都是那些插科打诨的丑角，连化装都不用"②。由于当时乡间文艺娱乐形式的相对单调，看戏演戏在他们的文艺娱乐生活中就显得愈为重要，而看戏演戏的童年记忆一旦被打开，就成了他们创作的重要资源。对莫言来说，自觉的创作追求使他越来越沉潜到民间，要到民间文学传统中汲取创作资源，那么，在他的小说中运用家乡戏"茂腔"的因素就是迟早的事。当创作《檀香刑》的时候，这个时机到来了。"把小说叙事艺术和我故乡的小戏'茂腔'嫁接在一起"，创造出了"不一样的独特的文体"，"这是一部戏剧化的小说，也是一部小说化的戏剧"，创作时，"小戏的旋律始终在我的耳边回响。找到了这个叙事的腔调，写作时就如河水般奔流"③，而且，"为了适合广场化的、用耳朵的阅读，我有意地大量使用了韵文，有意地使用了戏剧化的叙事手段，制造了流畅、浅显、夸张、华丽

① 鲁迅：《且介亭杂文二集·五论"文人相轻"——明术》，《鲁迅全集》（第6卷），人民文学出版社2005年版，第394页。
② 莫言：《用耳朵阅读》，《用耳朵阅读》，作家出版社2012年版，第58页。
③ 莫言：《京都大学会馆演讲》，《用耳朵阅读》，作家出版社2012年版，第88页。

的叙事效果"①。不只是《檀香刑》及其之后的作品，莫言认为"地方小戏是民间文化中对我产生影响的很重要的艺术样式。这些东西在我过去的小说里肯定已经发生作用，《透明的红萝卜》《檀香刑》里都有"②。莫言小说中的戏剧因素在《檀香刑》中得到了淋漓尽致的展示，小说的结构、语言和人物类型及精神可以说都是戏剧化的表现。而莫言其他小说中的戏剧因素也使得他的小说体现了鲜明的"中国作风"和"中国气派"，《透明的红萝卜》中打铁老人的苍凉悲壮的唱腔、《红高粱家族》中哭丧女人的哀声、《天堂蒜薹之歌》中瞎子张扣的控诉、《四十一炮》中穿插的演剧、《生死疲劳》中鸿泰岳手拿牛胯骨的演唱等，这些戏剧因素在小说中不只是表现民间色彩、乡土气息的工具，而是起着抒情、评论甚至结构故事的功能。鲁迅创作中的戏剧因素渗透在小说、散文和杂文之中，在小说中偶尔可以见到一些人物的戏剧表现，而莫言小说中戏剧因素出现的次数和规模与鲁迅的创作相比都更为惊人。

　　"小说创新的源泉不是来自先前小说的进化，而是来自对某些不起眼的或非文学的作品的吸收"③。鲁迅和莫言从不同的民间文艺中汲取艺术养分，并经过自己的创造性转化创作出了个性鲜明的经典作品，的确丰富和发展了中国现当代文学的民族传统。他们的民族化道路，也许不是唯一的但无疑是正确和有效的，他们的探索精神和取得的成就是值得我们研究和学习的。

① 莫言:《大踏步撤退——〈檀香刑〉后记》,《北京秋天下午的我：散文随笔集》,海天出版社 2007 年版，第 388 页。
② 莫言:《与〈文艺报〉记者刘颋对谈》,《碎语文学》,作家出版社 2012 年版，第 241 页。
③ （美）华莱士·马丁:《当代叙事学》,伍晓明译，北京大学出版社 1990 年版，第 49 页。

参考文献

一、莫言作品、研究专著与研究资料

（一）莫言作品

[1] 莫言:《莫言文集》（20卷），作家出版社，2012年。

[2] 莫言:《莫言作品系列》（16卷），上海文艺出版社，2012年。

[3] 莫言:《恐惧与希望:演讲创作集》，海天出版社，2007年。

[4] 莫言:《作为老百姓写作:访谈对话集》，海天出版社，2007年。

[5] 莫言:《北京秋天下午的我:散文随笔集》，海天出版社，2007年。

[6] 莫言:《莫言讲演新篇》，文化艺术出版社，2010年。

[7] 莫言:《莫言对话新录》，文化艺术出版社，2010年。

[8] 莫言:《莫言散文新编》，文化艺术出版社，2010年。

（二）莫言研究专著

[1] 张志忠:《莫言论》，中国社会科学出版社，1990年。

[2] 贺立华、杨守森等:《怪才莫言》，花山文艺出版社，1992年。

[3] 钟怡雯:《莫言小说:"历史"的重构》，文史哲出版社，1997年。

[4] 朱宾忠:《跨越时空的对话——福克纳与莫言比较研究》，武汉大学出版社，2006年。

[5] 张文颖:《来自边缘的声音——莫言与大江健三郎的文学》，

中国传媒大学出版社，2007 年。

[6] 叶开:《莫言评传》，河南文艺出版社，2008 年。

[7] 张灵:《叙述的源泉:莫言小说与民间文化中的生命主体精神》，中央编译出版社，2010 年。

[8] 付艳霞:《莫言的小说世界》，中国文史出版社，2011 年。

[9] 朱向前:《莫言:诺奖的荣幸》，百花洲文艺出版社，2012 年。

[10] 王蒙、余秋雨等:《大声的自由》，作家出版社，2012 年。

[11] 刘再复:《莫言了不起》，东方出版社，2013 年。

[12] 管谟贤:《大哥说莫言》，山东人民出版社，2013 年。

[13] 叶开:《莫言的文学共和国》，北京大学出版社，2013 年。

[14] 张书群:《莫言创作的经典化问题研究》，山东大学出版社，2014 年。

[15] 胡沛萍:《"狂欢化"写作:莫言小说的艺术特征与叛逆精神》，山东大学出版社，2014 年。

[16] 王玉:《莫言评传》，清华大学出版社，2014 年。

[17] 管谟贤、管襄明:《莫言与红高粱家族》，江苏凤凰文艺出版社，2015 年。

（三）莫言研究资料汇编

[1] 宁明编译:《海外莫言研究》，山东大学出版社，2013 年。

[2] 贺立华、杨守森编:《莫言研究资料》，山东大学出版社，1992 年。

[3] 杨扬编:《莫言研究资料》，天津人民出版社，2005 年。

[4] 孔范今、施战军主编:《莫言研究资料》，山东文艺出版社，2006 年。

[5] 杨扬主编:《莫言作品解读》，华东师范大学出版社，2012 年。

[6] 莫言研究会编:《莫言与高密》，中国青年出版社，2012 年。

[7] 谭五昌主编:《见证莫言——莫言获诺奖现在进行时》，漓江出版社，2012 年。

[8]《南方周末》主编:《说吧,莫言》,二十一世纪出版社,2012年。

[9] 陈晓明主编:《莫言研究》(2004—2012),华夏出版社,2013年。

[10] 杨守森、贺立华主编:《莫言研究三十年》,山东大学出版社,2013年。

[11] 李斌、程桂婷编:《莫言批判》,北京理工大学出版社,2013年。

[12] 任瑄编:《高粱红了:对话莫言》,人民日报出版社,2012年。

[13] 任瑄编:《文学与我们的时代:大家说莫言,莫言说自己》,人民日报出版社,2012年。

[14] 任瑄编:《人生与文学的奋斗历程:走近莫言》,人民日报出版社,2012年。

[15] 张清华、曹霞编:《看莫言:朋友、专家、同行眼中的诺奖得主》,华中科技大学出版社,2013年。

[16] 林建法主编:《说莫言》,辽宁人民出版社,2013年。

[17] 王德威等:《说莫言》,上海书店出版社,2013年。

[18] 蒋林、金骆彬主编:《来自东方的视角:莫言小说研究论文集》,中国社会科学出版社,2014年。

[19] 王俊菊主编:《莫言与世界:跨文化视角下的解读》,山东大学出版社,2014年。

二、论著

(一)中国论著

[1](宋)孟元老等:《东京梦华录》(外四种),中华书局,1962年。

[2](宋)罗烨:《醉翁谈录》,古典文学出版社,1957年。

[3] 王国维:《宋元戏曲史》,上海古籍出版社,1998年。

[4] 鲁迅:《鲁迅全集》,人民文学出版社,2005年。

[5] 周作人:《周作人自编文集》,河北教育出版社,2002年。

[6] 胡适:《白话文学史》,岳麓书院,2010年。

[7] 郑振铎:《中国俗文学史》,商务印书馆,2010年。

[8] 阿英:《阿英全集》(第7卷),安徽教育出版社,2003年。

[9] 赵景深:《中国小说丛考》,齐鲁书社,1980年。

[10] 吴组缃、沈天佑:《宋元文学史稿》,北京大学出版社,1989年。

[11] 谭正璧:《话本与古剧》,上海古籍出版社,2012年。

[12] 王尔敏:《中国近代文运之升降》,中华书局,2011年。

[13] 胡士莹:《话本小说概论》(上、下),商务印书馆,2011年。

[14] 孙楷第:《沧州集》,中华书局,2009年。

[15] 叶德均:《宋元明讲唱文学》,古典文学出版社,1957年。

[16] 胡适、刘师培:《五十年来中国之文学、论文杂记》,上海科学技术文献出版社,2014年。

[17] 鲁德才:《古代白话小说形态发展史论》,南开大学出版社,2002年。

[18] 方锡德:《中国现代小说与文学传统》,北京大学出版社,1992年。

[19] 王德威:《想像中国的方法:历史·小说·叙事》,生活·读书·新知三联书店,1998年。

[20] 王平:《中国古代小说叙事研究》,河北人民出版社,2001年。

[21] 卢世华:《元代平话研究——原生态的通俗小说》,中华书局,2009年。

[22] 陈平原:《中国小说叙事模式的转变》,北京大学出版社,2010年。

[23] 乌丙安:《民间文学概论》,春风文艺出版社,1980年。

[24] 万建中:《民间文学引论》,北京大学出版社,2006年。

[25] 段宝林:《中国民间文学概要》,北京大学出版社,2009年。

[26] 谭达先：《民间文学散论》，广东人民出版社，1959 年。

[27] 杨义：《中国叙事学》，人民出版社，1997 年。

[28] 石昌渝：《中国小说源流论》（修订版），生活·读书·新知三联书店，2015 年。

[29] 陈汝衡：《宋代说书史》，上海文艺出版社，1979 年。

[30] 汪景寿、王决、曾惠杰：《中国评书艺术论》，经济日报出版社，1997 年。

[31] 戴宏森等：《评书艺术论文集》，春风文艺出版社，1987 年。

[32] 祁玉江：《陕北说书》，花城出版社，2010 年。

[33] 张继合：《评书大师单田芳的传奇人生》，当代中国出版社，2008 年。

[34] 李微：《刘兰芳评传》，新华出版社，1993 年。

[35] 汪景寿：《高元钧和他的山东快书》，北方文艺出版社，1985 年。

[36] 蔡源莉编著：《中国说唱》，古吴轩出版社，2010 年。

[37] 吴文科：《"说唱"义证》，中国文学出版社，1994 年。

[38] 张军、郭学东：《山东曲艺史》，山东文艺出版社，1997 年。

[39] 钟敬文：《钟敬文文集·民间文艺学卷》，安徽教育出版社，2002 年。

[40] 江帆：《民间口承叙事论》，黑龙江人民出版社，2003 年。

[41] 王亚南：《口承文化论——云南无文字民族古风研究》，云南教育出版社，1997 年。

[42] 尹虎彬：《古代经典与口头传统》，中国社会科学出版社，2002 年。

[43] 阿地里·居玛吐尔地：《口头传统与英雄史诗》，中央民族大学出版社，2009 年。

[44] 刘守华：《口头文学与民间文化》，中国文联出版公司，1989 年。

[45] 纳钦：《口头叙事与村落传统——公主传说与珠腊沁村信仰民俗社会研究》，民族出版社，2004 年。

[46] 邢海燕:《土族口头传统与民俗文化》,甘肃人民出版社,2008 年。

[47] 寸雪涛:《文化和社会语境下的缅族民间口头文学——以仰光省岱枝镇区钦贡乡钦贡村、班背衮村及叶诶村为例》,世界图书出版广东有限公司,2012 年。

[48] 张紫晨:《中国民俗与民俗学》,浙江人民出版社,1985 年。

[49] 朝戈金:《口传史诗诗学:冉皮勒〈江格尔〉程式句法研究》,广西人民出版社,2000 年。

[50] 程蔷:《中国民间传说》,浙江教育出版社,1989 年。

[51] 刘守华等:《中国民间故事类型研究》,华中师范大学出版社,2006 年。

[52] 林继富:《中国民间故事讲述研究》,中国社会科学出版社,2013 年。

[53] 赵景深:《民间故事研究》,复旦书店,1928 年。

[54] 杨民康:《中国民歌与乡土社会》,上海音乐学院出版社,2008 年。

[55] 朱自清:《中国歌谣》,金城出版社,2005 年。

[56] 张紫晨:《歌谣小史》,福建人民出版社,1981 年。

[57] 倪钟之:《中国曲艺史》,春风文艺出版社,1992 年。

[58] 蔡源莉、吴文科:《中国曲艺史》,文化艺术出版社,1998 年。

[59] 李玫:《中国民间小戏史论》,中国社会科学出版社,2016 年。

[60] 张紫晨:《中国民间小戏》,浙江教育出版社,1995 年。

[61] 张军:《山东琴书研究》,中国曲艺出版社,1984 年。

[62] 高元钧、刘学智、刘洪滨:《山东快书艺术浅论》,人民文学出版社,1982 年。

[63] 许并生:《中国古代小说戏曲关系论》,文化艺术出版社,2002 年。

[64] 魏建、贾振勇:《齐鲁文化与山东新文学》,湖南教育出版社,1995 年。

[65] 董晓萍:《乡村戏曲表演与中国现代民众》,北京师范大学

出版社，2000 年。

[66] 纪德君：《明清历史演义小说艺术论》，北京师范大学出版社，2000 年。

[67] 曹亦冰：《侠义公案小说史》，浙江古籍出版社，1998 年。

[68] 丁锡根编著：《中国历代小说序跋集》（上、中、下），人民文学出版社，1996 年。

[69] 徐岱：《小说叙事学》，商务印书馆，2010 年。

[70] 赵毅衡：《当说者被说的时候：比较叙述学导论》，中国人民大学出版社，1998 年。

[71] 高行健：《现代小说技巧初探》，花城出版社，1981 年。

[72] 罗钢：《叙事学导论》，云南人民出版社，1994 年。

[73] 胡亚敏：《叙事学》，华中师范大学出版社，2004 年。

[74] 耿占春：《叙事美学：探索一种百科全书式的小说》，郑州大学出版社，2002 年。

[75] 格非：《小说叙事研究》，清华大学出版社，2002 年。

[76] 余华：《没有一条道路是重复的》，作家出版社，2014 年。

[77] 残雪：《思想汇报》，民族出版社，2000 年。

[78] 陈晓明：《无边的挑战：中国先锋文学的后现代性》（修订版），中国人民大学出版社，2015 年。

[79] 张清华：《中国当代先锋文学思潮论》（修订版），中国人民大学出版社，2014 年。

[80] 郭洪雷：《中国小说修辞模式的嬗变——从宋元话本到五四小说》，上海三联书店，2008 年。

[81] 陈思和：《中国文学中的世界性因素》，复旦大学出版社，2011 年。

[82] 王光东：《民间：作为中国现当代文学研究的视野与方法》，东方出版中心，2013 年。

（二）外国论著

[1]（美）约翰·迈尔斯·弗里:《口头诗学:帕里—洛德理论》，朝戈金译，社会科学文献出版社，2000年。

[2]（苏）梭柯洛夫:《什么是口头文学》，连树声、崔立滨译，作家出版社，1959年。

[3]（美）理查德·鲍曼:《作为表演的口头艺术》，杨利慧、安德明译，广西师范大学出版社，2008年。

[4]（美）阿尔伯特·贝茨·洛德:《故事的歌手》，尹虎彬译，中华书局，2004年。

[5]（俄）弗拉基米尔·雅可夫列维奇·普罗普:《故事形态学》，贾放译，中华书局，2006年。

[6]（日）柳田国男:《传说论》，连湘译，中国民间艺术出版社，1988年。

[7]（美）爱德华·希尔斯:《论传统》，傅铿、吕乐译，上海人民出版社，2014年。

[8]（英）马林诺夫斯基:《文化论》，费孝通译，中国民间文艺出版社，1987年。

[9]（美）浦安迪:《中国叙事学》，北京大学出版社，1995年。

[10]（美）韩南:《中国白话小说史》，尹慧珉译，浙江古籍出版社，1989年。

[11]（美）韩南:《中国近代小说的兴起》，徐侠译，上海教育出版社，2004年。

[12]（美）西利尔·白之:《白之比较文学论文集》，微周等译，湖南文艺出版社，1987年。

[13]（捷）雅罗斯拉夫·普实克:《普实克中国现代文学论文集》，李燕乔等译，湖南文艺出版社出版，1987年。

[14]（美）阿兰·邓迪斯编:《世界民俗学》，陈建宪、彭海斌译，上海文艺出版社，1990年。

莫言与当代中国文学创新经验研究

[15]（法）热拉尔·热奈特:《叙事话语 新叙事话语》，王文融译，中国社会科学出版社，1990 年。

[16]（以色列）里蒙－凯南:《虚构叙事作品》，姚锦清等译，生活·读书·新知三联书店，1989 年。

[17]（秘鲁）马里奥·巴尔加斯·略萨:《给青年小说家的信》，赵德明译，上海译文出版社，2004 年。

[18]（日）井口淳子:《中国北方农村的口传文化——说唱的书、文本、表演》，林琦译，厦门大学出版社，2003 年。

[19]（德）赫尔曼·鲍辛格:《技术世界中的民间文化》，户晓辉译，广西师范大学出版社，2014 年。

[20]（美）丁乃通:《中国民间故事类型索引》，孟慧英等译，春风文艺出版社，1983 年。

[21]（美）华莱士·马丁:《当代叙事学》，伍晓明译，北京大学出版社，1990 年。

[22]（美）韦恩·布斯:《小说修辞学》，付礼军译，广西人民出版社，1987 年。

[23]（德）瓦尔特·本雅明:《启迪: 本雅明文选》，张旭东、王斑译，生活·读书·新知三联书店，2008 年。

[24]（美）利昂·塞米利安:《现代小说美学》，宋协立译，陕西人民出版社，1987 年。

[25]（美）伊恩·P. 瓦特:《小说的兴起——笛福、理查逊、菲尔丁研究》，高原、董红钧译，生活·读书·新知三联书店，1992 年。

[26]（法）戈尔德曼:《论小说的社会学》，吴岳添译，中国社会科学出版社，1988 年。

[27]（俄）巴赫金:《巴赫金全集》，白春仁等译，河北教育出版社，1998 年。

[28]（英）弗吉尼亚·伍尔夫:《论小说与小说家》，瞿世镜译，上海译文出版社，1986 年。

[29]（英）戴维·洛奇:《小说的艺术》，卢丽安译，上海译文

出版社，2010 年。

[30]（英）爱·摩·福斯特:《小说面面观》，苏炳文译，花城出版社，1984 年。

[31]（英）珀·卢伯克、爱·福斯特、爱·缪尔:《小说美学经典三种》，方土人、罗婉华译，上海文艺出版社，1990 年。

[32]（英）乔纳森·雷班:《现代小说写作技巧——实用文艺批评集》，戈木译，陕西人民出版社，1984 年。

三、博士学位论文

[1] 廖增湖:《沸腾的土地》，华东师范大学，2004 年。

[2] 付艳霞:《莫言小说文体论》，北京师范大学，2005 年。

[3] 徐闫帧:《莫言民间叙事的原型与祭仪特征》，复旦大学，2008 年。

[4] 杨枫:《民间中国的发现与建构——莫言小说创作综论》，吉林大学，2009 年。

[5] 刘广远:《莫言的文学世界》，吉林大学，2010 年。

[6] 宁明:《论莫言创作的自由精神》，山东大学，2011 年。

[7] 斋藤晴彦:《心理的结构与小说——用分析心理学解读莫言的作品世界》，复旦大学，2012。

[8] 何媛媛:《莫言的世界和世界的莫言——世界文学语境下的莫言研究》，苏州大学，2013 年。

[9] 阮秋贤:《越南对二十世纪中国文学的接受观念研究——以徐枕亚、鲁迅、莫言的译介为例》，复旦大学，2013 年。

[10] 董国俊:《莫言小说的虚幻现实主义》，兰州大学，2014 年。

[11] 鲍晓英:《中国文学"走出去"译介模式研究——以莫言英译作品美国译介为例》，上海外国语大学，2014 年。

[12] 于红珍:《民俗文化资源与莫言及其文学世界》，山东大学，

2015 年。

[13] 赵霞:《蒲松龄莫言比较研究》，山东师范大学，2015 年。

[14] 李晓燕:《莫言小说人物原型研究》，山东师范大学, 2016 年。

莫言小说创作与中国口头文学传统

图书在版编目（CIP）数据

莫言小说创作与中国口头文学传统／张相宽著. -- 北京：作家出版社，2021. 11
　　ISBN 978-7-5212-1575-5

　　Ⅰ．①莫… Ⅱ．①张… Ⅲ．①莫言－小说研究 Ⅳ．①
I207.42

中国版本图书馆CIP数据核字（2021）第217634号

莫言小说创作与中国口头文学传统

作　　者：张相宽
责任编辑：郑建华　李　雯
装帧设计：孙惟静
出版发行：作家出版社有限公司
社　　址：北京农展馆南里10号　　邮　　编：100125
电话传真：86-10-65067186（发行中心及邮购部）
　　　　　86-10-65004079（总编室）
E-mail:zuojia@zuojia.net.cn
http://www.zuojiachubanshe.com
印　　刷：唐山嘉德印刷有限公司
成品尺寸：152×230
字　　数：259千
印　　张：18
版　　次：2021年11月第1版
印　　次：2021年11月第1次印刷
ISBN　978-7-5212-1575-5
定　　价：78.00元